Günter Grass:
Angestiftet, Partei zu ergreifen

Herausgegeben
von Daniela Hermes

Deutscher
Taschenbuch
Verlag

Von Günter Grass
sind im Deutschen Taschenbuch Verlag erschienen:
Die Blechtrommel (11821)
Katz und Maus (11822)
Hundejahre (11823)
Der Butt (11824)
Ein Schnäppchen namens DDR (11825)
Unkenrufe (11846)

Originalausgabe
September 1994
Deutscher Taschenbuch Verlag GmbH & Co. KG,
München
© 1994 Steidl Verlag, Göttingen
(Siehe auch Bibliographischer Nachweis S. 339 ff.)
Umschlaggrafik: Günter Grass
Satz: Steidl, Göttingen
Druck und Bindung: C. H. Beck'sche Buchdruckerei,
Nördlingen
Printed in Germany · ISBN 3-423-11938-1

Das Buch

»Auch damals, im Jahr, als die Mauer gebaut wurde, setzten die sich christlich nennenden Parteien auf die Diffamierung des politischen Gegners. Konrad Adenauer hatte keine Hemmung, den Regierenden Bürgermeister von Berlin, Willy Brandt, als ›uneheliches Kind‹ zu verleumden und als Emigranten zu denunzieren. Diese Ungeheuerlichkeit hat mich angestiftet, für den Verleumdeten direkt Partei zu ergreifen, die übliche Distanz aufzugeben und später in oft mühsamer Kleinarbeit politisch aktiv zu werden.« Der Bürger Günter Grass hat seit 1965 in Bundes- und Landtagswahlkämpfen auf zahlreichen Veranstaltungen gesprochen, er hat sich mit der SPD, deren Mitglied er von 1982 bis 1992 war, auseinandergesetzt und mit seinem Engagement internationale Beachtung gefunden. Der vorliegende Band enthält neben programmatischen Reden und Interviews einen Einakter, Gedichte, Briefe und Kommentare, in denen sich drei Jahrzehnte bundesdeutscher Politik spiegeln.

Der Autor

Günter Grass wurde am 16. Oktober 1927 in Danzig geboren, absolvierte nach der Entlassung aus amerikanischer Kriegsgefangenschaft eine Steinmetzlehre, studierte Grafik und Bildhauerei in Düsseldorf und Berlin. 1956 erschien der erste Gedichtband mit Grafiken, 1959 der erste Roman, ›Die Blechtrommel‹. Seit 1960 lebt Grass in Berlin.

Inhalt

Zu Beginn dieses Wahljahres, das mit Diffamierungen eingeläutet wurde und offenbar mit Stasiakten gefüttert werden soll, werden in mir Erinnerungen an das Wahljahr 1961 wach. Auch damals, im Jahr, als die Mauer gebaut wurde, setzten die sich christlich nennenden Parteien auf die Diffamierung des politischen Gegners. Konrad Adenauer hatte keine Hemmung, den Regierenden Bürgermeister von Berlin, Willy Brandt, als »uneheliches Kind« zu verleumden und als Emigranten zu denunzieren. Diese Ungeheuerlichkeit hat mich angestiftet, für den Verleumdeten direkt Partei zu ergreifen, die übliche Distanz aufzugeben und später in oft mühsamer Kleinarbeit politisch aktiv zu werden.

Der Bürger im Schriftsteller nahm diese Haltung ein. Indem der Schriftsteller eine Lehre aus dem Niedergang der Weimarer Republik zog, setzte er als Bürger auf eine Partei, die bis zum Ermächtigungsgesetz hin den Nationalsozialisten Widerstand geleistet hatte. Das war zu Beginn der sechziger Jahre nicht selbstverständlich, eher war üblich, daß sich die Intellektuellen streng abseits hielten oder allenfalls ihre Namen unter hochherzige Resolutionen setzten. Sich in Politik einzulassen hieß, mit dem Mief der Politik bekannt zu werden, bedeutete, von hundertprozentigen Überzeugungen Abschied zu nehmen, forderte einen langen Atem ab und hatte Kompromisse zur Folge. Mehr noch: Es galt, die Einsicht zu vertreten, daß demokratisches Zusammenleben in der Regel auf Kompromissen beruht. Doch da damals noch immer oder schon wieder die steilsten deutschen Hoffnungen in Richtung »alles oder nichts« liefen, waren meine Absage an endgültige Zielsetzungen und mein kompromißfreundliches Plädoyer für einen demokratischen Sozialismus aus linker wie rechter Sicht anrüchig und des Prinzipienverrats verdächtig.

Hinzu kam jener altdeutsche Aberglaube, nach dem der Dichter sich nie mit Politik befassen dürfe. Der Schriftsteller sah sich als politisch tätiger Bürger zu einem Dauerspagat gezwungen, mithin zu einer Anstrengung, die allenfalls als turnerische Leistung bestaunt wurde, doch allgemein Kopfschütteln verursachte: Wie kann er nur? Die Politik muß den Politikern, das heißt den Machern überlassen bleiben.

Darauf lief es hinaus. Die Ergebnisse gegenwärtiger Politik sind das Werk professioneller Macher. Viereinhalb Jahre nach dem Fall der Mauer ist der soziale Frieden in Deutschland gebrochen, zerreißen Teilungen ganz anderer Art das Land, verhalten sich die Bürger passiv, wird zivilisierte Offenheit zunehmend von Festungsmentalität überlagert, erhält der Rechtsradikalismus regierungsamtlichen Zuspruch und liest sich die Verfassung der Bundesrepublik Deutschland in ihrem beschädigten Zustand nur noch wie ein leeres Versprechen.

Das Ergebnis ist Erstarrung im Niedergang. Schweigend wird Politik hingenommen; die Bürger suchen Distanz. Und viele Schriftsteller haben sich einen feuilletongerechten Maulkorb verpassen lassen. Doch vielleicht kann dieser streitbare Sammelband, mithin der Versuch jahrelanger öffentlicher Dreinrede, die nachwachsende Generation anstiften, Partei zu ergreifen. Nur so ließe sich Demokratie wiederbeleben und erneuern. Am Ende einer Rede, die ich im

April 1966 in Amerika hielt, habe ich dazu aufgerufen, demokratischen Kleinkram zu betreiben: »Das aber heißt: Kompromisse anstreben. Seien wir uns dessen bewußt: Das Gedicht kennt keine Kompromisse; wir aber leben von Kompromissen. Wer diese Spannung tätig aushält, ist ein Narr und ändert die Welt.«

Im Februar 1994   *Günter Grass*

Wer wird dieses Bändchen kaufen?

Wird es jener Kassierer der Berliner Bank sein, der die Menschen vom Dienst hinterm Kassenschalter kennt, sich privat und aus Berufsgründen den Blick bewahrt hat, der montags im ›Spiegel‹ liest, nicht alles glaubt, was geschrieben steht, der den Ulbricht nicht mag und den ›Rias‹ abstellt; wird er das Bändchen kaufen, er, der ohnehin seit Jahren das kleinere Übel, die SPD, wählt; wie ich sie wähle, die rührende ungeschickte, die laue brave muffige SPD, die Tante SPD, mein schlechtes Gewissen, mein Ärgernis, meine schwach begründete Hoffnung SPD? Soll ich für ihn, der ohnehin seufzt und sie wählt, seufzen und schreiben: Mein lieber Kassierer der Berliner Bank, der Sie mein Konto wachsen und schwinden sehen, wählen auch Sie diesmal die alte Tante, sie meint es gut mit uns und ist jünger, als sie sich kleidet? Nein, lieber Bankangestellter, Ihnen muß ich die Tante nicht schmackhaft machen. Ich habe gesehen, wie selbstsicher und melancholisch Sie Hundertmarkscheine und Fünfzigmarkscheine auszuzahlen verstehen. Sie kennen alle Wasserzeichen, stellen den ›Rias‹ ab, seufzen und werden dieses Bändchen kaufen. Wer aber wird dieses Bändchen nicht kaufen? Wie viele Neuwähler gibt es? Denen will ich ins Ohr kriechen und in jeder Milchbar flüstern: Wählt SPD, und möbelt die alte Tante auf, sonst kommt jener Vormund aus Bayern.

Ich meine den jungen Mann, der Jura studiert, die Studentenzeitung ›konkret‹ liest, ihn, der immerzu und zu allen seinen Freundinnen sagt: »Na, drüben haben sie wenigstens keinen Globke!«

Ich sage zu jener frischausgebildeten Kindergärtnerin, die so stolz ist auf ihr frischgewonnenes Wahlrecht, eigentlich SPD wählen möchte, aber nun, da sie merkt, daß auch ihr Verlobter nach links neigt, störrisch dem alten Rosengärtner das Wort redet, zu ihr, die auf keinen Fall ihrem Verlobten hörig sein will, sage ich: Wählen Sie dennoch SPD. Wie schön ist es, in jungen Jahren dem Verlobten voll und ganz hörig sein zu dürfen.

Und ich versuche jenem katholischen Automechaniker zu beweisen, daß der heilige Franziskus heute nicht mehr die KPD, sondern resignierend die SPD wählen würde.

Und die ganz jungen Snobs meine ich, die der allerchristlichsten Partei ihr atheistisches Stimmchen nur deshalb geben wollen, weil ihre Väter kreislaufgestörte Gewerkschaftsfunktionäre sind. Ein Generationenproblem? Ach, wie veraltet ist euer Snobismus; der wahre Snob wählt nur noch SPD! Weiterhin – und die Höhe meiner Auflagezahlen verpflichtet mich dazu – spreche ich zu allen, die die ›Blechtrommel‹ gelesen oder zumindest gekauft haben. Nicht, daß ich sagen will, Oskar Matzerath wählt SPD, aber sein Sohn und Halbbruder Kurt – Sie erinnern sich? –, ein blasses, inzwischen wahlberechtigtes Bengelchen, hat mir versprochen, wieder fleißig zur Kirche zu gehen und SPD zu wählen; ein Beweis mehr, wie einflußreich Schriftsteller sein können.

Doch nun zu euch, ihr arbeitsamen Klarissinnen, ihr klugen Ursulinen, ihr barmherzigen Vinzentinerinnen. Wie oft habe ich euch mit schwarzer Tusche, mit grauer Kohle gezeichnet und mit kühnen Worten bedichtet. Noch jüngst verkaufte ich ein Blatt, betitelt: ›Dreizehn Nonnen mit Regenschirmen‹, an einen

Säufer, Arzt und Gotteslästerer: Der Mann besserte sich, will konvertieren und SPD wählen. Wie ist es mit euch, meine frommen Musen? Dürft ihr wählen? Ich glaube schon. Ihr habt doch Humor, Nonnenhumor: Schlagt der Äbtissin ein Schnippchen, wählt SPD!

Doch nicht zuletzt: Hochverehrter Herr Bundeskanzler, wäre es nicht an der Zeit, Ihr Lebenswerk zu krönen und jene infame Behauptung vom »Starrsinn des Herrn Adenauer« aus der Welt zu schaffen, indem Sie laut, deutlich und auf dem Fernsehschirm SPD wählen! Haben sich nicht Ihre verläßlichsten Freunde für diese Partei ausgesprochen? Predigt doch Sonntag für Sonntag unser aller Kardinal Frings von der Kanzel des Kölner Domes auf entblößte Häupter herab: »Wahrlich, ich sage euch, wer diesmal nicht SPD wählt, dem soll...« Und die ›Frankfurter Allgemeine‹? Betreibt dieses Weltblatt nicht seit geraumer Zeit und bis in den Wirtschaftsteil und Wetterbericht hinein offene Werbung für die SPD? Besonders im Literaturteil jener meinungsbildenden Zeitung wird eine zwar erklärliche, dennoch übertriebene Sympathienahme brillant formuliert: Der renommierte Kritiker und Dichter Friedrich Sieburg bespricht nur noch die Bücher jener Autoren, die der SPD nahestehen.

Und nun kann ich nicht anders und muß zu euch sprechen, liebe Landsleute, die ihr in Danzig geboren und mit Mottlauwasser getauft worden seid. Jüngst war ich in Polen und suchte die alte Heimat auf. Gewiß, alles ist fremd geworden, nicht mehr hört man den vertrauten Dialekt; aber die gute alte Ostsee rauschte wie einst und immer schon; und die Radaune raunte; und die Tauben um Sankt Marien flüsterten. Und was rauschte die Ostsee, raunte die

Radaune, flüsterten die Tauben: »Birrjer dä Fraien Stadt Danzich!« hörte ich und schrieb mit: »Äs werrd sswar nuscht nitzen, ond nie nech wä ä zurrick kennen inne alte Haimat, wählt abä dänooch os rainem Vär-jniegen dem Brandt, dem Sozi; wennä och dwatsch is ain besschen ond häd nuscht wie Glumse im Deetz.«

Soweit der Wortlaut der Ostsee, Radaune und Tauben um Sankt Marien. Wie aber soll nun ich begründen, warum ich die Neuwähler, die katholischen Automechaniker, die Söhne der Gewerkschaftsfunktionäre, die Leser meiner Werke, die sanften Nonnen, unseren Herrn Bundeskanzler und meine lieben Landsleute auffordere, die gute alte Tante zu wählen?

Ich könnte mich auf die vorliegenden Parteiprogramme einlassen und die fast gleichlautenden Versprechungen beider zu schnell gewachsener Parteien untersuchen und die Verfasser der Weinpanscherei bezichtigen. Das werden wohl meine Vor- und Nachredner kenntnisreich tun; mir möge vorbehalten bleiben, private Einsichten zu formulieren, etwa: Wählt SPD. Unter diesem Zeichen werdet ihr zwar nicht siegen, aber auch nicht vor die Hunde gehn.

Oder: Wählt schon auf Erden SPD, damit uns im Himmel einst eine SPD-Regierung gewiß sein wird.

Oder: Macht keine Experimente: Franz Josef Strauß ist eines. Oder: Laßt uns SPD wählen, damit uns die SPD nicht verkauft. Oder schließlich: Im Wahlmonat September wird die Sonne im Zeichen der Jungfrau stehen. Vorsicht bei kleinen Geschäften, Redlichkeit und Skepsis legt uns die Jungfrau nahe. Auch Goethe war eine Jungfrau und würde Carlo Schmid wählen. Glaubt seinem Horoskop. Die Sterne lügen nicht. Wählt SPD!

Frommes Wahllied für Katholiken, Schildbürger und Unentschiedene

Der Herr Jesus Christ
war einst Kommunist,
doch Sozi ist er heut',
hat von Herzen bereut,
hat SPD gewählt,
mit dem Himmel sich vermählt.

Bischöfe stehn links,
auch der Kardinal Frings
verkündet im Dom
einen Hirtenbrief aus Rom:
Vermehrt die SPD
mit katholischem Dreh

Ursulinen, Klarissen,
die fromme Äbtissin
hat fleißige Nonnen
für Willy Brandt gewonnen,
hat SPD gewählt,
mit dem Himmel sich vermählt.

O heiliger Franz,
erlöse uns ganz
von Strauß und Konsorten,
soldatischen Worten;
erst im himmlischen Saal
gewinnen wir die Wahl.

Und selbst die Jesuiten
woll'n die Bundeswehr verbieten.
Maria zu Ehren,
woll'n Mönche vermehren
die fromme SPD
mit katholischem Dreh.

Der Dichter Heinrich Böll
schickt Nazis in die Höll.
Die Hölle macht zu,
wählt wie immer CDU.
Wählt schnell SPD,
denn die Hölle tut sehr weh.

Es stürzen Erzengel
Hans Globke vom Stengel.
Von Engeln begleitet
zur Wahlurne schreitet.
Sozialistischer Brauch:
Die Engel wählen auch.

Als Schildbürger seht
die Jünger in ›konkret‹.
Ich, Du, Müllers Kuh
wählen die DFU,
wählen nicht SPD,
solang Schilda in der Näh'.

Berlin, am 3. 4. 1965

Lieber Herr Brandt,
als aufmerksamer Zuhörer saß ich gestern abend im
Sportpalast. Gerade, weil mich diese Veranstaltung
beeindruckt hat, möchte ich nicht versäumen, Ihnen
meine teils kritischen Beobachtungen mitzuteilen.
Helmut Schmidts Rede und Ihre Rede hoben sich gut
und im Sinne einer Steigerung voneinander ab; dennoch machte in Schmidts Rede ein Zuviel von satiri-
schem Charme und Improvisation den Mangel an
Satire und Improvisation in Ihrer Rede deutlich. Nun
weiß ich, daß beide Möglichkeiten Ihnen gegeben
sind. Oft genug habe ich Sie aus dem Stegreif vortragen hören, und jedes Mal vermochten Sie mit halblauter Stimmlage zu überzeugen. Legen Sie es mir bitte
nicht als Beckmesserei aus, wenn ich kritisch auf die
verschwimmenden Satzenden in Ihrer Rede hinweise.
Das erste Viertel der Rede, also der Anlauf, entwik-
kelte sich zu stockend und erweckte bei den Zuhörern
das fatale Gefühl, der Redner habe gegen Lustlosigkeit zu kämpfen. Hier wäre ein erster Satz notwendig,
mit dem der Redner gleichsam in die Arena springt
und den Zuhörern eine Information liefert, die ja
gestern mit der Eröffnung des Europa Centers gegeben war.

Sie wissen, daß einige meiner Kollegen und ich
gern bereit sind, Ihnen nach Kräften bei Ihrer immer
größer werdenden Arbeit zu helfen; nur läßt sich
diese Hilfe schlecht improvisieren. Nochmals schlage
ich vor, hier in Berlin – in Zusammenarbeit mit Egon

Bahr – ein Team (4–5 Mann) zu begründen, das es sich zur Aufgabe macht, Textvorschläge zu formulieren und den Aufbau Ihrer Reden zu verstärken.

Noch vom letzten Wahlkampf her weiß ich, wie rasch die Sprache verschleißt und wie wenig Wahrheit überzeugt, wenn verbrauchtes Wortmaterial sie kaschiert.

Damit wir uns nicht falsch verstehen: Ich wünsche mir von Ihnen keine Rede im Stil des Helmut Schmidt, denn der betonte »staatsmännische Ernst«, mit dem Sie vortragen, ist gewiß der richtige Ton, so auch gestern ab Mitte der Rede.

Nächste Woche reise ich nach Westdeutschland, ab 11. April bis 6. Mai bin ich in Berlin. Vom 7. Mai bis 10. Juni werde ich in Amerika sein. Mein Roman ›Hundejahre‹ wird dort erscheinen, und gewiß wird sich dort oft Gelegenheit bieten, Ihre und meine Sache zu vertreten.

Ich wünsche Ihnen alles Gute und ab und zu Grund, wenn nicht zum Lachen, dann doch wenigstens zum Lächeln.

Freundliche Grüße

Ihr *Günter Grass*

POUM
oder Die Vergangenheit fliegt mit
Ein Spiel in einem Akt

Personen:

Kandidat
Wahlkampfleiter
Schriftsteller
Flugkapitän
Sekretärin
Referent
Ein Lehrer und drei Schüler
Bürgerkriegssoldaten

Vorbemerkung

Falls Berufstheater, Laienspielgruppen oder vielköpfige Familien geneigt sind, diesen Einakter zu inszenieren, bitte ich alle Schauspieler, die den »Kandidaten« darstellen wollen, dieses zu beachten: Ich sehe ihn tatkräftig, mit trockenem Charme ausgestattet, wachsam mürrisch beim Diktieren, mehr angestrengt, als es die Sache zu erfordern scheint, Vertrauen erweckend, sympathisch und kritisierbar. – Den »Wahlkampfleiter« sollte ein junger Mann spielen, der sich entschlossen hat, seine Gefühle hinter Fakten zu verbergen. Bei der Darstellung des »Schriftstellers« dürfen alle Vorurteile, die dessen Beruf keimen läßt, dick aufgetragen werden. Der »Flugkapitän« muß englisch wirken. Die »Sekretärin«

ist tüchtig. Der »Referent« zeigt sich beflissen. Die Traum-
figuren sollten real angelegt werden. Da die Tendenz dieses
Stückes ohnehin SPD-freundlich ist, darf die skeptische
Grundstimmung betont und – auf Wunsch – übertrieben wer-
den.

Der verregnete Flugplatz Berlin-Tempelhof. Vor der zwei-
motorigen Dove-Chartermaschine stehen der englische
Flugkapitän und der Wahlkampfleiter.

FLUGKAPITÄN: Ist das richtig gesagt? Wahlkampfwetter?

WAHLKAMPFLEITER: Der Regen gibt keine Garantie.

FLUGKAPITÄN: Und wie stehen die Chancen bei »heiter
bis wolkig«?

WAHLKAMPFLEITER: Wir haben auch schon bei Schön-
wetter verloren. Und die letzten statistischen Meinungsbefragungen haben bewiesen...

FLUGKAPITÄN: In England, jedenfalls, läßt Regenwetter
die Opposition siegen.

WAHLKAMPFLEITER: Weil Ihr ein sachliches Verhältnis
zum Wetter habt. Hierzulande jedoch wird jede
Windrichtung ideologisiert. Zum Beispiel: Ostwind
am Wahlsonntag könnte einerseits Auftrieb bedeuten, andererseits jedoch... Fragen wir unseren
Dichter. In seinem Beruf wird jedes Wetter besungen.

Der Schriftsteller, ziemlich überflüssig aussehend, nähert
sich.

SCHRIFTSTELLER: Morgen. Kein Witz also. Ihr wollt
mich mitnehmen und zugucken lassen?

WAHLKAMPFLEITER: Geehrt fühlen wir uns. Und da Ihr
Schriftsteller das Ändern der Verhältnisse zum Programm erhoben habt, erwarten wir von Ihnen

zunächst, daß Sie sich mit den miesen Wetterver-
hältnissen beschäftigen.

SCHRIFTSTELLER: Als wäre Sonnenschein bereits eine
Alternative.

WAHLKAMPFLEITER: Wer wird gleich so absolute Forderungen stellen? – Was sagen Sie dazu, Captain?
Deutsche Literaten lockern sich den Schlips und
wollen den armen Sozialdemokraten unter die
Arme greifen.

FLUGKAPITÄN: Ziemlich vernünftig. Bei uns hat schon
Shakespeare den Tudors Sprüche gemacht.

WAHLKAMPFLEITER: Ich weiß, ich weiß! Ein Land mit
großer demokratischer Tradition; bei uns allerdings beweist die letzte Umfrage des Emnid-Institutes, daß die direkte Parteinahme der sogenannten
Linksintellektuellen ...

SCHRIFTSTELLER *spitz:* Auf Wunsch kann ich umkeh-
ren!

FLUGKAPITÄN: Zu spät. Dort kommt der Herr Bürgermeister.

*In Begleitung seines Referenten und der Sekretärin tritt
der Kandidat auf. Er trägt einen Homburg und ist, der
frühen Stunde wegen, noch nicht von der Aura des Siegers
umgeben.*

SCHRIFTSTELLER: Er sieht unausgeschlafen aus.

KANDIDAT: Good morning, Captain. Morgen. *Zum
Schriftsteller.* Na, haben Sie sich so früh aufraffen
können?

SCHRIFTSTELLER *rasch gekränkt:* Sogar das Wetter habe
ich mitgebracht.

KANDIDAT *gutmütig:* Na, sehen Sie, schon ein Beitrag. –
Hoffentlich versprechen Sie sich nicht zuviel von
uns. Die Praxis ist grau und widersprüchlich.

SCHRIFTSTELLER: Sie sind ein Schwerarbeiter. Jeden

Tag hin und her: aus der Krise in die Idylle; aus der Idylle in die Krise.

KANDIDAT: Das klingt zwar hübsch, dennoch täuschen Sie sich. Idylle und Krise sind keine Gegensätze.

REFERENT: Hier sind die letzten Berichte von der Sektorengrenze und den Kontrollpunkten. Alles ruhig.

SCHRIFTSTELLER: Also beinahe Idylle?

KANDIDAT: Nein, immer noch Krise.

SCHRIFTSTELLER: Und in Bonn?

KANDIDAT: Dort hat, wie üblich, die Idylle die Krise gefressen. Man merkte es am Schluckauf.

REFERENT: Ich sollte an die Unterschriften erinnern. *Er hält dem Kandidaten eine Mappe hin.*

KANDIDAT: Sie entschuldigen mich. Das hier ist alltäglich und weder krisenhaft noch idyllisch. *Er unterschreibt.*

REFERENT: Sollen die Materialien für den Strafantrag gegen F. diesmal hierbleiben?

KANDIDAT *immer noch unterschreibend:* Alles kommt mit. Sind auch die Spanienunterlagen dabei?

REFERENT: Die Orwell-Äußerungen zur POUM liegen in Auszügen zwischen dem Barcelona-Material.

KANDIDAT: Also Stuttgart, Heilbronn und nochmals Stuttgart anrufen. Den Wagen um?

WAHLKAMPFLEITER: ... dreiundzwanzig Uhr wird es werden.

KANDIDAT *zum Schriftsteller:* Wir müssen spät noch einmal ins Rathaus oder – wie Sie es nennen würden – in die Idylle.

SEKRETÄRIN *zum Referenten, der zurückbleibt:* Und nicht vergessen: Die Küche soll für dreiundzwanzig Uhr zwanzig wie üblich Käseschnitten und Schildkrötensuppe vorbereiten.

Schriftsteller *schreibt auf der Gangway:* Das will notiert sein.

Sekretärin *zum Schriftsteller:* O ja, Studien kann man hier noch und noch treiben.

Alle setzen sich. Vorne der Wahlkampfleiter. Hinter ihm der Schriftsteller. Hinter ihm die Sekretärin. Auf der anderen Seite setzt sich der Kandidat auf Höhe der Sekretärin. Sofort schnallt er sich an und blättert in Unterlagen. Die Sekretärin verteilt Butterbrote und Flaschenbier.

Schriftsteller *zum Wahlkampfleiter:* Ich habe mir einige Notizen gemacht. Darf ich fragen?

Wahlkampfleiter: Bis Stuttgart soviel Sie wollen.

Schriftsteller: Erstens: Finden Sie, daß dem Bürgermeister der Homburg steht? Ist diese typische Arbeitgeberkopfbedeckung nicht eine Beleidigung für, sagen wir mal...

Wahlkampfleiter: ... für Ästheten, gewiß. Aber die letzten statistischen Umfragen des Emnid-Institutes haben bestätigt, daß diese Hutform beinahe allen Bevölkerungsschichten ein Gefühl von Sicherheit vermittelt. Und Allensbach sagt ähnliches.

Schriftsteller: Schon gut. Nur zum Thema Oder-Neiße-Grenze hätte ich noch gern eine unmißverständliche Äußerung.

Wahlkampfleiter: Das ist wohl Ihr Steckenpferd? Meines übrigens auch. Trotzdem muß es im Stall bleiben, denn die letzten Meinungsbefragungen haben gezeigt, daß zu diesem Zeitpunkt...

Schriftsteller: Man sollte meinen, die Demoskopie habe den Papst in Sachen Unfehlbarkeit übertrumpft? Nur eins noch: Glauben Sie, er schafft es?

Wahlkampfleiter: Bisher hat er jede Hürde beim zweiten Anlauf genommen.

SCHRIFTSTELLER: Also Prost auf den Sieg 65! *Trinkt aus der Flasche.*

WAHLKAMPFLEITER: Wir starten.

SCHRIFTSTELLER *laut über den Motorenlärm:* Übrigens haben statistische Erhebungen ergeben, daß Startunfälle im Vergleich zu Bruchlandungen...

WAHLKAMPFLEITER: Glauben Sie mir: Zahlen, die auf Erden Beweiskraft haben, erklärt der Himmel für nichtig. – Die Wolkendecke hängt tief.

KANDIDAT *trocken:* Zum Diktat, bitte.

SEKRETÄRIN: Ich bin soweit.

KANDIDAT: Zur Rede am Wochenende ein Zusatz hinter »Die meisten tarnen sich als Bannerträger der abendländischen christlichen Welt.« – Solche Lügen – nein: Ihre Lügen tragen lediglich umgekehrte Vorzeichen. Nicht als »Faschisten- und Kapitalistenknecht« – wie es die Ulbrichtleute tun –, sondern als »Kommunist« werde ich von den Rechtsradikalen und jenen angeblichen Demokraten beschimpft.

SEKRETÄRIN: ... beschimpft.

WAHLKAMPFLEITER: Will er in Passau halten die Rede, weil da der Kapfinger sitzt. Wir haben abgeraten.

SCHRIFTSTELLER *spöttisch:* ... denn die Meinungsbefragung des Emnid-Institutes hat ergeben...

WAHLKAMPFLEITER: Richtig.

KANDIDAT: Weiter: Ich habe es schon immer gewußt, daß die westlichen und östlichen Partner der Koalition der Verleumder aus der gleichen trüben Quelle fischen.

SCHRIFTSTELLER *zum Kandidaten:* Wenn es gestattet ist, ein kleiner Einwand: Erstens stört mich der doppelte Genitiv, zum anderen fischt man nicht in Quellen, auch nicht in trüben; allenfalls fischt man im trüben. Aus Quellen, auch aus getrübten, schöpft man. Mein Vorschlag lautet: ... daß die westlichen und östlichen Partner der Verleumder-Koalition aus den gleichen Tümpeln fischen.

KANDIDAT: Tümpel ist gut, aber auf »trüben« davor wollen wir nicht verzichten.

SCHRIFTSTELLER: Ein weißer Schimmel.

WAHLKAMPFLEITER: ... sagt Beckmesser.

KANDIDAT *laut und einsichtig:* Gut. Streichen wir »trüben«.

SCHRIFTSTELLER *leise und eitel:* O Fortschritt.

KANDIDAT: Zu dem Absatz mit dem gefälschten Dokument: Sein Hauptabnehmer war das Bundeskanzleramt, das mit Steuergeldern bezahlte.

SCHRIFTSTELLER: Drei Fakten in einem Satz: Immer gut.

KANDIDAT: Jetzt zur Stellungnahme gegen F.

SEKRETÄRIN: Bei Seite 85 waren wir stehengeblieben.

KANDIDAT: Wir springen bis 106: Herabsetzend in der Absicht und nazistisch in der Gesinnung ist der Satz: »Die Emigration war nicht blutverbunden von Mensch zu Mensch.« Seite 144, Zeile 2: Statt »Grundbesitzer« muß es »Grubenbesitzer« heißen. Bei mir Seite 11.

SEKRETÄRIN: In Klammern der Zusatz?

KANDIDAT *nickt:* Seite 150: Falsch sind die Angaben über meine Schulzeit. Ich habe nicht mit 17 Jahren, sondern Ostern 1932 mit 18 Jahren nach Ablegung der Reifeprüfung das Johanneum verlassen und bin im Anschluß daran nicht zwei Jahre, sondern ein Jahr als Volontär bei einer Schiffsmaklerfirma ...
Die Maschine hüpft und läßt eine vielsagende Pause entstehen.

WAHLKAMPFLEITER: Nur ein Luftloch.

SEKRETÄRIN: Schiffsmaklerfirma?

KANDIDAT: ... tätig gewesen.

SCHRIFTSTELLER *ziemlich laut:* Noch einmal: Muß das sein? Warum schläft er nicht?

KANDIDAT *ruhig, wie jemand, der seine Gegner kennt:* Das muß sein. – Seite 159.

SCHRIFTSTELLER: Adenauer, ich möchte wetten, würde bestimmt ein Nickerchen machen.

KANDIDAT *lächelnd:* War es nicht der Wunsch Ihrer Kollegen, daß sich die Opposition deutlich von der Regierungskoalition abzuheben habe? – Seite 178 bis 82: Die hier gegebenen Mitteilungen über eine Reihe sozialdemokratischer Politiker, die in der Emigration waren, enthalten diverse Fehler – abgesehen davon – jetzt kommt etwas für Sie –, daß auf Seite 179 aus dem Sozialdemokraten Fritz Heine kurzerhand Heinrich Heine geworden ist.

SCHRIFTSTELLER: Abermals ein Versuch, ihm ein Denkmal zu setzen. – Kann Ihnen das niemand abnehmen?

KANDIDAT: Entschuldigt mich, Seite 193, oben ... Ich muß weiterkommen. Das drängt.

STIMME DES FLUGKAPITÄNS: Sorry, ladies and gentlemen. Wir durchfliegen eine Schlechtwetterfront.

WAHLKAMPFLEITER: Also anschnallen und an was Schönes denken.

KANDIDAT: Weiter: Es ist falsch, daß der Spanische Bürgerkrieg die Idee der Volksfrontpolitik begründet habe. Tatsache ist, daß die Volksfrontpolitik in Frankreich begründet wurde, bevor es einen Spanischen Bürgerkrieg gab. – 194/95: Für jeden Sachkenner ist es geradezu grotesk, wenn F. die anarchistische FAI als »bolschewistisch eingestellt« bezeichnet.

SCHRIFTSTELLER: Geschichtsunterricht zwischen Luftlöchern.

WAHLKAMPFLEITER: Für ihn heißt das Fach: Gegen-
wartskunde.
KANDIDAT: Jetzt zur POUM. Die Orwell-Zitate legen
wir bei. Es trifft nicht zu, daß die POUM in der
republikanischen Regierung maßgeblich vertreten
gewesen sei. In der Madrider Zentralregierung war
die POUM überhaupt nicht vertreten. Und aus der
Landesregierung für Katalonien wurde die POUM
im Dezember 1936 entfernt.
SCHRIFTSTELLER: POUM. POUM. Was ist POUM?
Gähnt.
WAHLKAMPFLEITER: Gleich wird er Ihnen und aller
Welt POUM erklären.
SCHRIFTSTELLER *winkt ab:* Schriftsteller sind anfällige
Menschen. Ich werde ein anarchistisches Schläf-
chen versuchen.
KANDIDAT: ... und zwar deswegen, weil die Vertretung
der Sowjetunion Waffenlieferungen von der Aus-
bootung der POUM abhängig gemacht hatte ...
Seite 107, oben ...
SCHRIFTSTELLER *verschläft die Erklärung der Abkürzung
POUM, beginnt wirr zu träumen, erhebt sich und bewegt
sich schlafwandelnd in der Maschine. Der Kandidat, die
Sekretärin und der Wahlkampfleiter beachten ihn nicht,
weil sie wach sind und sich mit dem Diktieren und den
Luftlöchern beschäftigen:* POUM! POUM! Als ich
zehn Jahre alt war, pfiffen wir auf dem Pausenhof
den Marsch der Legion Condor und spielten die
Verteidigung des Alcázar. POUM! Wenn also alle
Jahrgänge, die auf dem Pausenhof – POUM! – den
Spanischen Bürgerkrieg ausgetragen haben – Kata-
lanen und Basken gegen Aragonesen und Kastilia-
ner –, heute SPD wählten, wäre das nach einer
Befragung des Emnid-Instituts ein Stimmengewinn

von ... Aber die Nationalen in Burgos und einige
meiner Mitschüler unter General Muñoz Grande
baten Studienrat Neunast, Schiedsrichter zu
sein ...

*Das Flugzeug wird von außen geöffnet. Ein Lehrer und
drei Schüler, gekleidet nach Mode der dreißiger Jahre, steigen wie selbstverständlich ein und bewegen sich zwanglos
in der Maschine.*

STUDIENRAT: Eins zu null für Oberst Moscardó!

ERSTER SCHÜLER: Herr Studienrat! Herr Studienrat!
Dürfen wir noch einmal Alcázar spielen?

ZWEITER SCHÜLER: Ich kann Spanisch. ¡Viva la
muerte!

SCHRIFTSTELLER: Einspruch im Namen des großen
Unamuno, der meisterlich umgehen konnte mit
Paradoxen.

ZWEITER SCHÜLER: Viva la muerte! Los, erschießen wir
ihn. Er ist Caballeros Sohn.

DRITTER SCHÜLER: An die Turnhallenwand und die
Augen verbinden!

STUDIENRAT: Halt! Jedem Verurteilten steht noch ein
letzter Wunsch zu.

SCHRIFTSTELLER: Ich wünsche mir, wünsche mir, daß
die SPD, wenn nicht bei den kommenden Bundestagswahlen, dann bei den folgenden im Jahr 65 ...

STUDIENRAT: Das nenne ich Pausenhofanarchie.

ERSTER SCHÜLER: Ein Kommunist!

STUDIENRAT: ... der das Klassenziel nicht erreicht hat!
Schaut ihn euch an, und gebt Feuer!

ALLE DREI SCHÜLER: POUM! POUM! *Schießend verlassen sie mit dem Studienrat das Flugzeug. Der Schriftsteller sinkt auf seinen Platz.*

SCHRIFTSTELLER: Es lebe der Tod! Weil ja dortzulande
und bis heute Ignazius und Bakunin mehr als Marx.

Und selbst die Stimme der Pasionaria und das Eisen von Bilbao und ein Gewitter über Toledo... Aber linker Hand, hinter der Weitsprunggrube, wo der Schulgarten beginnt, in Cartagena also, geht König Alfons der Dreizehnte an Bord eines Kriegsschiffes, das ihn nach Passau bringt, worauf die Bevölkerung der Stadt in Jubel ausbricht: Spanien hat aufgehört, katholisch zu sein! *Er erwacht halbwegs.*

KANDIDAT: Seite 198: Tatsache ist, daß ich während meines Aufenthaltes in Barcelona das kommunistische Hauptquartier »Carlos Marx« aufgesucht hatte, um für den später ermordeten Mark Rein, einen Sohn des russischen Sozialdemokraten Abramovitsch, zu intervenieren.

SCHRIFTSTELLER *schläft wieder ein und schlägt um sich:* An die Turnhallenwand und die Augen verbinden. POUM! POUM!

KANDIDAT: Leider blieb diese Intervention erfolglos. – Unser Dichter träumt aufregend. *Der Schriftsteller murmelt.*

WAHLKAMPFLEITER: Ich wüßte noch jemanden, der schlafen sollte.

KANDIDAT *lachend:* Nichts soll dich hindern. Du hast es verdient.

WAHLKAMPFLEITER: Übrigens haben Emnid-Befragungen ergeben, daß in Traumauswertungen wir mit sieben Prozent vor der CDU/CSU liegen; allerdings ist der Anteil jener Befragten ...

KANDIDAT: Ein Politiker, der mit Hilfe der Demoskopie regiert, entmündigt den Wähler und gleichfalls die Demokratie.

WAHLKAMPFLEITER: Aber wir leben in einer Konsumgesellschaft ...

KANDIDAT *winkt ab:* Gut, fragen wir unseren Dichter,

sobald er zurück ist, wer in seinem Traum gesiegt hat. – Weiter Seite 188: Tatsache ist, daß ich nach den Maiunruhen in Barcelona ...

SCHRIFTSTELLER *springt auf. Es wird dunkel in der Maschine:* Provokation!

Die Flugzeugtür wird aufgerissen. Bürgerkriegssoldaten mit Taschenlampen und Gewehren springen in die Maschine.

ERSTER SOLDAT: Wer hat hier Provokation gerufen?

SCHRIFTSTELLER: Ich spielte auf deutsche Verhältnisse an.

ZWEITER SOLDAT: Hände vorzeigen. Auf welcher Seite kämpfst du?

SCHRIFTSTELLER: Auf Eurer natürlich. Die Flecken bedeuten nur Tinte.

SOLDAT: Wir sind die Freunde Durrutis.

SCHRIFTSTELLER: Der Geist des 19. Juli soll leben! Aber auch wir haben hier unsere Gedenktage. Was, zum Beispiel, geschah am 9. November, 30. Januar, 17. Juni oder vor wenigen Wochen am 13. August?

OFFIZIER: Wen interessiert das. Und der da? *Weist auf den Kandidaten.* Hände vorzeigen!

SCHRIFTSTELLER: Pssst. Ich bitt' Euch. Er muß diktieren und immerzu unsere Vergangenheit erklären. Hierzulande geht alles zu rasch. Idylle und Krise spielen Stafettenlauf. Die Schulkinder kommen nicht mehr nach. Und die Eltern schweigen sich aus. Die Legion Condor kennt jeder, aber was POUM heißt, muß ihnen noch gesagt werden.

DRITTER SOLDAT: POUM kennt doch jeder. – Er soll sich ausweisen.

SCHRIFTSTELLER: Mehr Respekt, meine Herren. Sie haben den Spitzenkandidaten der Sozialdemokratischen Partei Deutschlands vor sich. Seine Feinde

wollen ihn verleumden. Seine Freunde respektie-
ren ihn kritisch: Er ist trocken, zäh, männlich, vier-
eckig, zuverlässig, nimmt Hürden beim zweiten
Anlauf, muß nach zwei Seiten kämpfen, kann gut
zuhören, faßt keine einsamen Entschlüsse, zitiert
gerne Orwell ...

OFFIZIER: Der war bei der POUM.

SCHRIFTSTELLER: Ein neuer Bebel. Hat bei Julius
Leber gelernt ...

DRITTER SOLDAT: Achtung, die SIM kommt!

SCHRIFTSTELLER: Wird es schon schaffen ...

ERSTER SOLDAT: Gerö geht um, der Schlächter von
Katalonien!

SCHRIFTSTELLER: Wenn nicht diesmal, dann beim zweiten Anlauf.

OFFIZIER: Zieht die Köpfe ein! POUM! POUM! *Der
Offizier und die Soldaten ziehen sich schießend zurück
und verlassen das Flugzeug. Es wird wieder hell. Der
Schriftsteller erwacht kurz und schläft sogleich wieder ein.*

WAHLKAMPFLEITER: Ein unruhiger Tag. Schriftsteller
müßte man sein und so schlafen können.

KANDIDAT: Zwar eine Idylle, aber offensichtlich
träumt er von Krisen.

SEKRETÄRIN: Wir waren bei den Maiunruhen in Barcelona stehengeblieben.

KANDIDAT: Nehmen wir also Rücksicht. *Halblaut.* Seite
187: Es ist bewiesen, daß ...

Der Traum des Schriftstellers drängt sich abermals vor.

SCHRIFTSTELLER: Nein, ich will nicht an die Jarama-
Front. Spielen wir lieber Gegenangriffe bei Guada-
lajara und Deutsch-Eylau. Der Ruf »Es lebe der
Tod!« sollte aus allen deutschen Schulbüchern
gestrichen und durch die vorliegenden Wahlergebnisse ersetzt werden: In Niederbayern, Asturien,

31

Oberfranken und beiderseits der Aragon-Front führen die Sozialdemokraten. Aber Allenstein ging
verloren. Jedoch wurden der Bundespräsident und
seine Gattin im wiederaufgebauten Guernica von
Schulkindern herzlich begrüßt. Die Kleinen
schwenkten schwarze Fähnchen und riefen: Stützt
die Getreidepreise! Und auch der neue Bundeskanzler, dessen Portrait, von El Greco gemalt, auf
allen Wahlplakaten der SPD mithalf, beim zweiten
Anlauf die Hürde zu nehmen. *Er erwacht.*

KANDIDAT: Absatz: Mir werden hier völlig absurde
Äußerungen in den Mund gelegt. Wer mit den Verhältnissen in Spanien und der Geschichte des Sozialismus auch nur einigermaßen vertraut ist, wird
wissen, daß man Syndikalismus und Anarchismus
nicht mit dem Marxismus auf einen Nenner
bringen kann. *Zum Schriftsteller:* Na, wieder auf
Deck?

SCHRIFTSTELLER *kaum wach, aber schon wieder überheb-
lich:* Haben Sie während Ihres Aufenthaltes in Barcelona auch das Katalonische Landesmuseum
besucht?

KANDIDAT: Es fand sich, bedauerlicherweise, keine
Zeit. *Der Schriftsteller will rauchen.* Diese Zigarette
würde ich sparen. Wir setzen zur Landung an. *Blättert in Unterlagen.* Hat Ihnen der Flug gefallen?

SCHRIFTSTELLER: Nun ja, ich hätte gerne einige Fragen
gestellt.

KANDIDAT: Dann muß ich mich für meine Feinde entschuldigen. Sie lassen mir wenig Zeit. Doch fragen
Sie nur.

SCHRIFTSTELLER: POUM? Was ist das genau?

KANDIDAT: Während Sie schliefen, versuchte ich
POUM zu erklären. Doch Ihr Kollege Orwell hat

über POUM geschrieben. Schlagen Sie nach bei Gelegenheit.

SCHRIFTSTELLER *zum Kandidaten:* Sind Sie sicher, daß unsere Maschine in Stuttgart und nicht an der Ebro-Front landet?

KANDIDAT: Keine Bange, der Ortsverband Heilbronn rechnet mit uns. *Die Maschine setzt auf.* Und erst auf dem Rückflug wird abermals Spanischer Bürgerkrieg stattfinden. Auch wenn es schwerfällt: Mit dieser Vergangenheit leben wir heute noch Tür an Tür. – Es wird Zeit, für bessere Nachbarn zu sorgen. *Die Maschine rollt langsam aus. Der Ortsverband Heilbronn steht mit Musik, Schulkindern und Transparenten zum Empfang bereit. Eine Gangway wird an die Maschine geschoben. Anfangs verschlossen, dann doch die berühmten Lachgrübchen zeigend, verläßt der Kandidat als erster die Maschine. Er winkt mit dem Homburg und begrüßt den Vorsitzenden des Ortsverbandes. Die Kinder singen:* »Solang noch Untern Linden . . . « *Der Kandidat schüttelt Hände und spricht durchs Mikrophon.*

KANDIDAT: Liebe Freunde. Ich komme aus Berlin und überbringe die Grüße meiner Mitbürger. Wir haben schwere Wochen hinter uns. Der Krieg lag auf der Straße. Aber wir haben . . .
Langer Beifall beendet die Ansprache. Die Musik spielt »Das ist die Berliner Luft, Luft, Luft . . . «

SCHRIFTSTELLER: Ob sein Ernst sich den Schwaben mitteilen wird? Was sagt das Emnid-Institut?

WAHLKAMPFLEITER: Wir sind optimistisch. Letzte Befragungen lassen erkennen, daß seine Popularitätskurve leicht ansteigt.

SCHRIFTSTELLER: Ohne den Pessimisten spielen zu wollen. Was sagt Allensbach?

WAHLKAMPFLEITER: Die sprechen natürlich von leichten Verlusten.

SCHRIFTSTELLER: Doch der Regen spricht für Euch und unterstreicht seinen Ernst.

WAHLKAMPFLEITER *die Hände reibend:* Auf geht's! *Zum Schriftsteller:* Wer unterwegs nicht gestohlen werden will, muß sich an mich halten.

SEKRETÄRIN *zum Schriftsteller:* Und stecken Sie bitte die Butterbrote für den Herrn Bürgermeister ein. Wer weiß, wann es wieder was gibt.

SCHRIFTSTELLER: Billige Ratschläge? Gute Wünsche? Dunkle Gedichte? Mit welchem Papier soll ich seine Stullen verpacken?

Zwischen Musik und Beifall gehen alle ab. Der Schriftsteller verpackt die Butterbrote in Manuskriptseiten und verschnürt das Päckchen mit Ratschlägen und guten Wünschen. Falls ein Vorhang da ist, fällt er.

Nachbemerkung

Die POUM (Partido Obrero de Unificación Marxista) war eine spanische linkssozialistische Arbeiterpartei, die, innerhalb des republikanischen Lagers, von den Kommunisten bekämpft und mit stalinistischen Methoden als TrotzkistenPartei verfolgt wurde.

Gesamtdeutscher März
Gustav Steffen zum Andenken

Die Krisen sprießen, Knospen knallen,
in Passau will ein Biedermann
den Föhn verhaften, Strauß beteuert,
daß er nicht schuld sei, wenn es taut;
in Bayern wird viel Bier gebraut.

Der Schnee verzehrt sich, Ulbricht dauert.
Gesamtdeutsch blüht der Stacheldraht.
Hier oder drüben, liquidieren
wird man den Winter laut Beschluß:
die Gärtner stehn Gewehr bei Fuß.

In Schilda wird ein Hochhaus, fensterlos,
das Licht verhüten; milde Lüfte
sind nicht gefragt, der alte Mief
soll konservieren Würdenträger
und Prinz Eugen, den Großwildjäger.

Im Friedenslager feiert Preußen
das Osterfest, denn auferstanden
sind Stechschritt und Parademarsch;
die Tage der Kommune sind vorbei,
und Marx verging im Leipz'ger Allerlei.

Bald wärmt die Sonne und der greise,
schon legendäre Fuchs verläßt
zum Kirchgang-Wahlkampf seinen Bau;
der Rhein riecht fromm nach Abendland,
und Globke lächelt aus dem Zeugenstand.

Heut gab es an der Grenze keinen Toten.
Nun langweilt sich das Bild-Archiv.
Seht die Idylle: Vogelscheuchen
sind beiderseits der Elbe aufmarschiert;
jetzt werden Spatzen ideologisiert.

O, Deutschland, Hamlet kehrte heim:
»Er ist zu fett und kurz von Atem . . . «
und will, will nicht, auf kleiner Flamme
verkocht sein Image: Pichelsteiner Topf;
die Bundesliga spielt um Yoricks Kopf.

Bald wird das Frühjahr, dann der Sommer
mit all den Krisen pleite sein –
glaubt dem Kalender, im September
beginnt der Herbst, das Stimmenzählen;
ich rat Euch, Es-Pe-De zu wählen.

Es steht zur Wahl

Rede im Bundestagswahlkampf 1965

Viel umworbene, entschlossene und unentschlossene
Wähler! An alle Nachdenklichen wende ich mich, die
in Befragungslisten des Emnid- und Allensbach-Insti-
tutes als sogenannte Meinungslose ein anonymes Los
teilen müssen. Ich bitte die Einundzwanzigjährigen
um Aufmerksamkeit. Unser Grundgesetz, Artikel 38,
macht sie zu Wahlberechtigten. Jeden spreche ich an,
der sich bewußt ist, daß die Bürger der Souverän unserer parlamentarischen Demokratie sind.

Diese Wahlreise bricht bewußt mit der Tradition.
Herr Professor Schiller ist unser Gast. Ich bin weder
Kandidat, noch vertrete ich eine unserer mächtigen
Interessengruppen: Hausbesitzer oder Landwirte.
Nicht einmal in Sachen des eigenen Vereins – etwa
zum Thema: Die steuerliche Veranlagung der deutschen Schriftsteller – wage ich zu sprechen. Wen inter-
essierte das auch? Aber als Berliner, der nicht wählen
darf, werde ich versuchen, Sie nachdenklich zu stimmen.

Uns finanziert keine Partei. Deshalb verlangen wir
Eintrittsgeld und hoffen, daß wir die Mark wert sind.
Schließlich sollen hier keine alten Schuhe und Ladenhüter verkauft werden. Der Liberale Studentenbund,
der Sozialdemokratische Hochschulbund und ich
sind die Veranstalter. Wenn wir Pleite machen,
müssen wir tief in die Tasche greifen. Da wir uns
für Rechenkünstler halten, wird es gelingen, die
roten Zahlen zu vermeiden. Sogar einen Überschuß

hoffen wir von Hamburg über Kiel, Münster, Bonn –
jawohl Bonn! –, von Aachen über Moers, Köln, Würzburg – jawohl, auch Würzburg! –, von Nürnberg,
Freiburg, Tübingen, Heidelberg, Mainz und München in vierzehn Tagen erarbeitet und gehäufelt zu
haben.

Was geschieht mit überflüssigem Geld? Die Zeiten
des Julius-Turms sind vorbei. Wir investieren! Mit
unserem frischgewonnenen Kapital und auch mit
Hilfe spendefreudiger deutscher Verlage wollen wir
drei bis fünf Bibliotheken zusammenkaufen, die
gewiß ihre Nutznießer, das heißt Leser finden werden,
nachdem wir sie drei bis fünf Bundeswehrkasernen
übergeben haben.

Wir meinen: »Bücher für die Bundeswehr!« ist kein
schlechter Slogan. Immerhin klingt er mir vernünfti-
ger als das traditionelle »Über Gräber vorwärts!« aus
Generalfeldmarschall Schörners Zeiten. Auch sollte –
so hoffen wir – »Bücher für die Bundeswehr!« attrak-
tiver sein als der alte Hut sagenhafter fünfziger Jahre:
»Keine Experimente!« und die lahmen Abwand-
lungen, die das Wörtchen »sicher« zu Tode reiten wollen.

Das erste Plus, es haben bereits einige Kasernen
ihr Interesse an unseren geistigen Waffen angemel-
det:

1. das Heeresfliegerbataillon 100 Rheine/Westfalen
2. das Nachschubbataillon 110 Rheine-Gellendorf
3. das Fernmeldebataillon 110 Borken/Westfalen
4. das Artilleriebataillon 150 Hamminkeln/Weser
5. das Artilleriebataillon 72 Warendorf.

Und noch vor den Bundestagswahlen – so schnell sind
wir! – sollen die Bibliotheken unfeierlich übergeben
werden. Klassik und Moderne werden vertreten sein.

Buchrücken neben Buchrücken: Historiker, Philosophen und Soziologen. Daneben gute Unterhaltungsromane und Kriminalromane: Wir wollen ja nicht mit angestrengtem Zeigefinger herumlaufen. Aber auch Marx und Engels sollen greifbar sein, denn unsere Bundeswehrsoldaten sind mündige Leser. (Außerdem kann man der bösen kommunistischen Infiltration gewitzter begegnen, wenn man im ›Kapital‹ geschmökert hat und das ›Manifest‹ streckenweise auswendig hersagen kann.)

Das also sind unsere Wahlgeschenke! Inspiriert hat uns die SPD mit ihrem so simplen wie genialen Einfall, alle staatliche Wahlfinanzierung an den Bürger in Gestalt von Schulbibliotheken zurückfließen zu lassen. Während sich Herr Erhard nicht scheut, seine Wahlannoncen in deutschen Zeitungen und Zeitschriften vom Presse- und Informationsamt der Bundesregierung finanzieren zu lassen, haben die Sozialdemokraten ein Beispiel gegeben, wie verantwortlich mit Steuergeldern umzugehen ist. Wir versuchen, mit Hilfe Ihres Eintrittsgeldes diese erfrischend unkonventionelle Tat zu variieren, und hoffen, daß unsere Aktion »Bücher für die Bundeswehr!« sich nicht im Sand der Lüneburger Heide verlaufen, sondern vom Verteidigungsminister der nächsten Bundesregierung aufgegriffen wird. Das möge dem Hamburger Senator Helmut Schmidt fortan im Gehör klingeln.

Soweit unsere geschäftliche Grundlage. Und jetzt zur Sache: Ich habe noch nie Wahlreden gehalten und verspüre seit Wochen etwas mir Neues: Lampenfieber. Niemand hat uns gebeten, diesen Balanceakt zu vollführen, und Herbert Wehner mag jetzt schon Blitze hinter seiner Pfeife bündeln, weil etwas passiert, das nicht er organisiert hat. Kümmern kann uns das nicht. Geholfen hat mir ein amerikanischer Kollege: Walt Whitman. Er lebte von 1819 bis 1892, trug einen wallenden biblischen Bart, verfügte über Atem, der von der Ost- zur Westküste, von Long Island bis Kalifornien reichte, und hinterließ das Buch ›Grashalme‹. Endlose, jeden Landstrich und jeden Beruf, den einzelnen und die Masse berührende Gesänge, die den Vereinigten Staaten von Amerika eine poetische und bis heute gültige Verfassung gegeben haben. Walt Whitman, ein Lincoln der Sprache. Jemand, der die Demokratie besungen hat. Mut und Humor ließen ihn sagen: »O, was für Themen-Gleichheiten! O göttlicher Durchschnitt!«

Walt Whitman soll unser Podest sein. Auf ihn gestützt, als Bürger zwischen Bürgern, gilt es, den Mund aufzumachen: »Dich singe ich, Demokratie!«

Dieses Motto, mit dem meine Freunde und ich eine aufregende Reise beginnen, habe ich dem folgenden Walt-Whitman-Zitat abgewandelt: »Für dich dies von mir, o Demokratie, dir zuliebe, ma femme. Für dich, für dich zwitschre ich diese Lieder.«

Das Plakat für unsere Wahlreise habe ich entworfen. Der ES-PE-DE-krähende Hahn wittert Morgenluft und steht, was nur geahnt werden kann, auf einem Komposthaufen.

Meine Rede heißt: Es steht zur Wahl! Deshalb über Franz Josef Strauß kein Wort. Er hat seine politische Zukunft hinter sich und steht nicht zur Wahl.

Steht Ludwig Erhard zur Wahl? Emnid und Allensbach, unsere demoskopischen Befragungsinstitute, raunen: Immer noch ist er populär. Steht also das Populäre zur Wahl? Wenn dem so wäre, müßten wir unsere parlamentarische Demokratie, nach Erhards Maßen, in eine plebiszitäre Volkskanzlerdemokratie verwandeln. Vor dieser Verfälschung möge uns unser Grundgesetz schützen. Der Populäre muß Wahlgeschenke machen. Dem Populären ist noch der kleinste Interessenverband wichtiger als der Bundestag, dem er Rede und Antwort stehen sollte. Popularität ist kostspielig. Ohne Programm und Konzept, gestützt auf die Orakelsprüche der Demoskopen, steht sie zur Wahl.

Und Willy Brandt steht zur Wahl. Zwar vertritt er ein reichgefächertes Programm, zwar verfügt er über ein realistisches außenpolitisches Konzept; aber er sei nicht populär genug, flüstern die Wahlstrategen. Welches Armutszeugnis stellt man den Wählern aus? Welche Arroganz wittert in jedem Wahlberechtigten das berühmte Lieschen Müller? Steht etwa Lieschen Müller zur Wahl? Soll telegener Zigarrenrauch das Argument ersetzen? Soll die Fernsehdemokratie mehr und mehr den Bundestag entmachten?

Wahlen sind Appelle an die Vernunft. Es kann mir also nicht daran liegen, Sie mit meiner Rede in Begeisterung zu versetzen. Kein Anlaß bestand und besteht, von Politikern und Parteien begeistert zu sein. Unsere Geschichte lehrt es uns schmerzhaft. Wenn es mir nur gelänge, jeden von Ihnen nachdenklich zu stimmen, wäre meine Aufgabe erfüllt.

In Maryland, USA, an der Atlantikküste wurde im Juni diese Rede konzipiert. Sie werden sich fragen, hatte der Mensch nichts Besseres zu tun, als zwischen Dünen, Reklametafeln und leeren Strandhotels über westdeutsche Verhältnisse nachzudenken? Warum blieb er nicht beim Leisten, beim üblichen Geschichtenausdenken? Warum hat er nicht springende Delphine und den ewig besoffenen Horizont besungen? – Man mag es mir nachsehen: So sehr mich die leeren

Bierbüchsen im Seesand zu kühnen Metaphern verführen wollten, es kam mir unser armes, reiches, liebliches und mürrisches, gemütliches und gehetztes, unser krumm und lahm geschlagenes und eigentlich noch so junges Vaterland nicht aus dem Sinn.

Dabei hätte der Ozean behilflich sein können. Er bot Distanz. Aus dem Blick waren Deutschlands Kirchtürme und die Kirchtürmen verpflichtete Politik. Und nur die gleichmäßig gegen den Strand marschierende und stumpfsinnig sich selbst belegende Brandung persiflierte leichthin Ludwig Erhards überlebensgroßen Gedanken von der »Formierten Gesellschaft«. Kurzum: Bonn lag weit ab. Die Zeitungen kamen verspätet. Kein Dementi störte. Und in Maryland wußte niemand, welch wichtige Rolle die Gänsefüßchen in der Bundesrepublik spielen.

Weil aber Distanz den Frömmsten hochmütig macht und ich ernsthaft vorhatte, auf dem Flickwerk unseres gesamtdeutschen Teppichs zu bleiben, ließ ich den Ozean Ozean sein, verzichtete auf die alles vereinfachende Distanz, kramte in meinem Koffer und fand, was ich vorsorglich an alltäglichem bundesdeutschen Material mitgebracht hatte – zum Beispiel des Volkskanzlers Regierungserklärung mit dem Kalenderspruch: »In dieser Zeit ist auch die deutsche Politik zum Handeln aufgerufen.« Daneben lag der »Große Hessenplan« des hessischen Ministerpräsidenten Georg August Zinn; und ganz unten, zwischen Herrn Gerstenmaiers Ellipsentheorie und den Protokollen zum 17. Juni, fand ich unser Grundgesetz, reich kommentiert von Andreas Hamann. Welch eine Amerikalektüre!

Artikel 38 Absatz 1: »Die Abgeordneten des Deutschen Bundestages werden in allgemeiner, unmittelbarer, freier, gleicher und geheimer Wahl gewählt. Sie sind Vertreter des ganzen Volkes, an Aufträge und Weisungen nicht gebunden und nur ihrem Gewissen unterworfen.«

Zwei kraftvolle gute Sätze. Leider fehlt der entscheidende Hinweis auf ein im Grundgesetz verankertes Wahlsystem. Denn Gleichheit der Wahl bedeutet Chancengleichheit. Aber das Bundesverfassungsgericht hat die Fünf-Prozent-Sperrklausel zugelassen und damit den Artikel 38 in Frage gestellt. Unser Grundgesetz sieht eine Benachteiligung von »sogenannten Splitterparteien« nicht vor, weil sie mit dem Prinzip der Rechtsstaatlichkeit unvereinbar ist.

Der zweite Absatz Artikel 38 lautet: »Wahlberechtigt ist, wer das einundzwanzigste, wählbar, wer das fünfundzwanzigste Lebensjahr vollendet hat.«

Die Wehrpflicht hingegen – so lesen wir – ist schon mit dem vollendeten achtzehnten Lebensjahr gegeben. Verlangt also das Wahlrecht größere Reife als die Wehrpflicht? Wie soll es den Bürger in Uniform geben, wenn er nicht wählen darf?

Eine Anzeige der Bundeswehr in einer westdeutschen Illustrierten warb kürzlich mit dem Slogan: »Hauptfach: Denken.« Mir gefiel diese Überschrift. Aber setzt sie nicht voraus, daß der denkende Bundeswehrsoldat auch wählen darf?

Unser Grundgesetz ist unser größter Besitz. Noch nie hatte ein deutscher Staat eine so gute, das heißt freiheitlich rechtliche Grundlage. Laßt uns vorsichtig und mit Geduld an ihm weiterbauen. Meine Vorschläge für den nächsten Bundestag, der im September gewählt wird, lauten:

Erstens: Im Grundgesetz sollte unser Wahlsystem verfassungsrechtlich festgelegt werden.

Zweitens: Die Fünf-Prozent-Sperrklausel widerspricht der grundgesetzlichen Forderung nach der Gleichheit der Wahl. Sie sollte aufgehoben werden, da sie das Prinzip der Rechtsstaatlichkeit verletzt.

Drittens: Abänderung des Artikels 38 Absatz 2 oder des betreffenden Wehrpflichtgesetzes. Denn wer mit dem vollendeten achtzehnten Lebensjahr verpflichtet wird, sollte auch wahlberechtigt sein. Der Bürger in Uniform ist ohne Wahlberechtigung nicht denkbar.

Soweit meine Vorschläge.

Es steht zur Wahl. Wer spricht hier und zu wem? Ein Geschichtenerzähler. Jemand, der immerzu sagt: Es war einmal. Soll er die Stimme senken oder heben? Ist das ein Ausgangspunkt, Amerika, den Atlantik im Ohr? Wären nicht Zahlenkolonnen vonnöten? Wurde nicht jüngst die Statistik heiliggesprochen? Wen spricht er an? Seine Generation. Das heißt die Überlebenden. Denn die Toten dürfen nicht wählen. Es waren einmal achtunddreißig Schüler. Alle im Jahre 1922 geboren. Sechsundzwanzig von ihnen wurden im Jahre 1940, acht von ihnen im Jahre 1941 Soldat. Die restlichen vier zogen, weil sie schwache Augen oder Herzklappenfehler hatten, erst im Spätherbst des Jahres 1944 in den Krieg. Als der Krieg zu Ende war, lebten noch zwölf von den achtunddreißig. Zwei von ihnen wanderten aus. Vier von ihnen leben in der DDR. Sechs von den achtunddreißig dürfen in diesem Herbst wählen. Soweit meine Geschichte. Vier Kriegsjahre sorgten für Stimmenverluste. Es mögen die Einundzwanzigjährigen von heute begreifen, daß ich die Stimmen jener vermisse, denen vor mehr als zwanzig Jahren, zuerst auf dem Vormarsch, dann auf dem Rückzug, in jedem Fall endgültig das Stimmrecht genommen wurde. Was würden sie heute wählen? Ist diese Frage erlaubt? Es ist ein Glück, wählen zu dürfen. Spannender als Krieg und Kesselschlachten sind der Frieden und seine Wahlkämpfe. Das ist Besitz: eine Stimme. Sie fällt ins Gewicht und beweist, daß ich lebe. Niemand kauft sie mir ab. Denn sie ist teurer als alle Wahlgeschenke. Nicht alles, aber vieles steht auf dem Spiel. Es geht nicht um Leben und Tod, nur vier Jahre Zukunft und deren Folgen stehen in Frage. Nur? Wer hat sie übrig? Wer wollte vier Jahre lang stimmlos sein?

Es war einmal ein Mann. Der lebte in Schneidemühl, Hinterpommern. 1919 wählte er zum ersten Mal, und zwar die Kommunisten, weil er arbeitslos war. 1932, nachdem er jahrelang von seinem Stimmrecht keinen Gebrauch gemacht hatte, wählte er die Nationalsozialisten, weil er arbeitslos war. Nach dem Krieg war er verbittert, weil er nicht mehr nach Schneidemühl zurück durfte, und wählte fortan seine Flüchtlingspartei. Als es die kaum mehr gab, wählte er Adenauer und dessen Versprechen: Jeder aus Schneidemühl kommt zurück nach Schneidemühl, bald. Niemals kam unser Mann auf den Gedanken, die Sozialdemokraten zu wählen. Warum wohl? Versprachen sie ihm zu wenig? Soweit meine Wahlgeschichte.

Es kommt jemand daher und hat einen verdächtigen Beruf. Er erzählt Geschichten. Hat er auch ein Programm? Versteht er es, hinter die berühmten Kulissen zu schauen? Sollte er nicht bei seinen Geschichten bleiben und den Politikern die Politik wie den Hühnern das Eierlegen und den Bürgern das Steuerzahlen überlassen? – Politik ist keine Geheimwissenschaft. Will sie es sein, ist sie falsch. Jedes Verkehrsschild ist Politik, jedes Schulbuch. Auch ein Geschichtenerzähler kann das beurteilen. Zwar weiß er nicht genug über Arbeitsrecht und Rentenreform, aber er kennt Seiten der Gesellschaft, von denen sich die Statistik nichts träumen läßt. Er kann den einzelnen, das Individuum, aus der Masse lösen und benennen. Da ist er, der dreiundzwanzigjährige Student.

Es war einmal ein Student, Sohn eines Obersteigers aus Wanne-Eickel. Der studierte und studiert immer noch in Clausthal-Zellerfeld auf der Bergakademie den Bergbau. Vor drei Jahren, als er anfing, umwarben ihn die studentischen Verbindungen. Nach längerem Zögern trat er in eine Verbindung ein, die er für fortschrittlicher hielt als die anderen. Schon nach dem zweiten Semester verließ er die Verbindung, obgleich Clausthal-Zellerfeld abends wenig Abwechslung bietet. Die ›Spiegel‹-Affäre belebte kurzfristig sein politisches Interesse. Als in Clausthal-Zellerfeld der AStA neu gewählt werden sollte, beteiligte er sich sogar an der Wahl und gab seine Stimme einem nicht-korporierten Kandidaten. Die Studentenzeitschrift der Bergakademie, ›Die Spitzhacke‹, druckte seinen Leserbrief ab, der sich kritisch auseinandersetzte mit der Bevormundung des Kulturreferenten durch den 1. AStA-Vorsitzenden. Seine zweite Zuschrift wurde nicht mehr abgedruckt. Angeblich wegen Platzmangel. Rasch resignierte er, machte den Führerschein und kaufte eine Isetta.

Als ihm in den Semesterferien, nach einem Gespräch mit Bergleuten, die er aus seiner Praktikantenzeit kannte, bewußt wurde, daß er mittlerweile wahlberechtigt war, tendierte er im Verlauf weniger Monate zuerst zur SPD, dann zur FDP und kurzfristig, über ein Wochenende, zur DFU. Er konnte sich nicht entscheiden. Da beendete der Aufruf eines protestantischen Kirchenmannes seine Qualen. Weil ihm mit Pathos geraten wurde, sich der Stimme zu enthalten, wollte er von seinem Wahlrecht keinen Gebrauch machen. Jüngst hat ihn der Ausspruch unseres Verteidigungsministers erschreckt. Herr von Hassel sprach von Linksprotestanten und von einer nihilistischen Saat, die bei der Studentenschaft aufzugehen beginne. Vielleicht wird unser Student nun doch seine Stimme abgeben.

Soweit meine Geschichte.

Es steht zur Wahl. Doch Pastor Niemöller sagte zu seiner großen Gemeinde: Übt Abstinenz. Bleibt keusch. Politische Jungfrauen. Versündigt Euch nicht! Warum predigt dieser große Mann uns Enthaltsamkeit? Weil ihm die Alternative nicht deutlich wird. Weil nicht Schwarz und Weiß, sondern vielstufiges Grau zur Wahl steht. Weil es nicht zwischen Engeln und Teufeln zu wählen gilt. Es hindern ihn Skrupel, sich zwischen den etwas Schlechteren und den etwas Besseren zu entscheiden, weil dem Theologen jedes Problem zur Gewissensentscheidung gerinnt. Die Bundesrepublik jedoch und die Wahlen zum nächsten Bundestag sind von dieser Welt. Es wird darauf ankommen, daß während der nächsten Legislaturperiode nicht Frau Schwarzhaupt für die Gesundheitspolitik verantwortlich ist, sondern jene Partei, die mit nüchtern erarbeitetem Programm in der Lage ist, eine Gesundheitspolitik zu verwirklichen, die den Notstand in unseren Krankenhäusern beendet.

Es war einmal eine Hebamme, die hatte auf der Hebammenschule in Hannover gelernt, daß ihr Beruf schwer und verantwortlich sei, daß eine Hebamme immer mit einem Fuß im Gefängnis stehe. Mit viel Tatkraft arbeitete sie schlechtbezahlt acht Jahre lang in drei verschiedenen städtischen Krankenhäusern mittelgroßer Städte. Die Bedingungen ihrer Arbeit waren dergestalt, daß sie oft befürchten mußte, mit einem Fuß im Gefängnis zu stehen. Da sie eine resolute Frau war, entlud sich ihre Empörung gelegentlich nach zehn Stunden Dienstzeit. Sie forderte intensive Schwangerenberatung und Schwangerengymnastik. Der Chefarzt, obgleich konservativ, zeigte sich zugänglich, aber es fehlte an Krankenschwestern, Säuglingsschwestern, Betten, am Geld und an ausreichenden Mutterschutzbestimmungen. Die Hebamme nahm sich unbezahlten Urlaub und besuchte einen dreiwöchigen Kurs auf einer Hebammenschule in Süddeutschland. Sie wollte sich fortbilden. Dort kamen ihr Zahlen zu Gesicht, die eindeutig belegten, daß die Mütter- und Säuglingssterblichkeit in der Bundesrepublik nicht mehr verharmlost werden darf. Ein Kraftfahrer der Hebammenschule gab ihr den Rat, in die Gewerkschaft einzutreten. Das wollte sie nicht, weil ja ohnehin die meisten Hebammen und Krankenschwestern nicht organisiert seien. Einmal, als von den Zuständen und der Säuglingssterblichkeitsquote in einem kleineren Kreiskrankenhaus die Rede war, rief sie aus: »Das ist ja Mord!« Obgleich einige ältere Hebammen entsetzt waren, widersprach ihr niemand. Neuerdings erzählt sie jedem, sogar dem Chefarzt und der Oberschwester, daß sie es satt habe: »Bis jetzt hab ich ja immer treu und brav den Alten gewählt, aber nun langt's mir!«

Soweit meine Geschichte.

Es steht zur Wahl: Herr Ludwig Erhard. Seine Lieblingsworte heißen: redlich, ehrlich, volklich, gnädig. Rasch ist er beleidigt. Da er sich als Volkskanzler sieht, ist jede Kritik an seiner Person volksfremd.

Wenn ihm die Argumente ausgehen, bittet er um Vertrauen und sagt: »Billigen Sie mir den Glauben zu, daß ich es gut mit Ihnen meine.« Mit wem? Welchen Interessenverbänden ist er am meisten gewogen? Herrn Berg vom Bundesverband der Deutschen Industrie oder Herrn Rehwinkel, der als Vertreter der Bauern meisterlich umgehen kann mit Herrn Erhard. Was ist aus seiner angekündigten »Sozialgesetzgebung aus einem Guß« geworden? Sinnlose Wahlgeschenke verschlingen Summen, die uns morgen fehlen werden. So wurde den Kriegsversehrten verwehrt, was er den Studenten und Oberschülern vor die Füße geworfen hat: ein Taschengeld. Laßt Euch nicht bestechen. Seid nicht käuflich. Lehnt es ab. Nehmt nicht Gelder, die den Einarmigen zustehen. Seid stolz und verliert den Respekt vor wilhelminischem Plüsch und salbadernder Würde. Wen kein Schamgefühl hindert, heute die Sprache eines Joseph Goebbels zu benutzen, wer sich wie Ludwig Erhard nicht scheut, von »Entartungserscheinungen in der modernen Kunst« zu sprechen, wer also bereit ist, jene niederen Geister zurückzurufen, die wir vor zwanzig Jahren weichen sahen, wer unsere großen Toten, Alfred Döblin und Paul Klee, Max Beckmann und Else Lasker-Schüler, also alle, die deutsche Kultur in die Welt getragen haben, nochmals, und sei es aus Ignoranz, beleidigt, der sollte nicht zur Wahl stehen. Ein Banause als Bundeskanzler ist eine Zumutung.

Wer spricht hier und zu wem? Jemand, der in Berlin wohnt, nicht wählen darf, aber um jeden Preis mitreden wird. Jemand, der in Berlin nach und nach begriffen hat, in welchem Maße und nach welch listigen Gesetzen Adenauer und Ulbricht, zwei aufeinander angewiesene Todfeinde, ein dickes Jahrzehnt lang zusammengearbeitet haben. Jemand, der den 17. Juni 1953 vom Augenschein kennt und erleben mußte, wie dieser große, traurige und verregnete Tag in beiden Teilen Deutschlands verfälscht worden ist.

Willy Brandt hat am 1. Juli 1953, als damals noch relativ unbekannter Abgeordneter, vor dem Bundestag eine scharfe Rede gehalten. Er hat als erster vor der damals schon beginnenden Verfälschung des Arbeiteraufstandes gewarnt. Wer diese Rede heute liest, wird bestürzt feststellen, daß alle seine Thesen ihre Frische und Dringlichkeit bewahrt haben. Damals hat Willy Brandt in den Wind gesprochen; steht es heute besser um unser Gehör?

Es steht zur Wahl: eine verbrauchte Regierungskoalition, die von Parteien getragen wird, die innerlich zerstritten sind und bewiesen haben, daß sie keiner seriösen Initiative mehr fähig sind. Andererseits bieten die Sozialdemokraten ein reichgefächertes, bis ins letzte Detail belegtes Programm und gleichfalls eine überzeugende personelle Alternative. Es kann nicht meine Aufgabe sein, die SPD und ihr Programm unausgesetzt anzupreisen; Willy Brandt und Professor Schiller, Fritz Erler und Gustav Heinemann, Professor Schellenberg und Helmut Schmidt sind Männer, die ihre Sache zu vertreten wissen.

Meine Aufgabe, heute, heißt anders: Wenn ich jetzt, im Juli, also unzeitgemäß, vom 17. Juni spreche, meine ich, es möge jeder, der heute noch zögert, im September seine Stimme in die Waage zu werfen, bedenken, daß es in Bitterfeld und Magdeburg, in Rostock und Leipzig, in Buna, Leuna und Ostberlin Arbeiter gibt, die vor zwölf Jahren für sich und auch für uns ein Risiko eingegangen sind. Sie würden gerne wählen. Noch behindert Ulbricht ihre Wahl.

Wer also zögert, der gebe die passive Haltung auf und wähle für die Arbeiter aus Henningsdorf, für die Optiker aus Jena, für die Bauarbeiter der Stalinallee, damit ihr Aufstand wieder einen Sinn bekommt: Sie rechnen mit uns. Noch rechnen sie mit uns.

Wer sprach hier und zu wem? Transatlantische Überlegungen. Walt Whitman im Gepäck. Seine Stimme haben, seinen Atem. Wie er, heiter und gelassen, begeistert und erzürnt und ohne Angst vor Aufzählungen und Wiederholungen Demokratie besingen: die geliebte, penetrante, die immerfort unzulängliche, zum Überdruß reizende, in Kerkern ersehnte, komplizierte und immer auf Wandel und Wechsel sinnende, ermüdende, teuer erkaufte, heilig nüchterne Demokratie.

Wer sprach hier und zu wem? Jemand, der über Hundejahre berichtet hat, der der Schuld den Magen umstülpte und auf Trümmer- und Schrottplätzen nach Spuren der Scham gestochert hat. Jetzt sucht er neuen Stoff. Einen, der heiter stimmt. Ich will nicht mehr sagen müssen: Der sieht nur so aus; getan hat er das; vergessen hat er jenes. Vielmehr will ich von jemandem erzählen, der noch nichts getan hat, der gerade jetzt anfängt, jung und ganz blank ist, ein bißchen töricht und verbockt, aber neugierig, was wohl kommen mag: Heiter bis wolkig. Mäßig schwankende Kurse. Albern wechselnde Moden. Schulen so viele, daß blöd bleiben Kunst wird. Reformen und Wohlfahrt. Solide, etwas farblose Sozialdemokratie. Und kein Gedröhn mehr und Schicksalsgeraune. Nie mehr Kreuzzüge und über Gräber vorwärts. Ohne den alten Schuh Weltanschauung. Auch ohne Elitegeist und abendländische Überheblichkeiten. Das wäre ein Buch. Anmutig, voller Gelächter. Streitbar im Kampf um die Grünanlagen. Unerbittlich, wenn es um Spesenabrechnungen geht. Es ließen sich Revolutionen entfesseln, die dem heruntergekommenen deutschen Hotelfrühstück zu Leibe rückten. Es ließe sich Alltag erzählen, direkt, ohne Rückblende und ohne den immer noch abfärbenden Hintergrund: Tausendjähriges Reich.

Es liegen »Demokratische Geschichten« in der Luft. Das alles steht zur Wahl.

Loblied auf Willy

Rede im Bundestagswahlkampf 1965

Heute soll meine Rede einem Mann die Reverenz erweisen, auf den ich gesetzt habe, der meiner Kritik immer gewiß sein kann, einem Mann, der zur Wahl steht.

Walt Whitman hat seinen Präsidenten, den ermordeten Abraham Lincoln, besungen: »O starker gefallener Stern im Westen!«

Ich werde versuchen, nüchterner einen Lebenden zu preisen: ›Loblied auf Willy!‹

Er soll Bundeskanzler werden. Was ist das, ein Bundeskanzler? Etwas wilhelminisch Patriarchalisches? Das wandelnde Ordnungsprinzip? Die übliche Vaterfigur, der die Söhne, von Generation zu Generation, tagsüber die gedrückte Haltung und zur Nacht rachsüchtige Träume verdanken? Wer ist er, der Bundeskanzler? Wie spricht man ihn an? Soll er verehrt werden? Und was, wenn ja, sollte in ihm verehrt werden? Ein politisches Pin-up? Ein Jemand, dessen Foto zwischen Zimmerlinden die Amtsstuben zu schmücken hat: Orakel und Quelle einsamer Beschlüsse und Popularität heischender Allgemeinplätze? Oder ist der Bundeskanzler schlicht jemand, der, auf Vorschlag des Bundespräsidenten, vom Bundestag gewählt worden ist und durch ein konstruktives Mißtrauensvotum entlassen werden kann?

Das Schönste an unserem Staat – und darauf wollen wir bauen – ist unser Grundgesetz. Hier! Ich trage es bei mir, im Köfferchen. Eine Sitte, die unserem

Immer-noch-Innenminister Herrn Höcherl empfohlen werden sollte. Und unser Grundgesetz, Artikel 65, erster Satz, sagt: »Der Bundeskanzler bestimmt die Richtlinien der Politik und trägt dafür die Verantwortung.« – So klar sich dieser Satz einprägt, so gerne wird er unvollständig zitiert oder nach Gutdünken gemodelt. »Verantwortung«, die hier als parlamentarische zu verstehen ist, fällt gerne unter den Tisch. Beliebt ist die schauerliche Raffung des Grundgesetzartikels zur »Richtlinienkompetenz«. Wahrscheinlich wollte Herr Erhard den Büchmann um ein geflügeltes Wort bereichern, als er sich selbst glossierte und in Hausvatermanier aufstampfte: »Ich bestimme die Richtlinien der Politik ohne Wenn und Aber.«

Sein Vorgänger, unser erster Bundeskanzler, war da aus anderem Holz. Selten oder nie sprach er vom Artikel 65. Aber er zimmerte sich aus ihm, indem er das Kabinett und den Bundestag mehr und mehr entmachtete, jenes selbstherrliche Podest, das, vornehm umschrieben, Kanzlerdemokratie hieß. Als der alte Herr, nach ziemlich peinlichem Kokettieren mit dem Bundespräsidentenamt, endlich zurückgetreten war, beeilten sich In- und Ausland, ihm bombastische Nachrufe zu pflanzen, als wollte man ihn rasch historisieren und also an der Rückkehr hindern. »Der Lotse verläßt das Schiff«, wurde geunkt.

Niemand scheute sich, Bismarck und Karl den Großen zu bemühen. Dabei stiegen nur Erinnerungen auf an die unglückseligen Rheinbundstaaten. Doch zugegeben: Wenn Fürst Metternich ein großer Mann gewesen ist, bin auch ich bereit, Konrad Adenauer in dieser Größenordnung zu begreifen.

Nach solch illusionärer abendländischer Selbstbespiegelung ist es kein Wunder, wenn sich verängstigte

Bürger im westlichen Teil unseres Landes nach der Schläue des Fuchses zurücksehnen, obgleich mehr und mehr deutlich wird, daß es die unbezahlten Rechnungen des Herrn Adenauer sind, die seinen Nachfolger mehr herabwirtschaften, als er es verdient haben mag.

Schließlich hat er sich uns eingeprägt als selbstherrlicher Vater des Wirtschaftswunders. Wie hieß wohl die schöne Mutter? – Und nun auf einmal knabbert der Zweifel selbst an diesem Mirakel. Er, die sagenhafte Wahllokomotive, der personifizierte Optimismus von gestern, muß heute der erschöpften Regierungskoalition den Prügelknaben ersetzen. Er macht keine gute Figur mehr und erregt Mitleid, was einem Bundeskanzler schlecht zu Gesicht steht. Jenes mit dem Schlager: »Laßt doch mal den Dicken ran . . . « so gutwillig und munter gefeierte Experiment ist mißglückt. Wo nähmen wir auch fernerhin das viele und teure Porzellan her, das dieser empfindsame und rasch beleidigte Mann nun einmal benötigt, um sich und uns, anhand der Scherben, seine Auserwähltheit zum Volkskanzler zu beweisen? Und schon sind wir bei einer Definition des Artikels 65 angelangt, von der sich unser vortreffliches Grundgesetz nichts hat träumen lassen.

Was ist das, ein Volkskanzler? Unsere parlamentarische Verfassung kennt ihn nicht. Allenfalls Institute für Meinungsforschung lassen durchblicken, was ein Volkskanzler sein will: populär! Das ist nun Herr Erhard in Tat und Wahrheit: populär. Und selbst Konrad Adenauer wird sein Versprechen: »Den Herrn Erhard bring ich noch mal auf Null!« wie so viele Versprechen, die er uns hinterlassen hat, nicht einlösen können. Ludwig Erhard wird immer populär bleiben.

Aber was zwingt uns, diesem mit Recht so populären Mann nochmals eine Verantwortung aufzubürden, die dem Zaudernden Entschlüsse, die dem ewig Zögernden das Handeln abverlangt?

Weiter gefragt: Was ist das, ein Bundeskanzler? Nach zwölf Jahren Kanzlerdemokratie und nach dem kostspieligen Interregnum des populären Volkskanzlers gilt es, diese Frage dringlich zu stellen.

Ich meine, es müßte jemand sein, der den ersten Satz des Grundgesetzartikels 65 wieder im vollen Wortlaut wahrnimmt: »Der Bundeskanzler bestimmt die Richtlinien der Politik und trägt dafür die Verantwortung.«

Also, gesucht wird ein Mann, der das Wenn und das Aber nicht vom Tisch wischt und somit sein Kabinett entmachtet. Jemand, der sich nicht der »volklichen Gemeinschaft« und ähnlich wolkigen Absurditäten verpflichtet fühlt; also jemand, der dem Bundestag Rede und Antwort steht, und nicht jemand, der verfassungswidrig das Parlament umgeht und zur Milchkuh außerparlamentarischer Interessengruppen wird. Nicht der Bauernführer Rehwinkel und nicht Herr Berg vom Bundesverband der Deutschen Industrie wurden vom Volk gewählt, sondern die Bundestagsabgeordneten! Weiterhin erhoffe ich mir einen Bundeskanzler, der bereit ist, die zunehmende Verfälschung unserer so gut begründeten parlamentarischen Demokratie in eine Fernsehdemokratie rückgängig zu machen.

Nicht jener darf der beste Bundeskanzler sein, der auf dem Fernsehschirm kurzfristig wirkt; vielmehr wünschenswert wäre jemand, der den unpopulären Anlauf nicht scheut und in harter Detailarbeit, Schritt für Schritt, sein Ziel angeht. In Berlin hat es sich erwiesen, daß unser einziges politisches Konzept – oft genug gegen Widerstände von außen und innen – praktizierbar ist. Ich spreche von meinem Regierenden Bürgermeister, von Willy Brandt.

Er ist keine Vaterfigur. Schicksalsgeraune liegt ihm nicht. Kein brillanter Redner wie Fritz Erler. Kein schnaubendes Kraftwerk wie Herbert Wehner. Gelassen gebe ich zu: Es fällt mir schwer, meinen Regierenden Bürgermeister laut anzupreisen. Aber warum sollte ich auch über den grünen Klee loben, begeistert sein oder versuchen, in Begeisterung zu versetzen? Noch nie bestand Anlaß, von einem Politiker begeistert zu sein. Unsere Geschichte lehrt es uns schmerzhaft. Skeptisch vertraue ich ihm. Sympathie äußert sich in Kritik. Kein Genie, aber ein Staatsmann steht zur Wahl, der bereits seit Jahren die Sache Berlins, und damit die gesamtdeutsche Sache, in London und Stockholm, in Washington und Paris zu vertreten gewußt hat. Selbst unsere großen Tageszeitungen können es nicht mehr verschweigen: Dem Namen Willy Brandt begegnet man in der Welt mit Hochachtung und Respekt. Er reist ja auch nicht mit Illusionen im Koffer, sondern versteht es, sein Konzept darzustellen. Wir wären übel beraten, wenn wir es zuließen, daß das Wort vom Propheten, der im eigenen Land nichts gilt, sich auf Willy Brandt anwenden ließe. Zur Zeit ist er der einzige Staatsmann, der Kenntnis, Begabung und Statur hat, eine außenpolitische Initiative zu entwickeln, die das verdrängte Ziel der Wiedervereinigung wieder in unseren Blick rückt.

Willy Brandts immer wiederkehrende Redewendung »Meine Freunde und ich...« ist keine bloße Floskel, sondern die selbstbewußte Ankündigung eines politischen Stils, der die Ära der »einsamen Beschlüsse« und »Schicksalsberufungen« beenden wird. Mit ihm will sich eine andere Generation an die Arbeit machen: Es gibt genug zu tun. Wenn in den letzten Wochen das Notstandsgerede immer wieder künstlich angefacht wird, sei hier gesagt: Er ist ja schon da, der Notstand! Überall dort, wo ihn die Koalitionsregierung nicht wahrhaben will: in den Schulen und Universitäten, in den Krankenhäusern und auf unseren Landstraßen! – Willy Brandt und seine Regierungsmannschaft werden alle Hände voll zu tun haben, wenn sie sich dem Lehrermangel und der Verkehrsmisere, einer kranken Gesundheitspolitik und dem durch Wahlgeschenke in Unordnung gebrachten Haushalt regierungsverantwortlich gegenübersehen werden. Auch wenn Willy Brandt und seine Freunde um diese Herkulesarbeiten nicht zu beneiden sind, es hilft nichts: Diesmal müssen sie ran! Der Stall will gereinigt werden!

Ein neuer Bundeskanzler steht zur Wahl. Hat er gestohlen, gelogen, gemordet? Wir sind mit diesen Fragen aufgewachsen. Jeder Tag weiß von Mördern zu berichten, die seit Jahren Recht sprechen, den Staat vertreten oder die Jugend lehren. Hier ist der Ort, eine Lanze zu brechen: Man hat Willy Brandt vor nicht allzu langer Zeit hierzulande und – beschämenderweise – mit gewissem Erfolg systematisch verleumdet. Die Arbeitsgemeinschaft Kapfinger-Strauß war Meister dieser Tonart. Selbst Konrad Adenauer scheute sich nicht, sein Christentum derart zweckdienlich Lügen zu strafen. Wem es heute noch angelegen sein sollte, weil Wahlkampf ist, aufs Niveau der ›National-Zeitung‹ herabzusteigen, der wird kein Gehör mehr finden.

Mich bewegt Willy Brandts lange Reise von Lübeck über die Stationen der Emigration nach Berlin, weil sich in ihr ein Teil jener Geschichte Deutschlands widerspiegelt, auf den ich, ohne Anteil gehabt zu haben, stolz bin. Wen hat man uns nicht alles zugemutet? Wer mag heute schon den Schaden messen, den die Herren Krüger und Oberländer, den ein Mann namens Globke unserem Land und unserer jungen Demokratie zugefügt haben? Willy Brandt verfügt über genügend moralische Autorität, dieses Kapitel abzuschließen. Mit ihm sehe ich einen Mann Verantwortung übernehmen, dem zwar der Irrtum nicht fremd ist, der sich aber nicht anfechten ließ und umfiel, als in Deutschland das Umfallen Ehrensache wurde.

Lassen Sie mich ausholen. Der Anlaß verdient es.

Willy Brandt hieß, als er am 18. Dezember 1913 in Lübeck geboren wurde, Herbert Frahm. Als uneheliches Kind trug er den Namen seiner Mutter. Von ihr, der Verkäuferin in einem Konsumgeschäft, und dem Großvater, einem altsozialdemokratischen Landarbeiter, wurde er erzogen. Als Vierzehnjähriger gehörte er zu den Roten Falken, ein Jahr später zur Sozialistischen Arbeiterjugend. Auf dem Gymnasium, dem Lübecker Johanneum, war der Sohn aus einer Arbeiterfamilie die Ausnahme.

Ich stelle mir den Fünfzehnjährigen so vor: zu schnell gewachsen, robust, ziemlich vergrübelt. Auf dem Pausenhof beginnt die Politik. Auf der einen Seite: er alleine mit seinen frühreifen Argumenten. Ihm gegenüber: die Söhne der Bürger, noch zögernd, aber schon auf dem Weg in die Hitlerjugend. Die Trave riecht sommerlich. Lübecks Backsteingotik hält feinsinnig ironische Zwiesprache mit Thomas Mann.

Aber mit Ironie ist die SA nicht aufzuhalten. Sie marschiert.

Der sechzehnjährige Herbert Frahm wurde 1930 Mitglied der Sozialdemokratischen Partei Deutschlands. Sein Deutschlehrer bestärkte ihn, Journalist zu werden. Die ersten Artikel schrieb er für den ›Volksboten‹. Julius Leber, damals Chefredakteur dieser Zeitung und Vorsitzender der Lübecker Sozialdemokraten, entdeckte ihn. Er wurde sein Mentor.

Wer die politische Konzeption des Staatsmannes und Bundeskanzlerkandidaten Willy Brandt, auch von der Herkunft her, begreifen will, wird bemerken, daß Julius Leber, von den frühen Lübecker Jahren bis in die jüngste Berliner Zeit, Brandts unerschöpflicher Anreger und Prüfstein gewesen ist.

Lassen Sie mich knappen Bericht geben über diesen außerordentlichen Mann, dessen Schicksal für die Geschichte der deutschen Sozialdemokratie und also für die Geschichte unseres Landes von Bedeutung ist:

Julius Leber war ein Sozialdemokrat, der, im Gegensatz zu den Politikern der Rechten wie der Linken, die Weimarer Republik und ihre Verfassung bejaht hat. Nazis und Kommunisten waren seine schärfsten Gegner. Aber auch der linke Flügel der SPD und die Jungsozialisten lehnten den staatsbewußten Pragmatiker ab. 1931, als sich die SAP von der SPD abspaltete, trennte sich auch der achtzehnjährige Herbert Frahm von seinem politischen Ziehvater. Erst die Emigration, praktische Erfahrungen in Norwegen, wo die Sozialdemokraten damals schon die Regierungsverantwortung trugen, haben ihn wieder in die Nähe jenes Mannes gebracht, der im Juli 1944 von den Nazis ermordet worden ist.

Der Widerstand gegen Hitler verlor mit Julius Leber die zentrale Persönlichkeit, den Koordinator, den Kopf.

Meinen Freunden und Feinden links von der SPD, die sich darin erschöpfen, Willy Brandt als bloßen Pragmatiker abzulehnen, möchte ich dieses gleichnishafte Kapitel aus jüngster deutscher Geschichte ins Gedächtnis rufen. Aber gleichzeitig sollte sich auch Herbert Wehner an Willy Brandts Weg von Julius Leber fort und zu Julius Leber hin erinnern, wenn er in Feldwebelmanier den jungen Außenseitern Parteidisziplin einpauken möchte. Nicht die Schlechtesten, oft die Begabtesten fühlen sich als Zwanzigjährige von den unübersichtlichen Massenparteien abgestoßen. Sie reiben sich am Funktionärsdenken und an allzu glatter Kompromißbereitschaft. Wer sie als Wirrköpfe abtut, soll sich nicht wundern, wenn sie sich der Stimme bei den Wahlen enthalten oder aus trotziger Überzeugung – und sei es, um ihre Ohnmacht zu demonstrieren – die DFU wählen.

Es mag sein, daß Herbert Wehner nicht über seinen Schatten springen und ein Wort der Verständigung finden kann; mir fällt es leichter, den Ostermarschierern und Linksabweichlern, also allen, denen man hierzulande, in Ermangelung besserer Argumente und weil das Verteufeln so hübsch in Schwung ist, den Kommunismus andichtet, ziemlich besorgt zuzurufen: Laßt Euch nicht isolieren und in Sekten und Grüppchen abdrängen, also politisch entmündigen; denkt an den Umweg, den Willy Brandt machen mußte, bis er wieder zu Julius Leber zurückfand, und tragt Eure Opposition mit weniger Fanatismus und mehr Gelassenheit vor. Eure wahren Gegner sitzen woanders. In beiden Teilen Deutschlands lachen sie sich ins Fäustchen, wenn wieder einmal 1,9 Prozent DFU-Stimmen unter den Tisch gefallen sind.

1933, zwei Tage, nachdem die Nazis an die Macht gekommen waren, wurde Julius Leber in Lübeck auf der Straße zusammengeschlagen und in ein Gefängnis überführt. Der neunzehnjährige Herbert Frahm mußte untertauchen, da er illegal den Widerstand mitaufbauen wollte. Den Namen Willy Brandt, seinen Decknamen aus jener Zeit, trägt er mit berechtigtem Stolz noch heute. Er hat sich eingebürgert. Die Redensart, jemand habe aus seinem Namen etwas gemacht, hier trifft sie zu.

1934 begann die lange Zeit der Emigration für Willy Brandt. Wer sie Station um Station abschreitet, wer diese bittere Chronik der kleinen Hoffnungen und Enttäuschungen heute liest, dem wird bewußt, welche Last und Verantwortung einem jungen Mann aufgebürdet worden ist, der eigentlich, wie es friedliche Zeiten ermöglichen, ungestört einem Universitätsstudium hätte nachgehen sollen. Willy Brandts Lehrjahre jedoch sind Begegnungen mit der Realität seiner Zeit gewesen: Der Spanische Bürgerkrieg, den er als Korrespondent einer norwegischen Zeitung in Barcelona erlebte, der Überfall auf Norwegen, der ihn nach Schweden vertrieb, zwangen ihm eine frühe Reife auf.

Wenn wir dieser Odyssee eines jungen Mannes den Katalog der Verleumdungen gegenüberstellen, mit dem einige seiner politischen Gegner ihn, wie man so schön sagt, »fertigmachen« wollten, regen sich Zorn und Scham. Übrig bleibt die Erkenntnis, daß der Ungeist von gestern heute noch wach ist und jederzeit bereit, den Haß von der Kette zu lassen.

Im Dezember 1946 kehrte Willy Brandt nach

Deutschland zurück. Sein Wohnsitz wurde Berlin. Was alles dieser Stadt angetan worden ist: die Blokkade 48, die Niederknüppelung des deutschen Arbeiteraufstandes im Juni 53, schließlich die Errichtung der Mauer quer durch die Stadt – Willy Brandt war, zuerst als Abgeordneter, dann als Präsident des Abgeordnetenhauses und ab Herbst 1957 als Regierender Bürgermeister, ihr dienender, helfender und, oft genug, ihr rettender Zeuge.

Die schwäbisch-väterliche Sympathie unseres ersten Bundespräsidenten, Theodor Heuss, gehörte dem vierundvierzigjährigen Bürgermeister. In einem Glückwunschbrief des Bundespräsidenten findet sich eine knappe und genaue Charakteristik jenes Mannes, der ab September unser Bundeskanzler sein sollte. Theodor Heuss schrieb: »Ihre prüfende Gelassenheit und Ihre furchtlose Energie werden die Aufgabe meistern.«

Ich wohne seit Anfang 1953, von einem längeren Frankreichaufenthalt abgesehen, in Berlin. Was immer mir an Berlin gefällt oder nicht gefällt, es gab Gelegenheit genug, es lachend oder schimpfend auszusprechen. Und wenn ich mich heute, nach all den Krisen und nach der größten Belastung im August 61, frage, warum es immer noch möglich ist, dort zu wohnen, zu lachen, zu schimpfen und frei, das heißt ungehindert zu arbeiten, dann lautet meine Antwort: Dieses verdanken die Berliner, und also auch ich, nicht zuletzt Willy Brandt und seinen von Theodor Heuss apostrophierten Tugenden: Gelassenheit und Energie.

Willy Brandts Wort, gesprochen im Spätsommer 61: »Wir haben schwere Wochen hinter uns. Der Krieg lag auf der Straße ... «, war nicht aus der Luft gegriffen. Aber während er seine Aufgabe meisterte und in jenen Tagen die Verantwortung nicht nur für die Stadt Berlin, auch für Hamburg, Münster, Aachen, Köln, Würzburg, München und Bonn, jawohl, auch für Bonn und die gesamte Bundesrepublik trug, sah Konrad Adenauer seine Aufgabe in der Heimtücke. Am 14. August des Mauerbau- und Wahljahres 61 hat er in Regensburg den letzten Versuch unternommen, den politischen Gegner zu verteufeln. Er scheute sich nicht, auf Willy Brandts uneheliche Herkunft hinzuweisen. Oh, Ihr Tugendwächter und Pharisäer des zwanzigsten Jahrhunderts! Eheliche Herkunft ist kein Verdienst. Uneheliche Herkunft ist kein Makel. Christentum spricht so. Unser Grundgesetz spricht so. Aber Sie, Herr Adenauer, suchten Zuflucht in der Niedertracht!

Der Regierende Bürgermeister von Berlin hat sich nicht von seinem Weg abbringen lassen. Männer wie Professor Schiller hat er nach Berlin geholt. Was in den letzten Jahren dort an Aufbauarbeit geleistet worden ist, sollte beispielhaft wirken. Der Elan, mit dem eine abgeschnürte Stadt in eine aufblühende verwandelt worden ist, und die staatsmännische Klugheit Willy Brandts, die es verstanden hat, aus Ulbrichts dickem Knüppel einen Bumerang zu schnitzen, der den Weg zurück, zum Zentralkomitee, gefunden hat, diese Tatkraft sollte endlich der gesamten Bundesrepublik zugute kommen.

Es steht zur Wahl. Drüben, in Leipzig, Rostock und Magdeburg, die siebzehn Millionen Landsleute schauen uns zu. Ihre Skepsis hat Gründe. Im gleichen Maße, wie ihre Geduld abmagerte, hat ihr Mißtrauen Speck angesetzt. Unverbindliche 17.-Juni-Feiern, die den tragischen Arbeiteraufstand Jahr für Jahr mehr zur Volkserhebung verfälschen, feierliche Lügen und Sonntagsreden sind ihnen verhaßt. Schlagt nach in den Protokollen, lest Arnulf Barings Buch über den 17. Juni und begreift den zwölf Jahre alten Schwindel: Das Bürgertum in allen Schattierungen ist zu Hause geblieben. Es ist ein Arbeiteraufstand gewesen, der Ulbrichts Diktatur für wenige Stunden erschüttert hat. Seitdem sitzt er unbequemer.

Willy Brandt hat als erster vor der Verfälschung des Arbeiteraufstandes gewarnt. Denn während noch in der sowjetisch besetzten Zone von der Werkbank weg verhaftet wurde, begann man in Bonn schon am Mythos der Volkserhebung zu stricken. Dringlich wies Brandt auf das weltweite Echo des Arbeiteraufstandes hin. Ich zitiere: »Wir haben lesen können, daß diese Ereignisse für die Stellung Deutschlands und für das Vertrauen zu den demokratischen Kräften in unserem Volk mehr bedeutet hätten als alle Schritte der Bundesregierung zusammengenommen.« – Diese Anklage hat noch heute Gültigkeit.

Vielleicht fragen Sie sich jetzt: Will er im Juli eine verspätete 17.-Juni-Rede halten? Was hat das alles mit Volksversicherung und Bildungsnotstand, mit den Gemeinschaftsaufgaben und unserer Verkehrsmisere, also mit den Bundestagswahlen und seinem Thema »Die Frage nach dem Bundeskanzler« zu tun? So sehr ich das weitgefächerte und gutbelegte Programm der SPD schätze, es kann dennoch nicht meine Aufgabe sein, Ihnen Georg August Zinns »Großen Hessenplan« zu erläutern, zumal es mir am Fachwissen fehlt. Meine Aufgabe heißt anders. Landsleute in der DDR haben mich dringlich gebeten, an sie zu erinnern und den Finger in die allzu rasch heilende Wunde zu legen. 1953 ging man, sogleich nach dem Zusammenbruch des Arbeiteraufstandes, zur Tagesordnung über. Bundestagswahlen standen vor der Tür. Und eine anhaltende Diskussion eines deutschen Arbeiteraufstandes, der im spontanen und erfolgreichen Beginn wie in der Niederlage deutlich sozialdemokratische Züge trug, hätte der CDU nicht ins Wahlkampfkonzept gepaßt. Ihr kam es darauf an, die Sozialdemokratie zu verteufeln. Vor vier Jahren – das architektonische Glanzstück unseres Jahrzehnts, quer durch Berlin, war noch nicht fertig – hielt sie es ähnlich. Mit Grund weise ich heute auf den 17. Juni hin und auf die Erwartungen unserer Landsleute, die nicht mitwählen dürfen. Ich bitte alle Bürger, denen Skrupel es schwermachen, am 19. September zu wählen, daran zu denken, wie viele Männer und Frauen in Mecklenburg, Sachsen und Thüringen an Ihrer Stelle wählen möchten. Geben Sie es nicht vorschnell auf, unser teuer erkauftes Wahlrecht! Wählt für jene Arbeiter aus den Zeiss-Werken in Jena, aus der Farbenfabrik Wolfen, wählt für die zwölftausend Henningsdorfer und die Bauarbeiter von der Stalinallee, die vor zwölf Jahren für ein soziales und demokratisches Deutschland eingetreten sind, die im Stich gelassen wurden und seitdem verstummten. Wählt, damit Willy Brandt die Sache der Landsleute »da drüben« regierungsverantwortlich »hier drüben« vertreten kann!

Der Regierende Bürgermeister hat aus der schwierigen Berliner Situation heraus das Menschenmögliche getan und geleistet. Nur begrenztes parteipolitisches Taktieren irgendwelcher Neidhammel hat zu Versuchen geführt, diese Leistungen zu verniedlichen und zu schmälern. Ich neige dazu, einen Politiker, der die langsame und realistische Politik der »Kleinen

Schritte« maulfechtend mit dem Slogan »Mittlere Schritte« zu übertrumpfen versucht, unseriös zu nennen. Aber, wer mag von Erich Mende hören, wenn die Frage nach dem Bundeskanzler gestellt wird! Wen interessieren Leute, die dauernd Scheiben einwerfen und gleichzeitig mit Kitt handeln? Sie stehen nicht zur Wahl.

Andere Namen sind heute gefragt. Die gegenwärtige Koalitionsregierung ist verbraucht. Alle drei Parteien, die sie bildeten, sind in sich und untereinander zerstritten. Der Wechsel, dieses Elixier der Demokratie, ist notwendig. Ohne Umschweif ausgesprochen, wäre dieses wünschenswert: Die SPD übernimmt die Regierungsverantwortung und hat eine ganz neue Kritik zu erwarten. Die CDU – um nur von der größten Koalitionspartei zu sprechen – findet als Oppositionspartei eine demokratische Chance, sich an Haupt und Gliedern zu regenerieren. Denn man möge doch nicht glauben, daß es eine Schande sei, das schwere Handwerk Opposition auszuüben. Die SPD hat diesen wichtigen Part der Demokratie während vier Legislaturperioden mit bewundernswerter Fairneß gespielt. Wer in CDU/CSU- und FDP-Kreisen nicht durch Hochmut gehemmt ist, mag Lehren aus dieser Praxis ziehen; denn die Berliner CDU unter Amrehn hat es bisher nicht vermocht, als Opposition Profil zu gewinnen. Zum Nutzen unseres Staates wünsche ich der zukünftigen CDU-Opposition in Bonn mehr Erfolg und Geschick.

Jemand, der weder Dämon noch Heiliger sein möchte, Franz Josef Strauß also, hat auf dem letzten Landeskongreß der CSU, als wieder einmal der Minister a. D. Oberländer rehabilitiert werden sollte, zweiundeinehalbe Stunde lang gesprochen und oben-

drein noch die Kraft gehabt, den Finanzminister Dollinger vom Rednerpult zu drängen. Dieser Ehrgeiz
liegt mir fern. Auch wenn mir die Firma ESSO jetzt
einen Prozeß machen will, lassen Sie mich mein ›Loblied auf Willy‹ unfeierlich mit einem Slogan beschließen, den kein Wahlkampfleiter, den der Volksmund
erfunden hat. Er beantwortet die Frage nach dem
neuen Bundeskanzler unumwunden:

»Packt den Willy in den Tank!«

Des Kaisers neue Kleider

Rede im Bundestagswahlkampf 1965

Bürger der Stadt Düsseldorf,
kein Kandidat spricht zu Ihnen, sondern jemand, der
am 19. September nicht wählen darf, weil er in Berlin
wohnt. Grund genug, meine ich, den Mund aufzumachen und anzuklagen. Grund genug, seinen Koffer zu
packen und den Chor der Wahlredner mit einigen
Zwischentönen aus dem allzu selbstsicheren Konzept
zu bringen. Also ein Störenfried auf Missionsreise?
Nein. Hier spricht jemand zu Ihnen, dem es wie allen
Berlinern auf den Nägeln brennt, wenn in Bonn ein
schwacher Bundeskanzler einerseits das Zögern und
Zaudern zum Prinzip erhebt und andererseits seinen
restlichen Willen dahin verschwendet, an der Macht
zu bleiben, um jeden Preis an der Macht zu bleiben!
Dieses ist meine zweite Wahlreise. Abermals haben
der Sozialdemokratische Hochschulbund und der
Liberale Studentenbund von Ort zu Ort die Organisation der Veranstaltungen übernommen. Unsere erste
Reise führte uns in vierzehn Tagen von Hamburg
über Kiel, Münster, Bonn, Aachen, Köln, Moers nach
Würzburg, Nürnberg, Freiburg, Tübingen, Heidelberg, Mainz und München.
Da uns keine Partei ins Konzept schaut, reagieren
wir unempfindlich auf Dementi und Distanzierung.
Da keine Partei uns finanziert und finanzieren darf,
finanzieren wir uns selber.
Der Überschuß unserer ersten Wahlreise betrug
14 189 Mark und 43 Pfennige. Der bisherige Verkauf

der gedruckten ersten drei Wahlreden ›Was ist des Deutschen Vaterland?‹, ›Loblied auf Willy‹ und ›Es steht zur Wahl‹ trug uns einen Gewinn von bisher rund 7000 Mark ein. Trotz aller Verdächtigungen der CSU, Eigennutz und Profitgier habe unsere Initiative bestimmt, dürfen wir stolz sein in Maßen: Zum ersten Mal in der deutschen Wahlgeschichte hat eine Wahlreise nicht vom Geld der Steuerzahler gezehrt, vielmehr hat sie den Soldaten der Bundeswehr von Nutzen sein können. Denn unser Gewinn verschwand nicht in Herrn Rehwinkels immer offener Hand; die runden 20 000 Mark wurden nicht auf die hohe Kante gelegt oder dem notleidenden Bundesverband der Deutschen Industrie gestiftet; vielmehr erlaubten sie den Ankauf von sechs Bibliotheken à dreihundertfünfzig Bänden, die morgen und übermorgen folgenden Bundeswehrkasernen übergeben werden:

dem Heeresfliegerbataillon 100 in Rheine/Westfalen

dem Nachschubbataillon 110 in Rheine-Gellendorf

dem Fernmeldebataillon 110 in Borken/Westfalen

dem Artilleriebataillon 150 in Hamminkeln/Weser

dem Artilleriebataillon 72 in Warendorf.

Gegen Schluß der Reise soll dem Ersatzdienstlager der Kriegsdienstverweigerer in Heidelberg die sechste Bibliothek übergeben werden.

Eine Zensur findet, laut Grundgesetz, nicht statt. Die Bundeswehrsoldaten sind mündige Leser.

Unsere zweite Wahlreise führt uns von Düsseldorf über Rheine, Bocholt, Ratzeburg, Flensburg, Lübeck, Bielefeld, Braunschweig, Hildesheim, Erlangen nach Coburg, Bayreuth, Regensburg, Mühldorf am Inn, Passau, Mannheim, Koblenz, Neuwied am Rhein, nach Dortmund. Abermals rechnen wir mit Überschuß. Doch soll unsere Aktion »Bücher für die Bundeswehr« hiermit dem Verteidigungsminister der nächsten Bundesregierung, also, wie wir hoffen, dem Hamburger Senator Helmut Schmidt, empfohlen sein. Schließlich haben wir nicht zu Wohltätigkeitsveranstaltungen eingeladen, sondern ein praktisches Beispiel staatsbürgerlicher Initiative geben wollen.

Unsere zweite Aktion gilt dem Schullesebuch. Alle, die mit einem deutschen Schullesebuch aufgewachsen sind, alle Eltern, die ihren Kindern über die Schulter ins Lesebuch schauen, wissen, daß die Verkümmerung unserer schönen, reichen und schweren Sprache oft genug in den Schullesebüchern beginnt. Sie sind förderungsbedürftig und also förderungswürdig. Deshalb schreiben die Veranstalter dieser Wahlreise drei Preise aus:

Gesucht werden ab sofort Schullesebücher für das neunte Schuljahr. Abgabetermin der Manuskripte ist der 19. September 1966. Auskunft über die genauen Wettbewerbsbedingungen erteilt der Liberale Studentenbund München. Der erste Preis beträgt 5 000,– DM, der zweite Preis beträgt 3 000,– DM, der dritte Preis beträgt 2 000,– DM. Sollte unser Wahlreiseüberschuß es erlauben, sollen weitere Förderungspreise à 1 000,–DM vergeben werden.

Unsere Aktion »Bücher für die Bundeswehr« war inspiriert von dem beispielhaften Entschluß der Sozialdemokraten, alle staatliche Wahlfinanzierung in Form von Schulbibliotheken den Bürgern der Bundesrepublik wieder zurückzuzahlen. Unsere zweite Aktion, die »Stiftung deutscher Schullesebuchpreis«, soll unser Beitrag sein zum bildungspolitischen Programm der Sozialdemokratischen Partei Deutschlands. Denn nicht die Zwergschulperspektive, sondern die planende Vorausschau der Sozialdemokraten wird den Bildungsnotstand in unserem Land beenden. Aus naheliegendem Grund fürchtet die Ignoranz das Wissen. Deshalb heißen unsere Wahlgeschenke »Bücher für die Bundeswehr« und »Lesebücher für die Schulen«!

Man sagt, unsere erste Reise sei nützlich gewesen. Es sei uns gelungen, Vorurteile zu verrücken, die Wahlmüden zu erfrischen und unserer jungen Demokratie den Rücken zu stärken. Was als Experiment begonnen wurde und den törichten Slogan der Adenauer-Ära »Keine Experimente« Lügen strafen sollte, ist zur erprobten Gewißheit geworden: Fortan spricht der Wähler mit. Die Parteien müssen mit seiner Initiative rechnen. Denn kein manipulierbares Stimmvieh wird am 19. September auf die Weide getrieben; vielmehr hat jede Stimme Eigenwert. Sie ist kostbar und teurer als alle Wahlgeschenke. Umgeben von den Riesen unserer Gesellschaft, den Interessenverbänden und Gewerkschaften, war es möglich, unabhängig und beweglich Davids jahrtausendealten Triumph, den Sieg des Individualismus, zu feiern.

Denn Wahlen sind Appelle an die Vernunft jedes einzelnen. Kühl gilt es abzuwägen. Nicht strahlendes Weiß und düsteres Schwarz stehen zur Wahl, sondern mehrere Grautöne. Kein Grund besteht also, von dieser oder jener Partei begeistert zu sein. Noch nie bestand Anlaß, angesichts von Politikern oder Parteien in Begeisterung zu geraten. Unsere Geschichte lehrt es uns schmerzhaft.

Und unsere Geschichte beweist auch, wie rasch hierzulande der politische Gegner verketzert wird. Seit Jahren und bis heutzutage wird der Regierende Bürgermeister von Berlin zweckdienlich verleumdet.

Ein Gespinst aus Lügen und Diffamierungen soll die Leistungen des bewährten Staatsmannes Willy Brandt verdecken und den Blick des Wählers trüben. Mir kam es darauf an, die Verleumder beim Namen zu nennen und der Wahrheit ein Podest zu bauen. Denn der Schriftsteller ist aufgerufen, die Stimme zu erheben, wenn sich in unserem Land wieder einmal das Unrecht zum Gewohnheitsrecht mausern will! Denn der Ort des Schriftstellers ist inmitten der Gesellschaft und nicht über oder abseits der Gesellschaft. Darum fort mit allem geistigen Hochmut und dünkelhaften Elitegeist! Ihr Utopisten und Sektierer in Eurem schönen, windstillen Gehäuse: Tretet vor die Tür! Stoßt Euch Knie und Stirn wund an unserer Realität! Genie wohnt nicht mehr im holden Wahnsinn, sondern in unserer nüchternen Konsumgesellschaft. Die Heiligen sind Pragmatiker geworden. Kein Anlaß besteht, den antiquierten Gegensatz zwischen Geist und Macht neu zu konstruieren. Denn nicht auf irgendeinem Parnaß, zwischen Musen und Weihrauch, nicht in feinsinnig erdachten Gelehrtenrepubliken sind wir steuerpflichtig und wahlberechtigt, sondern hier in der Bundesrepublik gilt es, zu zahlen und den Mund aufzumachen, gilt es, tagtäglich neu zu beleben die teuer erkaufte, geliebte und penetrante, in Kerkern ersehnte und leichtsinnig aufs Spiel gesetzte, immerfort unzulängliche, heilig-nüchterne Demokratie.

Unter diesem Motto stand unsere erste Reise: »Dich singe ich, Demokratie.« Das Wort des großen amerikanischen Dichters Walt Whitman soll uns auch diesmal begleiten: »Für dich dies von mir, o Demokratie, dir zuliebe, ma femme. Für dich, für dich zwitschre ich diese Lieder.«

Dieser heiter gelassenen Liebeserklärung an die beste aller unvollkommenen Staatsformen sei das Wort eines deutschen Schriftstellers beigefügt. Im Jahre 1937, als Emigrant, entrechtet und ausgebürgert, klagte Thomas Mann: »Es gibt keinen subalterneren Hohn als den auf den Dichter, der ›in die politische Arena hinabsteigt‹.«

Dieses Wort gilt bis heute. Wen also die ungebundene Sprache des Schriftstellers stört, wer sich aller Kritik enthoben sieht und wie unser Bundeskanzler rasch bei der Hand ist mit plattem Schimpfwort und altvertrauten Obrigkeitsallüren, dem sei gesagt, daß – laut Grundgesetz – die Bürger der Souverän unserer parlamentarischen Demokratie sind. Wäre es anders, es müßte der Rechtsstaat verkümmern. Wird es anders, dann darf der Polizeistaat wieder einmal seine engen Reviere abstecken. Wehret den Anfängen. Wir haben die Wahl.

Denn sollte unser Bundeskanzler immer noch meinen, es habe der Schriftsteller ausschließlich der holden Poesie zu dienen, er möge sich fernhalten der angeblichen Geheimwissenschaft Politik, dann bin ich bereit, Ludwig Erhard einigen Nachhilfeunterricht in deutscher Geschichte zu erteilen.

Wer Ohren hat, höre: Bevor es überhaupt eine deutsche Nation gab, gab es, seit Klopstock und Lessing, eine deutsche Literatur. Als in diesem Lande zu Beginn des achtzehnten Jahrhunderts noch mittelalterliche scholastische Denkspiele jeden Fortschritt hemmen wollten, hat der Hallenser Philosoph Christian Wolff der Aufklärung die erste Gasse gebahnt. Als die Herrschenden in diesem Land ihren separatistischen Klein- und Großkriegen nachgingen, schrieb der schwäbische Pietist Friedrich Karl Moser im Jahre

1765 seine aufklärende und bahnbrechende Schrift ›Vom deutschen Nationalgeist‹. Der Schwabe Schubart, die Brüder Stolberg und der Balladendichter Bürger stehen neben Klopstock, Lessing und Herder am Anfang unserer immer noch jungen literarischen Tradition. Denn Deutschland ist, hundert Jahre vor Bismarck, durch deutsche Schriftsteller und Philosophen, die den Geist der Aufklärung durch dieses Land wehen ließen, kraft der Sprache geeinigt worden.

Es wird sich also unser Bundeskanzler zweihundert Jahre nach Mosers Schrift, die den deutschen Nationalgeist konstituierte, von deutschen Schriftstellern sagen lassen müssen, daß die Herrschenden in beiden Teilen Deutschlands wieder einmal ihre kurzsichtige und egoistische Politik betreiben, daß wieder einmal nichts übriggeblieben ist, uns zu einigen, als unsere Sprache.

Also auf deutsch gesagt: Sie, Herr Erhard, mögen die Schriftsteller getrost Pinscher und Nichtskönner nennen; die Zeit wird uns lehren – womöglich zu spät lehren! –, daß diese geschmähten Handwerker der Sprache beide Teile Deutschlands im Auge hatten, während Sie und Ihr Kabinett verkrampft an den Ministersesseln dieses Teilstaates klebten und die Tradition des deutschen Separatismus um ein neues erbärmliches Schulbuchkapitel erweiterten.

Mit Entsetzen stellen wir fest, daß wir Männern die Regierungsverantwortung übertragen haben, deren Machtwille zwar groß ist, deren Bildung jedoch nationale Schamröte hervorrufen sollte. Denn weder unserem Innenminister, Herrn Höcherl, noch dem Bundeskanzler Erhard hat jemals das Feuer der Aufklärung geleuchtet. Kleine Geister tragen zu große

Verantwortung. Wollte ihnen jemand mit der Sprache Lessings heimleuchten, sie verstünden ihn nicht und würden ihm, der unser kritisches Bewußtsein geprägt hat, mit landesüblichen Kommunistenbeschwörungen antworten. Zwar schmücken sich unsere Schein-Liberalen gerne und, weil es putzt, bei jeder Ungelegenheit mit Goethe-Zitaten; aber wenige Sätze später schöpfen sie ungehemmt aus dem Nachlaß eines Joseph Goebbels und spielen mit einem Feuer, das jederzeit bereit ist, unbequeme Bücher und Bilder in Flammen aufgehen zu lassen.

Alleine schon deshalb votieren meine Sympathie und mein Vertrauen für die Sozialdemokraten. Die SPD mit ihrer reformistischen Tradition fußt auf Vernunft und Aufklärung. Mit ihrem gewachsenen Nationalbewußtsein, das noch niemals in nationalistische Hysterie umgeschlagen ist, und mit ihrer Verfassungstreue haben die Sozialdemokraten mehrmals die Weimarer Republik gerettet. Sie stimmten am Ende als einzige Partei gegen Hitlers Ermächtigungsgesetze. Möge ihnen heute die Regierungsverantwortung übertragen werden, damit der lange und ungepflasterte Weg zur Einigung unseres Landes endlich beschritten wird.

Bürger der Stadt Düsseldorf! – Ein hausbackenes Sprichwort sagt: »Wer die Wahl hat, hat die Qual.« Auf die Realität des Wahljahres 1965 bezogen, ließe sich diese Spruchweisheit kapitellang kommentieren. Denn in einem Wald gleichmäßig einfallsloser Wahlplakate irren wir, gleich Hänsel und Gretel, rat- und weglos umher. Überall werden uns Knusperhäuschen versprochen. Im Märchentantenton werden uns Zufriedenheit und Sicherheit verheißen. Den Gipfel positiver Dümmlichkeit erreicht zur Zeit ein Wahlkampfgesang, der am 8. August in Dortmund den Wählern zum erstenmal zugemutet wurde. »...Wir sind in all den Jahren mit Ludwig Erhards CDU doch wirklich gut gefahren...« Merkt denn niemand, daß diese Reimerei unseren Landsleuten in der DDR Hohn spricht, weil wir in all den Jahren auf Kosten unserer Landsleute in Leipzig und Rostock, in Magdeburg und Jena nur allzu gut gefahren sind und dem Diktator Walter Ulbricht Gelegenheit geboten haben, seine Macht zu konsolidieren?

Durch diesen Wahlkampf geistern Märchenmotive. Doch das Zauberwort »Schlaraffenland« will nicht mehr wirken.

So traf ich in Heidelberg, während meiner letzten Wahlreise, einen dicken Mann, Mitte Vierzig, den das Treppensteigen jeweils an die Hinfälligkeit des Fleisches zu erinnern pflegte. Überdrüssig seines Gewichtes fragte mich der Dicke: »Sagen Sie mir bitte: Könnte sich eine SPD-Regierung auf mich wie eine Abmagerungskur auswirken?«

Ich antwortete nach einigem Nachdenken: »Warum nicht. Wir alle sind verfettet. Lange genug haben wir über unsere Verhältnisse gelebt. Nun behindert Trauerspeck jede Bewegung.«

Der dicke Mann zögerte: »Aber ich besitze fünf Maßanzüge. Sie werden schlottern. Ich werde sie zum Schneider zurücktragen müssen.«

Ich gab zu bedenken: »Lieber den Anzug abändern müssen, als ihn nicht auftragen dürfen. Sie wissen: der Kreislauf. Der Blutdruck. Das Herz. Die Pumpe!«

Ängstlich nickte der dicke Mann und suchte verstohlen nach seinem Puls: »Dann werde ich also diesmal in den sauren Apfel beißen müssen und die Sozis wählen. Leicht ist das nicht, aber womöglich gesund.«

Nun bin ich nicht sicher, ob mein dicker Herr in Heidelberg sich zu dieser Art Abmagerungskur wird entschließen können. Das schwache Fleisch hat schon manch starken Entschluß der Vernunft zu verhindern gewußt. Da aber Wahlen auf jeden Fall Appelle an die Vernunft und nicht an das kurzsichtige Fleisch sein sollten, erzählte ich dieses Märchen vom dicken Mann.

Entspricht es der Wahrheit? Ist es bloß listig erfunden? Und verträgt sich eine Wahlrede überhaupt mit dem Märchenton? Und wenn ja, welches Märchen wäre geeignet, die tiefere Bedeutung unserer politischen Situation im Wahljahr 1965 auszuloten?

Da ich keinen Anlaß sehe, von Franz Josef Strauß, also von einem zu erzählen, der auszog, uns das Gruseln zu lehren, und da der ehemalige Verteidigungsminister Franz Josef Strauß jemand ist, der nicht zur Wahl stehen sollte, wird hier keine Gruselgeschichte erzählt; vielmehr heißt meine Düsseldorfer Rede: ›Des Kaisers neue Kleider‹.

Wer kennt es nicht, Hans Christian Andersens Märchen vom putzsüchtigen und populären Landesfürsten, der sich wenig in der Ratsversammlung, aber stundenlang in der Kostümkammer und vor dem Spiegel aufhielt?

Zu ihm, dem Kaiser, kamen eines heiter bis wolkigen Tages zwei Betrüger, die sich erboten, ihn teurer, glänzender und exzeptioneller zu kleiden, als es je zuvor geschehen war.

Zudem, so zwinkerten die Betrüger, könnten nur die wahrhaft Klugen der neuen Kleider Pracht sehen und also bewundern, während den Dummen im Lande garantiert nichts ins Auge fallen würde. Da der recht populäre Kaiser freundlichen bis begeisterten Applaus liebte, gewährte er den Betrügern Audienz.

(Wir sollten uns Majestät als einen bieder wirkenden Mann vorstellen, der den Grad seiner Berufenheit manifestiert, indem er schönes Sommerwetter als ureigensten Verdienst auslegt und einen verregneten Sommer jeweils den Kritikern im Lande aufs Schuldkonto bucht.) Kein Wunder also, wenn das Angebot der Betrüger dem Kaiser verlockend klang. Und da er, zudem, einige peinliche Niederlagen in der Außenpolitik und das andauernde Versagen in der Innenpolitik mit einer hübschen und publikumswirksamen Demonstration seiner Eitelkeit vertuschen wollte, gab er seinen Ministern ein Zeichen, das als Einwilligung gewertet wurde.

Also begann man den Staatsschatz zu plündern und Brokat, Seide und Goldgarn aufzukaufen. Selbst neue Webstühle waren dem Kaiser nicht zu teuer. Aber die Betrüger ließen Brokat, Seide und Goldgarn über Nacht verschwinden und webten am Tage, vielbestaunt, bloße Luft. Der lärmende Leerlauf der Webstühle kostete hohen Stundenlohn. Das dröhnende Nichts erzwang Steuererhöhungen. Auch mußte den Kriegsversehrten im Lande eine ausreichende Rente verweigert werden. Der seit Jahren geplante Neubau von Schulen und Krankenhäusern wurde wieder einmal verschoben. Von seinen Ministern bestürmt, ließ Seine Majestät auf allen Plätzen Maßhalteappelle verlesen: »Maßhalten! Maßhalten! ruft's aus dem Wald.«

Währenddessen schufteten die Betrüger im Schweiße ihrer Spitzbubengesichter. Und als der putzsüchtige und populäre Kaiser, bei großem Zeremoniell, endlich in Luft gekleidet vor sein Volk trat und den Leerlauf als Schärpe und das Nichts als Mantel trug, mußten alle, die nur Luft, Leerlauf und Nichts wahrnahmen, Beifall klatschen, bis ihnen die Hände heiß wurden und prickelten. Die Minister klatschten, weil sie als kluge Minister im Amte bleiben wollten. Die Bürger klatschten, weil sie als kluge Bürger nicht den Segen kaiserlicher Subventionen verlieren wollten. Und sogar die scharfsinnigen Kritiker der kaiserlichen Maßlosigkeit klatschten, weil sie wie kluge Kritiker angesehen werden und nicht als dumme herumstehen wollten.

Wir alle, in Düsseldorf und Umgebung, kennen Andersens Märchen und wissen, daß am Ende, nachdem der Kaiser an der Spitze einer langen Prozession die neuen Kleider spazierengeführt hatte, ein Kind mit kindlichem Zeigefinger auf den Kaiser gedeutet hat: »Aber der hat ja nichts an!« rief das Kind in Andersens Märchen.

Was war geschehen? Hatte der kindliche Zeigefinger die schlummernde Vernunft erweckt? Hatte ein kindlich heller Ausruf das Zeitalter der Aufklärung eingeläutet? Denn kaum hatte das Kind gesprochen, da fiel es dem Volk, das soeben noch geklatscht hatte, wie Schuppen von den Augen. Und alle riefen dem Kind nach. Und den Ruf trug Stafettenlauf durch das Land. Und die Wahrheit schlug aus wie Bäume im Frühjahr: »Er hat ja nichts an! Nichts, rein gar nichts hat er an!«

Soviel Einmütigkeit soll, wie wir nachlesen können, den Kaiser gerührt haben, dennoch dachte er bei sich: »Nun muß ich die Prozession aushalten«, und so hielt er sich noch stolzer, und die Kammerherren und sein gesamtes Kabinett trugen die Schleppe, die gar nicht da war. Wie lange, Ihr Bürger? Bis zum 19. September, also bis Ultimo!

Hans Christian Andersen war ein Meister des realistischen Märchens. ›Die Prinzessin auf der Erbse‹ und ›Der standhafte Zinnsoldat‹ sind zeitlose Berichte, denn dem großen dänischen Erzähler geriet die unterhaltsame Lügengeschichte jeweils zur nackten und oft peinlichen Wahrheit.

Wie vertraut klingt uns die Mär vom Kaiser und seiner neuen Garderobe. Wir, von Tabus umstellt. Absprachen werden täglich getroffen. Probleme löst man nicht, man klammert sie aus. Nur nicht dran rühren, es könnten die falschen Leute, also die Kommunisten, Beifall klatschen. Von der Oder-Neiße-Linie bis zum Empfängnisschutz, vom Knacken im Telefon bis zum sanktionierten Mord auf unseren Landstraßen reicht der Katalog dessen, wovon wir besser nicht reden sollten. Schweigt still, Ihr Bürger, oder übertönt das heimliche Grauen mit Beifall! Hübsch ist er gekleidet, unser Richtlinienkaiser! Haltet dem Kind, das da vorlaut reden, also am Tabu rühren will, vorsorglich die Hand vor den Mund. Inzwischen sind Andersens und also auch unsere Betrüger eifrig. Luftig sind ihre Schnittmuster. Ihre Scheren zwitschern gratis. Hurtig sind ihre Nähnadeln, doch ohne Faden. Jedem versprechen sie alles: Wiedervereinigung und Rückgewinnung der Ostgebiete, stabile Preise und Steuersenkungen, höhere Mieten für den Hausbesitzer und billige Wohnungen für jedermann. Herrn Ludwig Erhards »Sozialgesetzgebung aus einem Guß« und seine »Formierte Gesellschaft« sind solche Luftklöße, die uns aufgetischt, sind solche Windsuppen, die uns täglich eingelöffelt werden. Oder – um im Bild und im Märchen zu bleiben – sind unseres Bundeskanzlers neue Kleider, also das dröhnende Nichts, das nach dem Kind verlangt und dem unbestechlich kindlichen Zeigefinger: »Aber er hat ja nichts an!«

Sie werden sich fragen: Was hat ein Märchen, und sei es auch eins der schönsten, mit der Bundestagswahl, ja, überhaupt mit der Bundesrepublik und unserem populären Volkskanzler zu tun? Wer glaubt denn heute noch an Märchen? Passen Sie auf, wie der dänische Märchenerzähler heutzutage und miserabel kopiert wird. Als die Königin von England unser Land besuchte, wußten bald darauf unsere demoskopischen Befragungsinstitute von Stimmengewinnen der CDU/CSU und von Stimmenverlusten der SPD zu berichten. Nun, wenn es mir nicht darauf ankäme, daß die Sozialdemokraten diese Wahl gewinnen, würde ich sagen, solche Stimmenverluste ehren die SPD. Da aber Wochenschau und angebliche Dokumentarfilme zum tendenziösen Märchen zusammengeschnitten wurden und da es sich ansah, als habe Englands Königin nur die CDU/CSU besucht und als gäbe es sie nicht, die SPD, gilt es, das ehrbare Handwerk des Märchenerzählens zu verteidigen und die Pfuscher und Fälscher zu entlarven. Das ist Lüge mit billigem Gewinn, Herr Barzel! Das ist schlechter Stil, der den Betrüger verrät, Herr Dufhues! Ist etwa das, Herr Süsterhenn, Ihre gepriesene »saubere Leinwand«?

So erzählt Andersen: »Die ganze Nacht vor dem Morgen, an dem die Prozession stattfinden sollte, saßen die Betrüger auf und hatten über sechzehn Lichter angezündet. Die Leute konnten sehen, daß sie stark beschäftigt waren, des Kaisers neue Kleider fertigzumachen.«

Verhielt es sich nicht ähnlich mit all den Wahlgeschenken, die seit Monaten, dazu bei hellem Tageslicht, willkürlich und dennoch gezielt verstreut worden sind und unseren Haushalt ruiniert haben? Und läßt es sich nicht erahnen, daß dieser Schwindel sogleich nach den Wahlen durch Steuererhöhungen perfekt gemacht werden soll?

Keine Planung, keine Vernunft, nichts steckt dahinter als Ludwig Erhards Angst vor dem Verlust des Bundeskanzleramtes. Der übliche Zigarrendunst, seine wolkige Rede und billiges Eigenlob vermögen ihn nicht mehr zu kleiden.

Der Kaiser ist nackt. Jeder weiß es, jeder träumt nachts schlecht davon; und schon beginnen die Kinder, mit kindlichem Zeigefinger zu deuten: »Aber er hat ja nichts an!« Oh, könnte doch befreiendes Gelächter wie eine Schönwetterperiode ausbrechen und ihn davonlachen und hochjubeln. Denn unser Volkskanzler ist komischer als Puffreis und so gemütlich, daß er schon unheimlich wirkt. Aber aus unserem Land ist – so scheint es – der Humor endgültig verflogen. Mürrisch und verbissen schauen wir zu, wie uns die alten Männer unter den Strich regieren. Immer sollen die anderen schuld sein. Gestern die Russen, heute de Gaulle, morgen die Amerikaner, und tagtäglich ist es Walter Ulbrichts Schuld, wenn Ludwig Erhard auf allen politischen Schauplätzen von Kairo bis Washington versagt. Dabei handelt es sich abermals nur um »des Kaisers neue Kleider« – oder um das Aussprechen dessen, was jedermann weiß und sieht. Konrad Adenauer hat recht behalten: Ludwig Erhard zeigt sich als unbegabter Bundeskanzler. Spätestens nach der Nahostkrise hätte er zurücktreten müssen. Denn Walter Ulbricht, das hat sich erwiesen, ist ihm an Fleiß und Können überlegen. Solcher Vergleich mag uns unangenehm in den Ohren klingen, dennoch und gesamtdeutsch gesehn, liegt er nahe. Seitdem Herr Erhard versucht, die Richtlinien der Politik zu bestimmen, bestimmt der Diktator Ulbricht unsere hilflosen Reaktionen. Was läge näher, als diesen Mann am 19. September samt seinem ihn nachlässig stützenden Kabinett abzuwählen, denn die Bundesrepublik bedarf dringend eines Bundeskanzlers, der Walter Ulbricht zumindest gewachsen ist.

Jetzt höre ich Jammern und zähle ich Augenaufschläge: Aber er ist doch so populär. Wir sollten ein wenig Mitleid mit ihm haben. Wie kann man nur einen kommunistischen mit einem christlichen Politiker vergleichen. Schließlich hat Konrad Adenauer ihm das alles eingebrockt. Man sagte mir – sei es, um Ludwig Erhard zu rühmen, sei es, um ihn zu erklären –, er verkörpere die deutsche Gemütlichkeit und also das deutsche Wesen. Er spreche Urinstinkte an. Wenn dem so wäre, wenn also Anlaß bestünde, »des Kaisers neue Kleider« als Nationalkostüm der Deutschen zu werten, dann mögen wir uns nicht wundern, wenn Lachen und Spott in weltweitem Umkreis gedeihen und die Kinder aller Nationen mit kindlichem Zeigefinger auf uns weisen: »Aber ihr habt ja nichts an!«

Denn bald ist es soweit. Unser Volk, einst anerkannt oder gar führend in vielen Wissenschaften, sitzt mittlerweile auf den hintersten Bänken. Es steht zu befürchten, daß wir das Klassenziel nicht erreichen, daß wir sitzenbleiben werden in unseren neuen Kleidern. Oder hat es sich noch nicht herumgesprochen, daß der Wissenschaftsetat von den Fraktionen der Regierungskoalition zusammengestrichen worden ist und daß gleichzeitig unser Wissenschaftsminister, Herr Lenz, von bundesdeutschen Weltraumprojekten phantasiert, ganz beiläufig, kurz vor der Wahl: Das ist

Hochstapelei in Amt und Würden! Denn unsere Minister tragen – um mit Andersen zu sprechen – des Kaisers Schleppe, die gar nicht da ist. Der Herr Lenz und Frau Schwarzhaupt, Herr Höcherl und Herr Blank sind Schleppenträger. Herr Seebohm trägt schwer an ihr. Und selbst die klügeren Minister, wie Herr Scheel und Herr Schröder, müssen so tun als ob und die peinliche Prozession bis zum 19. September durchhalten.

Denn jedes Märchen hört einmal auf. Und einen Tag später – in unserem Fall also am 20. September – wird es sich herausstellen, in welchem Maße Vernunft und staatsbürgerliche Verantwortung den kindlichen Ruf »Aber er hat ja nichts an!« als Hinweis verstanden haben. Es wird, zum Beispiel, der jähe Wechsel aus dem Märchen in die Realität aufzeigen, ob die Sozialdemokraten ihr gesundheitspolitisches Programm zu unserem Nutzen in die Tat umsetzen werden können oder ob die skandalösen Unverantwortlichkeiten der Frau Minister Schwarzhaupt weiterhin den nationalen Notstand in unseren Krankenhäusern ausweiten dürfen.

So ungern ich eine Dame zum Ziel einer politischen Anklage mache und so sehr ich mir an ihrer Stelle einen der hartgesottenen Herren, etwa unseren Verkehrschaotiker, Herrn Seebohm, zum Gegenüber wünschte, ich muß mich dennoch ganz auf Frau Schwarzhaupt konzentrieren, weil einerseits die Vernachlässigung und bigotte Tabuisierung der Gesundheitspolitik für die Regierungskoalition symptomatisch ist, weil andererseits die Sozialdemokraten ein Programm vorlegen, das, unserem Jahrhundert entsprechend, einen allgemeinen Gesundheitsschutz umfaßt: Regelmäßige Vorsorgeuntersuchungen, ausreichende Mutterschutzbestimmungen und ein mo-

derner, die Gesundheit der Kinder fördernder Schul-
sport sind genauso wichtig wie die Erhöhung der Bet-
tenzahl in den Krankenhäusern. Jedermann weiß,
welch alarmierende Zahlen den Mangel an gutge-
schultem Pflegepersonal belegen. Es wird also darauf
ankommen, das Ansehen des Krankenschwestern-
berufsstandes zu heben und diesen in gleichem Maße
verantwortlichen wie schlechtbezahlten Beruf aus
dem Ghetto altmodischer Samaritervorstellungen zu
befreien. Die Gehälter der Krankenschwestern sollten, wie es in anderen Ländern bereits geschehen ist,
den Spitzenlöhnen der Facharbeiter angepaßt werden, denn in den Krankenhäusern wird Schwer- und
Facharbeit geleistet. Vierzigtausend Krankenschwestern fehlen in der Bundesrepublik. Das ist Notstand,
Herr Höcherl! Hier versagten Sie, Frau Schwarzhaupt! Obendrein ist es Ihnen gelungen, eines der
wichtigsten Themen unserer Zeit, die legale Schwangerschaftsunterbrechung, zu tabuisieren und mit den
üblichen Berufungen auf das »gesunde Volksempfinden« zu ideologisieren. Die illegale Abtreibung wird
in unserem Land vom Gesetz verfolgt und als Verbrechen behandelt. Aber ist es nicht so, daß die Verdrän-
gung dieses Problems Jahr für Jahr Frauen in diese
Notlage treibt, also das Verbrechen fördert und den
Berufsstand der Kurpfuscher aufblühen läßt? Die
Zahl der illegalen Abtreibungen in der Bundesrepublik wird in einem Jahr auf über eine Million ge-
schätzt. Genaue Zahlen lassen sich nicht erarbeiten,
weil die Gesundheitspolitik der Koalitionsregierung
bis in die Rechtsprechung hinein diesen Tatbestand
inmitten unserer Gesellschaft jeder Kontrolle entzogen hat. Wir alle wissen, welch ein Gewicht den Möglichkeiten der Empfängnisverhütung und der kontrol-

lierten Schwangerschaftsunterbrechung in jeder Ehe und in jedem vorehelichen Verhältnis beizumessen ist. Die Koalitionsregierung jedoch stellt sich blind, nimmt von den Untersuchungen der Wissenschaftler keine Kenntnis, läßt also die Beschränktheit des neunzehnten Jahrhunderts triumphieren und faselt weiterhin stereotyp vom »gesunden Volksempfinden«.

Anstatt es der Polizei zu überlassen, rund dreitausend von über einer Million Fälle illegaler Abtreibungen aufzudecken, anstatt die vermögenden Kreise der Bevölkerung, die sich eine zweckdienliche Reise ins Ausland und einen teuren Arzt leisten können, stillschweigend zu begünstigen, sollte ein Gesetz zur legalen, das heißt zur klinisch kontrollierten Schwangerschaftsunterbrechung den Pfuschern und Engelmacherinnen das Handwerk legen. Es muß endlich mit einem Tabu gebrochen werden, das nahezu jede Frau entwürdigt und Jahr für Jahr Tausenden von Menschen die Gesundheit und oft genug das Leben kostet.

Wir, zu Recht stolz auf unsere demokratische Verfassung, wir müssen uns vorhalten lassen, daß in Walter Ulbrichts Diktatur eine Gesundheitspolitik Ergebnisse aufzuweisen hat, die uns tagtäglich beschämen sollten.

Ein Vergleich als Beispiel: In der Bundesrepublik bleiben nach illegalem, das heißt nach unkontrolliertem Abort fünfzehn bis zwanzig Prozent aller Frauen steril. In der DDR läßt sich Sterilität nach legalem, also kontrolliertem Abort nur in zwei Prozent aller Fälle nachweisen.

Jetzt mögen, wie gewohnt, CDU und CSU Zeter und Mordio schreien. Aber da es diesen Parteien an Argumenten fehlt, wird ihnen nur der abgenutzte Trick einfallen, den Angeklagten des Kommunismus zu verdächtigen. Und jetzt mag mich, andererseits, die gleichgeschaltete Presse im Gegenstaat DDR zehnmal falsch zitieren: Ob von links oder rechts diffamiert, ich krümme den gestreckten Zeigefinger nicht und bleibe bei der zum Himmel schreienden Wahrheit. – Denn übrig bleibt angesichts solch erschreckender Zahlen nur die Erkenntnis, daß der Schreibtischmord hier, mitten im Frieden, um sich greift, daß die Schreibtischmörder in unserem Rechtsstaat vom Gesetz nicht belangt werden und daß es auf jeden von uns zurückfällt, wenn diese Exzesse mittelalterlicher Barbarei weitere vier Jahre lang ungehindert stattfinden dürfen.

Denn dieses fortwuchernde Verbrechen ist die Frucht einer ignoranten und jeder Aufklärung abgewandten Gesundheitspolitik. Dieser regierungsverantwortliche Hochmut bestehenden gesellschaftlichen Erfordernissen gegenüber fordert jeden Tag Opfer und zwingt zur Anklage: Zehntausend Frauen sterben jedes Jahr in der Bundesrepublik an den Folgen illegaler Aborte. Hundertvierzigtausend bis zweihunderttausend westdeutsche Frauen bleiben Jahr für Jahr nach illegalem Abort unfruchtbar, weil eine verantwortliche Gesundheitspolitik der Koalitionsregierung nicht existiert, weil Frau Elisabeth Schwarzhaupt als Gesundheitsminister auf mörderische Weise versagt hat.

Nein! Ich fürchte keinen Prozeß. Recht und wissenschaftliche Erkenntnis stehen auf der Seite all jener Frauen, die unter den skandalösen Versäumnissen dieser Regierung zu leiden haben. Wann endlich wird auch in unserem Land das Zeitalter der Aufklärung beginnen? Wann wird die Ignoranz endlich den Ministersessel räumen und der Vernunft Platz machen? – Denn Wahlen sind Appelle an die Vernunft. Oder sollen abermals vier Jahre lang »des Kaisers neue Kleider« unsere Blöße bedecken? Soll die zunehmende Tabuisierung wichtigster Aufgaben und Probleme uns endgültig ins Mittelalter zurückwerfen? Das Altfränkische mit seinen Butzenscheiben und seinem anheimelnden Zinngeschirr mag weiterhin Gaststätten schmücken und die unserem Volk nachgesagte Gemütlichkeit belegen; ein altfränkischer Regierungsstil jedoch wird uns in museale Isolation bannen. Schon setzen wir Patina an. Schon lagert Staub auf uns ab. Bald zählt man uns zum alten Eisen. Aber noch dürfen wir wählen!

Meine Rede heißt: ›Des Kaisers neue Kleider‹. Wenn wir im Bild, also kritisch bleiben wollen, gilt es festzustellen, daß die Sozialdemokraten sich uns seit einigen Jahren in neuem Gewand zeigen. Von Brokat und Seide kann nicht die Rede sein. Ein eher handfester Stoff faßt sich, wenn wir ihn prüfen, dauerhaft an. Sein nüchternes Muster spricht nicht für sich, sondern bedarf der Fürsprache. Die Leistungen der Sozialdemokraten sind in Gemeinden, Städten und Ländern ablesbar. Ihre Programme liegen vor. Allein anhand des »Großen Hessenplans«, den der sozialdemokratische Ministerpräsident Georg August Zinn herausgegeben hat, anhand eines in der Praxis bewährten Planes also, der Muster sein sollte für ganz Deutschland, läßt sich beweisen, wie verantwortlich und genau, bis in die Finanzierung hinein, hier gearbeitet worden ist.

Aber nicht nur im Land Hessen, einem Musterland der Bundesrepublik, haben die Sozialdemokraten bewiesen, daß sie kühne Planer und solide Praktiker sind. Schaut Euch um im Land, vergleicht die Leistungen, und trefft Eure Wahl! Denn nun ist es an uns, die neuen Kleider der SPD anzuprobieren. Es wird die Aufgabe der neuen sozialdemokratischen Regierung sein, dem prüfenden Blick des Wählers vier Jahre lang standzuhalten.

An meiner Kritik wird es nicht fehlen. Denn ich empfehle die SPD nicht als letzte Offenbarung, sondern als eine große demokratische Partei mit ihren Stärken und Fehlern, mit ihrem Reichtum an unverbrauchten Kräften und ihrem Unvermögen, sich selbst darzustellen, mit ihren vorausschauenden Reformplänen und ihrer kleinlichen Angst vor der eigenen proletarischen Herkunft.

Zu Anfang meiner Rede sprach ich von der Tradition der Aufklärung in unserem Land. Ich hielt es für notwendig, darauf hinzuweisen, daß deutsche Schriftsteller, zur Zeit Lessings, den Bürgern dieses Landes den Begriff Nation bewußtgemacht haben. Mein Versuch, mit Hilfe des dänischen Märchenerzählers Hans Christian Andersen die trüben Winkel unseres politischen Alltags auszuleuchten, sollte ein Bekenntnis zu dieser oft verleugneten, gegen Terror und Widerstände immer wieder fortgesetzten Geistesgeschichte deutscher Aufklärung sein. Wenn sich doch endlich der uns im Krieg nachgesagte Mut auf anderem Feld als dem Schlachtfeld bewähren möchte: Hier, bei uns, heute und angesichts einer bankrotten Wiedervereinigungspolitik, einer zerrütteten Finanzpolitik, einer immer noch ungerechten Sozialpolitik und einer verbrecherischen Gesundheitspolitik gilt es, demokratischen Mut zu beweisen und mit unbestechlichem Zeigefinger den derzeitigen Bundeskanzler und seine Minister zu entzaubern: Seht, sie kleiden sich mit Luft! Seht, sie tragen eine Schleppe, die gar nicht da ist! Seht, Ihr Bürger, sie sind nackt!

Rede an einen jungen Wähler, der sich versucht
fühlt, die NPD zu wählen

Rede zur Bayrischen Landtagswahl 1966 in München

Warum kommt der Preuß' aus Berlin hierher und
mischt sich in die bayrischen Landtagswahlen? Um
dieses vorauszuschicken: Es geht mir nicht um Herrn
Hundhammers Nöte, also um die Frage, ob München
eines neuen und größeren Flugplatzes bedarf, es geht
mir um ein vorauszuahnendes Wahlergebnis, das sich
weit über die Grenzen dieses Landes auswirken
könnte: Es geht um den raschen Aufstieg der NPD.

Dennoch gilt meine Rede nicht den Herren Thielen und von Thadden. Es kann nicht mein Ehrgeiz
sein, den völkischen Parteibarden Pleyer oder den
ehemaligen SA-Obersturmbannführer und nun Pro-
pagandachef der NPD, Otto Hess, bekehren zu wollen – wer in sich braun gefärbt ist, der vermag, das
lehrt die Geschichte, allenfalls im stalinistischen Rot
eine Alternative zu erblicken –, es geht mir um junge
Wähler, die allzu bedenkenlos bereit sind, sich auf ein
Abenteuer einzulassen, das für unser Land, aber auch
für den einzelnen jungen NPD-Wähler schlimme und
spurenlassende Folgen haben wird.

Aus Kenntnis meiner eigenen Vergangenheit und
der Anfälligkeit der Jugend in diesem Land für absolute und selbstzerstörerische Forderungen, bin ich
dagegen, pauschal in jedem Jungwähler, der seine ziel-
lose Wut in die NPD hineinretten will, einen Neonazi
zu wittern. Ich gebe aber zu bedenken, daß seine
geplante Entscheidung von den Herren Thadden bis

Thielen genau so mißbraucht werden wird, wie der Idealismus meiner Generation von den Herren Schirach und Axmann mißbraucht worden ist.

Bevor es am kommenden Sonntag zur Wahl kommt, sollte die Vernunft, diese Eckensteherin in unserem zur Zeit so hilflos regierten Land, zu Rate gezogen werden. Deshalb keine Verallgemeinerungen. Es ist ja nicht so, daß dem zukünftigen oder eventuellen NPD-Wähler die radikale Rechtstendenz ins Gesicht geschrieben steht. Schon darum lehne ich es ab, den NPD-Wähler zu dämonisieren. Welche Überlegungen auch immer einen jungen Menschen heute bewegen mögen, dieser Partei von vorgestern seine Stimme zu geben, nichts berechtigt uns, ihn zu diffamieren; zumal es an Argumenten, die seinen Entschluß in Frage stellen könnten, nicht fehlt.

Zu meiner Person: Ich wurde im Jahre 1927 in Danzig geboren. Mit zehn Jahren war ich Mitglied des Jungvolkes, mit vierzehn Jahren wurde ich in die Hitlerjugend eingegliedert. Als Fünfzehnjähriger nannte ich mich Luftwaffenhelfer. Als Siebzehnjähriger war ich ein Panzerschütze. Und als Achtzehnjähriger wurde ich aus amerikanischer Kriegsgefangenschaft entlassen: Jetzt erst war ich erwachsen. Jetzt erst, nein, vielmehr nach und nach wurde mir deutlich, was man, überdeckt von Fanfarenruf und Ostlandgeschwafel, mit meiner Jugend angestellt hatte. Jetzt erst, und Jahre später in immer erschreckenderem Maße, begriff ich, welch unfaßliche Verbrechen im Namen der Zukunft meiner Generation begangen worden waren. Als Neunzehnjähriger begann ich zu ahnen, welch eine Schuld unser Volk wissend und unwissend angehäuft hatte, welche Last und Verantwortung meine und die folgende Generation zu tragen haben würden. Ich begann zu arbeiten, zu lernen und mein Mißtrauen einer sich schon wieder harmlos gebenden kleinbürgerlichen Welt gegenüber zu schärfen. Heute, zwanzig Jahre später, weiß ich, daß viel getan worden ist, daß unser provisorischer Teilstaat, die Bundesrepublik, schlecht und recht, aber immerhin demokratisch-parlamentarische Sicherheit bietet. Aber ich weiß auch, wie anfällig dieser Staat immer noch ist. Ob seine Fundamente von ganz links oder, wie zur Zeit, von ganz rechts untergraben werden sollen: Es gilt ihn zu schützen – und zwar nicht mit den unzulänglichen Mitteln eines Verfassungsschutzes, der Grund genug hätte, sich selbst zu überprüfen –, hier im offenen Gespräch und, wenn Sie wollen, auch im Streitgespräch gilt es, dem Verbrechen von damals jede Chance einer Neuauflage zu nehmen.

Sie werden sich fragen, woher ich das Recht beziehe, hier, in Bayern, ohne Auftrag und Mandat, einer Partei den Kampf mit demokratischen Mitteln anzusagen, die seit der Hessenwahl meint, ihre Stunde habe geschlagen, man könne wieder wählen. Hier meine Antwort: Ich will nicht von den unfaßlichen Zahlen, von den Millionen Ermordeten, Verhungerten und sinnlos Gefallenen sprechen. Nur von jenen über dreißig Siebzehnjährigen spreche ich, die vor über zwanzig Jahren, gleich mir, am ersten Tag unseres sogenannten Kampfeinsatzes nichts als Angst hatten, bevor sie, ohne auch nur einen Gegner gesehen zu haben, zerrissen, vernichtet wurden.

Von diesem organisierten Wahnsinn gilt es zu sprechen, wenn heute wieder mit Lautstärke und Ausschließlichkeit von »soldatischer Bewährung«, von »Opfer und Einsatz« getönt wird. Um es klar zu sagen: Der Krieg setzte sich nicht zusammen aus Ritterkreuzträger-Histörchen; vielmehr war er der geplante und fortwährende Verschleiß von jungen Menschen, die leben, auf jeden Fall leben wollten und denen jede Möglichkeit des Protestes gegen die demagogische Heroisierung ihres Todes genommen wurde.

Warum also wählt ein Dreiundzwanzigjähriger die NPD?

Berauscht er sich an dem Wörtchen »radikal«?

Ist es schon wieder soweit, daß Linksradikale wie Rechtsradikale bereit sind, ihre Ressentiments auszutauschen? Ist ihnen, von ganz links und ganz rechts, der Bundestag in Bonn nichts anderes als eine aufzulösende »Quasselbude« – wie sich in der Weimarer Republik ganz Links und ganz Rechts einig waren, den Reichstag als »Quasselbude« zu werten? Der unverhohlene Triumph in Ulbrichts Hausorgan ›Neues Deutschland‹ angesichts der Wahlerfolge der NPD in Hessen sollte uns zu denken geben.

Ich unterschätze die NPD nicht. Ihre Vorgänger wie die Reichspartei und die Deutsche Partei traten ungeschickter auf. Noch im Dritten Reich ausgebrütet, vermochten sie ihre NS-Eierschale nicht zu verbergen. Der NPD ist es immerhin gelungen, den parteibraunen bis deutschnationalen Zuschnitt in halbwegs demokratische Fasson umzuschneidern. Demagogische Parolen wie »Man kann wieder wählen« verraten propagandistisches Geschick. Goebbels macht späte Schule. Ich erinnere mich, daß seine Fangfrage: »Wollt Ihr den totalen Krieg?« auch in mir, dem damals Sechzehnjährigen, opferbereite Weihestimmung auslöste und die Zustimmung vorwegnahm.

»Man kann wieder wählen.« Das soll heißen: Vorher konnte man nicht. Wann konnte man denn? Es heißt ja: »Man kann – wieder – wählen.«

Warum also wählt ein Dreiundzwanzigjähriger die NPD?

Die »Lizenzparteien«, um im neubraunen Jargon zu bleiben, vernachlässigen die deutsche Frage. Alle insgesamt? Welche Partei mehr, welche weniger? Kenntnisnahme aller Bemühungen von Kurt Schumacher über den Plan des FDP-Abgeordneten Pfleiderer bis zu den ersten begrenzten Erfolgen einer neuen Deutschlandpolitik der Sozialdemokraten unter Willy Brandt, all das lehnt die NPD ab; denn was nicht sein darf, ist also auch nicht. An Stelle eines fundierten Alternativprogramms bietet diese Partei den altbekannten Katalog nationalistischer Überheblichkeiten. Wann werden wir lernen, zwischen dem auf Vernunft gründenden und eigentlich selbstverständlichen Nationalbewußtsein und seinem schon wieder feilgebotenen Surrogat, der Hybris des Nationalismus, zu unterscheiden?

Lassen Sie mich ein Zitat anführen, das unser gesamtdeutsches Verhältnis oder Nichtverhältnis in einem mittlerweile historisch gewordenen Zusammenhang zeigt und viel mehr als alle nationalistische Hysterie geeignet ist, unser Nationalbewußtsein zu überprüfen. Am 15. Dezember 1954 kam es im Bundestag zur Großen Anfrage der SPD betreffs »Vorrang von Verhandlungen zur Wiedervereinigung Deutschlands«. Der damalige SPD-Vorsitzende Erich Ollenhauer sagte im Verlauf seiner großen und politisch noch heute richtungsweisenden Rede: »Es ist die Tragik der Außenpolitik der Bundesrepublik, daß sie sich bis heute nicht hat befreien können aus den Zwangsläufigkeiten, die sich aus dem Angebot der deutschen Aufrüstung durch den Herrn Bundeskanzler vom August 1950 ergeben haben, und daß praktisch die

Integration der Bundesrepublik in den Westen immer den Vorrang vor der Wiedervereinigung gehabt hat.«

Es kam, gegen das wohlerwogene Nein der SPD, zur Wiederbewaffnung. Und der Vorrang der Wiederbewaffnung vor der Wiedervereinigung hat in der Tat zu einer bis heute ergebnislosen Deutschlandpolitik geführt, für die in der Hauptsache die CDU/CSU verantwortlich zu machen ist. Die Alternative zu dieser verfehlten Politik ist jedoch in Bonn und also in der vermeintlichen »Quasselbude« von einigen Freidemokraten und den Sozialdemokraten immer wieder erneuert worden; heute beginnt sie sich durchzusetzen.

Also frage ich mich und Sie:

Ist die NPD gefährlich?

Wenn es ihr gelingen sollte, uns Angst zu machen, uns einzuschüchtern, dann wird sie gefährlich sein.

Soll die NPD verboten werden?

Ich bin dagegen, ihr die Chance einer Untergrundbewegung einzuräumen. Jeder politische Gegner muß sich bei Tageslicht mehr anstrengen. Deshalb sollte die KPD wieder zugelassen werden. Nur wer die Ansteckung fürchtet, scheut die Parolen von ganz links und ganz rechts.

Schadet uns die NPD?

Sie verstärkt und begründet das Mißtrauen unserer Verbündeten und unserer Gegner.

Sollten wir uns die Pauschalurteile in der ausländischen Presse zu eigen machen?

Wir sollten nach differenzierten, also stärkeren Argumenten suchen.

Sind in der NPD alte Nazis?

Von den achtzehn Mitgliedern des Vorstandes dieser Partei waren zwölf aktive Nationalsozialisten.

Ist das schlimm?

Ja. Aber bedenklicher ist es, wenn ein Parteimitglied von 1933 bis zum Ende, also Herr Kiesinger, sich heute als Bundeskanzlerkandidat der CDU/CSU präsentiert.

Hat die NPD ein Programm?

Sie ist für die Todesstrafe und gegen Gastarbeiter. Sie stellt Ansprüche auf Gebiete, in denen, wie es heißt, das deutsche Volk seit Jahrhunderten gewachsen ist. Sie ist einfach und schlicht gegen Entwicklungshilfe.

Ist das ein Programm?

Ein Sammelsurium alter und neuer Vorurteile soll ein Programm ersetzen.

Warum also wählt ein Dreiundzwanzigjähriger die NPD?

Ließe sich Abenteuerlust nicht besser durch einen Western befriedigen?

Lohnt es sich für einen Dreiundzwanzigjährigen, NPD zu wählen?

Er wird noch als Siebzigjähriger einen blinden Fleck in seiner Biographie vertuschen und wegwünschen wollen.

Können wir uns die NPD leisten?

Einige Zauberlehrlinge haben sie hochgezüchtet. Das Wörtchen: »In die Ecke, Besen! Besen! seid's gewesen ... « verfängt nicht.

Soll man die NPD totschweigen?

Wer neben vollaufgedrehten Lautsprechern zu leben vermag, möge schweigen; ich spreche gegenan.

Berlin, am 26.11.1966

Lieber Willy Brandt,

bevor es zur Großen Koalition kommt, bevor Sie zwischen den Herren Kiesinger und Strauß den Kronzeugen einer falschen Harmonie werden abgeben müssen, bitte ich Sie, den Vorsitzenden der SPD, einer Partei also, in die ich meine Hoffnung setzte und setze, noch einmal die unabsehbaren Folgen einer solchen Entscheidung zu bedenken.

Diese Entscheidung wird mich und viele meiner Freunde, gegen ihren und meinen Willen, in eine linke Ecke drängen und zum bloßen, obendrein politisch machtlosen Widerpart der NPD degradieren. Wie sollen wir weiterhin die SPD als Alternative verteidigen, wenn das Profil eines Willy Brandt im Proporzeinerlei der Großen Koalition nicht mehr zu erkennen sein wird?

Zwanzig Jahre verfehlte Außenpolitik werden durch Ihr Eintreten in eine solche Regierung bemäntelt sein. Der unheilbare Streit der CDU/CSU wird auf die SPD übergreifen. Ihre Vorstellung vom »anderen Deutschland« wird einer lähmenden Resignation Platz machen. Die große und tragische Geschichte der SPD wird für Jahrzehnte ins Ungefähr münden. Die allgemeine Anpassung wird endgültig das Verhalten zu Staat und Gesellschaft bestimmen. Die Jugend unseres Landes jedoch wird sich vom Staat und seiner Verfassung abkehren: Sie wird sich nach links und rechts verrennen, sobald diese miese Ehe beschlossen sein wird.

Meine kritische Sympathie Ihnen und der Sozial-demokratischen Partei Deutschlands gegenüber verpflichtet mich, Ihnen diese Gedanken mitzuteilen. Ich weiß, daß Herbert Wehner allzu rasch geneigt ist, im Andersdenkenden einen Neurotiker zu vermuten. Dennoch bitte ich Sie, diesen Brief der Fraktion zu verlesen. Nichts soll unversucht bleiben.

Freundliche Grüße

Ihr *Günter Grass*

Lieber Günter Grass,
Sie haben die Sorgen und Befürchtungen formuliert, die viele Menschen – und nicht die schlechtesten – in unserem Land mit Ihnen teilen.

Die Große Koalition enthält Risiken. Gefühl und Wille zur Führung wiesen vielen von uns einen anderen Weg. Nach sehr ernster Prüfung auf dem Hintergrund der dürren Ziffern im Bundestag und angesichts der Aufgaben im Innern und nach außen habe ich zu dem Ergebnis kommen müssen, daß der andere Weg nicht gangbar war.

Wenn sich die SPD, schwer genug, zur Großen Koalition durchringt, gibt es alles andere als Selbstgefälligkeit, es »endlich geschafft zu haben«. Wir wissen, daß wir Zähigkeit und Kraft und Nüchternheit brauchen, damit der Schritt der SPD unserem Volk nützt und Ihre Sorgen nicht Wirklichkeit werden.

Es wird kein Zudecken von Versäumnissen und Fehlern und keinen faden politischen Eintopf geben. Die Große Koalition wird zu einem Fehlschlag führen, wenn sie sich nicht deutlich von dem abhebt, was in die Regierungskrise geführt hat. Dies ist die begrenzte, heute mögliche Alternative zum bisherigen Trott.

Die SPD wird sich messen lassen an ihren bisherigen Forderungen. In einer Koalition gleichgewichtiger Partner wird Politik erst recht nicht gegen die SPD gemacht werden können. Sorge um das politische Profil Willy Brandts sollten Sie sich nicht machen.

Sie, Ihre Freunde und viele der kritischen jungen Menschen dürfen sich gerade jetzt nicht in das Abseits der Resignation oder des bloßen Protestes stellen. Die demokratische Linke in unserem Land würde nicht nur ärmer, sondern auch schwächer werden. Das Gewissen der Sozialdemokratischen Partei schlägt nicht außerhalb dieser Partei.

Niemand sollte den Stab brechen, solange wir nicht die Chance gehabt haben, zu beweisen, was jetzt möglich ist. Für uns ist dies ein neuer Beginn. Wir werden in das neue Kapitel der deutschen Nachkriegsgeschichte wesentliche neue Elemente einführen. Dafür werden wir Verantwortung tragen und gerade das geistige Deutschland nicht enttäuschen.

Ich danke Ihnen für die Offenheit und Verbundenheit, die wir uns erhalten sollten.

Freundliche Grüße

Ihr *Willy Brandt*

Berlin, am 28. 11. 1966

Lieber Willy Brandt,
meine Warnung habe ich ausgesprochen; Sie haben diese Warnung bestätigt. Uns allen, die wir außerhalb stehen, fehlt es an Macht, die sich anbahnende und, wie ich meine, unglückliche Entwicklung zu verhin-

dern. Wir können Telegramme aufsetzen, Briefe schreiben. Wir können Worte machen; Sie aber haben es immer noch in der Hand, diese Liaison, die sehr bald herabschätzend »die große Kumpanei« genannt werden wird, zu trennen, bevor sie sich paart.

Wenn es aber wahr ist, daß die Große Koalition nicht zu verhindern ist, sollten Sie wenigstens eine Große Koalition fordern, die den Mehrheitsverhältnissen im Bundestag entspricht. Drei Parteien sollen diese Koalition bilden. Die CSU ist die kleinste Partei. Sie hat den Kanzlerkandidaten nominiert und seine Wahl durchgesetzt. Die CDU ist in sich zerstritten und also in ihrer politischen Arbeitsfähigkeit mehrmals gebrochen. Die SPD ist die größte Partei. Sie ist in sich gefestigt und in der Lage, ihr alternatives Programm zu verwirklichen. Also hat sie die Aufgabe, den Bundeskanzler zu stellen. Wenn es den beiden anderen Parteien wirklich ernst ist, wenn sie mitarbeiten wollen, sobald es gilt, die durch die CDU und die CSU verursachte Misere zu beenden, dann müssen sie die parlamentarischen und politischen Gegebenheiten anerkennen und begreifen lernen, daß nur ein SPD-Kanzler die Richtlinien der Politik neu bestimmen kann.

Dieses sollte klar ausgesprochen werden: Der ehemalige Verteidigungsminister Franz Josef Strauß kann nie wieder Minister werden. Wer das Parlament belügt, wer, wie Strauß, während der Kuba-Krise im Zustand der Volltrunkenheit seine Aufgabe als Verteidigungsminister wahrzunehmen versucht, der darf in unserem Land als Minister keine politische Verantwortung mehr tragen.

Es mag sein, daß die Hektik der Verhandlungen den Überblick trübt. Die allgemeine Übermüdung fördert hastige Entschlüsse. Ich schreibe Ihnen ausgeruht und bei aller Anspannung gelassen: Überspannen Sie nicht den Bogen des Zumutbaren. Es könnte die SPD daran zerbrechen. Es könnte unserem Land unheilbarer Schaden zugefügt werden.

Ich danke Ihnen für Ihre Antwort und für die Möglichkeit, Vertrauen gegen Vertrauen setzen zu können. Wir hier wünschen Ihnen Kraft, Mut und Gelassenheit, damit die Vernunft unserem Land erhalten bleibe.

Freundliche Grüße

Ihr *Günter Grass*

Die melancholische Koalition

Da sitzen sie nun, Schulter an Schulter: Willy Brandt neben Kurt Georg Kiesinger; Karl Schiller nimmt Tuchfühlung mit Franz Josef Strauß; im Moment fällt mir nicht ein, wer es neben Herbert Wehner schwer haben wird. Sie blicken versonnen, verlegen, verkrampft. Lauter starke Männer – wenn man vom garnierenden Beiwerk Höcherl, von Hassel, Dollinger absieht – heben sich gegenseitig auf. Mit welchen Ansprüchen zogen sie aus: Land, Staat und Leute sollten gerettet werden, an ihrem Wesen sollte genesen, was krisenhaft krank darnieder lag. Doch kaum machen die frischernannten Minister den Mund auf, beginnt schon wieder das Relativieren: Man möge sich nicht zu große Hoffnungen machen, die Lage sei ernst, zu ernst, der Herr Brandt möge nur seine Deutschlandpolitik versuchen, Herr Kiesinger werde schon aufpassen, und wenn nicht er, dann Herr Strauß, der den Herrn Kiesinger als Pappkameraden und Bundeskanzler erfunden hat.

Konrad Adenauer, dem ja ein Sinn für Situationen nachgesagt wird, soll angesichts dieser Phalanx auf der Regierungsbank gesagt haben, das Bild mute ihn gespenstisch an. Mir bot sich als Anblick die Allegorie der Melancholie. Und weil dieses Kabinett nicht geeignet ist, demokratisch-politische Kraft auszustrahlen, wird es, quasi als Surrogat, auf Bundesebene seine augenfälligste Gemeinsamkeit, die Melancholie, vermitteln. Denn das teilt sich mit: Überall wird das Köpfchen hängengelassen; gestandene Männer seufzen wie Lyriker, die das Reimwort nicht finden können; eine verschleppte Novemberstimmung beginnt sich auszuwirken. Da Melancholie zwar dem Poeten geziemt und Saturn bei günstiger Uranus-Konstellation schon manch politische Perle gefaßt hat, müssen wir uns fragen, ob sich die Melancholie auch auf die Politik produktiv auswirken kann. Kein Wort über Hamlet. Bleiben wir in Bonn.

Wo ist die Opposition? Da die Opposition tot ist, wird lautstark gerufen: »Es lebe die Opposition.«

Dabei wäre nichts törichter, als die FDP, eine Partei also, die den Dauerumfall und das Züngleinander-waagespielen bis zum Überdruß betrieben hat, als neue Opposition werten zu wollen. Doch schon geht man sentimental mit ihr um: die arme Kleine. Nicht mitregieren darf sie. Dabei wollte sie doch. (Wann wollte sie nicht?) Man sollte sie nach links hin öffnen. Wo wäre der Verschluß, der zu öffnen ist, und wer hat ihn verschlossen? Und wenn man nach links hin öffnet, wieviel Prozent der ohnehin in Bratapfelmanier schrumpfenden Partei werden nach rechts hin wegschrumpfen, zumal die Liberalität der FDP immer darin bestanden hat, nach links hin verschlossen und nach rechts hin einladend offen zu bleiben?

Aber das Wunschdenken will es anders: etwa vom Intelligenzblatt (›Der Spiegel‹?) zur Intelligenzpartei. Ganz zu schweigen von den Wunschvorstellungen, die sich eine neue Linke (USPD) auf die Schultafel malt. In Gesprächen wird das Wörtchen »der linke Gewerkschaftsflügel« wie ein unfehlbarer Büchsenöffner benutzt, wenn auch ununtersucht bleibt, inwieweit der mirakulöse linke Gewerkschaftsflügel geneigt ist, sich in einer Großen Koalition mit den Ministern Leber, Wischnewski, Katzer und Lücke auf die Dauer recht wohl zu fühlen. Arbeiterparteien sollen gegründet werden, die als Kleinbürgerparteien mehr Aussicht auf Erfolg hätten. Beschwörende Rufe: »Es fehlt aber eine neue Linke, nachdem die SPD endgültig...« regieren den linken Stammtisch. Doch schon die ersten Verständigungsgespräche scheiterten an der Terminologie. Jeder hat einen anderen Marx gelesen (oder angelesen). Orientierungshilfen wie links, Mitte, rechts, radikal, gemäßigt und konservativ erweisen sich als Krücken. Herr Haffner, der vorvorgestern noch nicht müde wurde, einen Konrad Adenauer in alle konservativen Himmel zu heben, wirft jetzt die SPD, von Bebel bis Brandt, radikal in den Eimer.

Die Zeit der billigen Prognosen ist angebrochen. Rechnungen, in denen ein gewisser Herr Strauß als Multiplikator Panik verbreitet, gehen rasch, allzu rasch auf. Mit nur wenig, zu wenig Phantasie kann man diesen Mann als Bundeskanzler einer Koalition sehen, in der die dahingeschwundene FDP gegen eine halbstarke NPD ausgetauscht worden ist. Geunkt wird und besorgt telefoniert. Der Parteiaustritt wird zurückgezogen oder erneut und auf Widerruf beschlossen. Die elegische Geste »Bald werden wir auswandern müssen« erinnert an die gleichfalls kurzlebige »Ohne-mich«-Geste der Mittfünfziger Jahre. Melancholie mischt sich in die Politik. Denn wie sich in der Koalitionsregierung die gebrochenen und aus verschiedenen Gründen gebrochenen Helden Schulter an Schulter als starke Männer präsentieren, so wird fortan jeder Versuch, sachliche, also kühle und treffende Opposition zu betreiben, wehmutsgebrochen in Reflexionen Zuflucht suchen. Und all das angesichts einer aufkommenden Partei, die ungebrochen und unreflektiert des Herrn Goebbels propagandistische Erkenntnisse demnächst, also vor den Landtagswahlen in Rheinland-Pfalz, Schleswig-Holstein und Niedersachsen, mit nicht geringem Erfolg erproben wird. Mochte es vor den Landtagswahlen in Bayern, bevor es zur Großen Koalition, zur um sich greifenden Resignation und zum Einbruch der Melancholie in der Politik kam, noch möglich gewesen sein, direkt und ohne Umschweif, mit ungebrochenen Argumenten, der NPD entgegenzutreten; heute sieht alles anders aus: Das Grün ist blaustichig, das Blau grünstichig geworden. Jemand hat Violett ins Signalrot gemischt.

Wer tat das? Viele Farbenreiber waren am Werk. Die Palette ist bunt gemischt: Nie sahen wir ein blasseres Rosa; nie zuvor trat Schwarz so diskret auf; nie zuvor bot sich Braun so geschmackvoll als Modefarbe dar. Zum Beispiel Herr Kiesinger: hochgewachsen, feinsinnig, gewinnendes Grauhaar über mystisch geformter Stirn. Schöne Hände soll er haben und eine angenehme, jeden Zweifel einebnende Stimme. Wird er ein weicher, ein harter Kanzler sein? Einerlei, wer ihm die Richtlinien bestimmen wird: Die Frauen werden ihn schon wählen. Es wäre ja gelacht, wenn die unheimlich gemütliche schwäbische Eisenbahn nicht in der Lage wäre, auch einmal eine Wahllokomotive dem deutschen Volk in seiner Ganzheit zu stiften. Natürlich war Herr Kiesinger nie ein richtiger Nazi; wer so schöne Hände hat, kann gar keiner gewesen sein. War er nicht gar ein Widerstandskämpfer? Wenn ihm seine Besonnenheit in den lange zurückliegenden Jahren allgemeiner Wirrnis geboten hat, nicht den direkten Weg des Widerstandes zu gehen, war das nur recht und billig. Im Gegensatz zu anderen, weniger besonnenen Widerstandskämpfern, die gefoltert, erschlagen, ermordet wurden, gelang es ihm, seine

Kraft, seinen Geist und abermals seine Besonnenheit dem Wohle des ganzen deutschen Volkes zu erhalten. Natürlich hätte man auch einen anderen Kanzler, Herrn Lücke, wenn schon nicht Willy Brandt, wählen können, einen, der nicht Pg. und also auch nicht Widerstandskämpfer gewesen ist. Aber ist nicht gerade ein ehemaliger Pg. prädestiniert, dieses wichtige Amt heute und hier zu verwalten? Muß unser Volk nicht endlich versöhnt werden mit seiner Vergangenheit?

Stellen wir uns vor: Eine neue Deutschlandpolitik beginnt sich auszuwirken. Wir kommen ins Gespräch mit unseren Nachbarn in West und Ost; Herr Kiesinger fährt nach Warschau und legt dort einen Kranz nieder, wo einmal das jüdische Ghetto dem Erdboden gleichgemacht worden ist. Er wird schon die rechten Worte finden: Ein Achtel Schuldbekenntnis und sieben Achtel Bereitschaft, vergeben zu können (»wie ja auch wir vergeben unsern Schuldigern«), mixen den süffigen und – ach – so bekömmlichen Cocktail.

Und warum soll Herr Kiesinger nicht nach Israel fahren dürfen, zumal Herr Springer kürzlich sein gutes Geld gegeben hat, damit dort eine Universitätsbibliothek erbaut werden kann. Auch mögen die Israelis – so heißt es – den Franz Josef Strauß. Kurzum: Herrn Kiesingers feine Zurückhaltung wird schon dafür sorgen, daß prekäre Stellen, besonders in der Öffentlichkeit, nicht berührt werden. Denn schon im Jahre 1961, als der damalige Bundeskanzler Konrad Adenauer in Regensburg seinen erfolgreichen Diffamierungsfeldzug gegen Willy Brandt startete, übte sich Herr Kiesinger in solch feiner Zurückhaltung. Nicht etwa forderte der schwäbische Christdemokrat den rheinischen Christdemokraten auf, solch verbrecherische Vergiftung der öffentlichen Meinung zu unterlassen, vielmehr schwieg er besonnen in der Gewißheit: Einmal werde ich Bundeskanzler sein, dann darf sich der Diffamierte an meiner Seite wohl fühlen. Denn nur mit der Erlaubnis eines ehemaligen Nationalsozialisten darf heute ein ehemaliger Emigrant auf der Regierungsbank Platz nehmen. Es lohnt sich schon, Pg. gewesen zu sein. Bald, am 1. Januar 1967, tritt die vierte Novelle zum Gesetz 131 in Kraft. Dem wird es sich auszahlen, der damals dabeigewesen ist.

Während die Krise noch munter vor sich hin lebte, sah ich Schulbuben zu, die auf dem Pausenhof Kiesinger gegen Brandt spielten. Wenn Dieter sagte: »Die CDU hat mehr Panzer«, konterte Klaus: »Aber die SPD hat bessere Düsenbomber.« So kriegerisch und ohne Kenntnis der Bundeswehrmisere muß deutscher Kindermund fortan nicht mehr daherplappern. Klipp und klar kann Dieter dem Klaus erklären, warum sein Kiesinger Kanzler wurde: »Weil er beim Hitler mitgemacht hat, ist er es geworden. Und Dein Willy ist nicht mal hier gewesen. Der hat damals eben nicht aufgepaßt!« Vielleicht wird Klaus seinen Vater fragen: »Was warst Du denn damals beim Hitler?«, und der Vater wird antworten: »Ich war damals zu jung, um etwas gewesen zu sein, und zum Schluß wurde ich nur Soldat.« Nach kurzem, aber direktem Grübeln wird Klaus lakonisch sein Urteil fällen: »Dann kannst Du auch niemals Kanzler werden. Aus Dir wird wohl nie was!«

Habe ich übertrieben? Ich fürchte nein. Vielleicht hat Klaus etwas übertrieben (wie Kinder ja oft übertreiben). Natürlich kann aus seinem Vater, auch wenn er nicht Pg. gewesen ist, noch etwas werden; sogar ein

Minister steckt drin. Schließlich soll ja das deutsche Volk versöhnt werden. Die Devise des Axel Cäsar Springer »Seid nett zueinander« wird bald, wenn nicht in goldenen Lettern, dann doch imaginär im Plenarsaal des Bundestages zu Häupten des Bundesadlers die richtige Stimmung verbreiten, denn Große Koalition heißt nun mal: »Seid nett zueinander.« Wir hauen Euern Kiesinger nicht, wenn Ihr unsern Brandt nicht mehr haut. Irren kann schließlich jeder. Wo gehobelt wird, fallen Späne. Außerdem waren es nicht sechs Millionen, sondern allenfalls zweieinhalb. Andere Völker haben ja auch ihre Unsitten, zum Beispiel die Engländer, zum Beispiel die Franzosen, und von den Russen wollen wir gar nicht erst reden. Die Nachkriegszeit ist nun endgültig vorbei. Proporz herrscht und also der Frieden.

So spricht sich Bitterkeit aus, an der ich Anteil habe. Die Resignation erinnert sich der vernachlässigten Schrebergärten: Candide geht um, klopft uns die Schulter und rät, das Gärtchen zu bestellen, dem eigenen Salat zu vertrauen und die Nase in Blumenkelche zu stecken. Schon kursiert das neue Schimpfwort, mit dem man die melancholischen Idylliker der späten sechziger Jahre behängen wird. Sie sind die Staatsverdrossenen; sie sind schuld, wenn die NPD sich zur koalitionsfähigen Partei von morgen auswächst; sie wollen nicht nett zueinander sein.

Und wohin hat sich die Alternative verkrochen? Da es die DFU nicht verstanden hat, sich aus einem Protestverein in eine politische Partei zu verwandeln, da der FDP nur rein zufällig die Ehre, Opposition sein zu dürfen, zugefallen ist und diese Partei mit dem Liberalismus etwa soviel zu tun hat wie die CSU mit dem Christentum und da die Grundlagen für eine Neugründung, etwa einer sozialliberalen Partei, noch nicht erarbeitet sind – aber erarbeitet werden müssen –, wird weiterhin die Pflicht zur Opposition bei der SPD liegen: bei den Wählern dieser Partei, die ihr zukünftiges Votum laut und deutlich von dieser Oppositionspflicht abhängig machen sollten; bei den 700 000 Parteimitgliedern, die das Recht und die Möglichkeit haben, sich der undemokratischen Praktiken eines Herbert Wehner zu erwehren; bei der Fraktion, die mit oder gegen ihren Fraktionsführer Helmut Schmidt verpflichtet ist, vom Kabinett bis ins Detail Rechenschaft zu fordern; und bei den SPD-Ministern, die durch ihre unheilvolle Entscheidung doppelt verpflichtet sind, die Konkurswirtschaft der CSU und CDU offenbar zu machen, ihre realistische Deutschlandpolitik ohne Abstriche zu verwirklichen oder diese Koalition wieder aufzulösen, bevor der Spaltpilz der CDU auf die SPD übergreift, bevor diese frivole Manipulation des Wählerwillens sich verhängnisvoll abstoßend, besonders auf den jungen Wähler, auswirken kann, bevor die allgemeine Resignation sich einnistet und sich die vom Proporz abgesicherte Staatsmaschinerie absolut versteht.

Bis gestern ist mir der Regierende Bürgermeister von Berlin, Willy Brandt, um im Fachjargon zu bleiben, ein Sicherheitsfaktor gewesen, weil sich bei ihm Politik und Moral nicht als unzuvereinbarende Gegensätze gegenüberstanden. Wird ab morgen die Moral im dritten Glied stehen müssen? Bis gestern sah ich mich in der Lage, sei es auf Auslandsreisen, sei es im Gespräch mit ausländischen Journalisten, die Bundesrepublik – trotz Vialon und ähnlicher Belastungen – als demokratischen Staat zu vertreten und zu verteidigen. Werden wir uns ab morgen in London, Kopenhagen und Rom, nach unserem Bundeskanzler befragt, dieses Staates zu Recht schämen müssen, wie sich Bürger der DDR schämen, wenn sie in Prag, Budapest oder Warschau am Alt- und Neostalinismus eines Walter Ulbricht gemessen werden? Bis gestern standen sich in Gestalt der DDR und der Bundesrepublik die Diktatur und die Demokratie gegenüber. Wird die Bundesrepublik morgen eine nur im Detail bessere, weil reichere DDR sein?

Rede über die Parteien

Rede im Bundestagswahlkampf 1969

Bürger der Stadt Paderborn,
seit zwei Monaten bewege ich mich Tag für Tag in
einem VW-Bus von Wahlkreis zu Wahlkreis. Eine fas-
zinierende wie anstrengende Art und Weise, die Bundesrepublik bis in ihre schattigsten Winkel kennenzulernen. Zumeist besuche ich Wahlkreise, in denen die
SPD und ihre Wähler in der Diaspora leben. Bei
65 Prozent CDU- oder CSU-Mehrheiten hat der sozialdemokratische Kandidat, so tüchtig er im einzelnen
ist, oft einen schweren Stand; deshalb ist es mir eine
Ehre, hier in Paderborn dem Bundestagskandidaten
der Sozialdemokratischen Partei Deutschlands helfen
zu dürfen.

Zumeist sind es katholische Vorurteile, die mittel-
alterlich anmuten, mit denen der sozialdemokratische Kandidat zu rechnen hat. Doch wie überall in
unserer Gesellschaft, so macht sich auch im katholischen Milieu der Wandel bemerkbar. Seit Papst Johan-
nes XXIII. beginnt die katholische Kirche bis in den
Bayerischen Wald, bis beiderseits des Niederrheins,
ja, bis ins Münsterland offener zu werden. Mit anderen Worten: Innerhalb der katholischen Kirche wird
mehr und mehr deutlich, daß die Bergpredigt dem
katholischen Wähler einen sozialen Auftrag auferlegt,
und gleichfalls wird deutlich, daß die Parteien CDU/
CSU, so lautstark sie das »hohe C« im Munde führen,
diesem sozialen Auftrag nicht mehr gerecht werden.

Der Wähler läßt sich nicht mehr einseitig ideologisch festlegen; er ist nüchterner geworden. Die Worte christlich, sozialistisch, liberal sind ihm allenfalls Worte. Er hat vor, sich an Leistungen zu orientieren. Der Wähler will wissen, welche Partei aufgrund ihrer Leistungen und sachlichen Programme zuallererst oder mehr als die anderen Parteien in der Lage ist, diese unsere Gesellschaft in das nächste Jahrzehnt, in die siebziger Jahre hineinzuführen.

Deshalb habe ich vor, nüchtern Bilanz zu ziehen. Es gilt, die Parteien auf ihren Wert abzuklopfen, auf ihre Hohlstellen voller leerer Versprechungen, auf ihre Substanz, auf ihre Leistungskraft.

Die Parteien haben es schwer in Deutschland. Mit dem Wort »Partei« wird das Wort »Gezänk« zum Parteiengezänk gekoppelt. Parteienstreit und Parteienwirtschaft lassen Sehnsucht keimen nach dem großen Gleichmacher, der beschwichtigend alle Widersprüche und menschlichen Unzulänglichkeiten ausräumt. Der nützliche und notwendige Konflikt soll durch anhaltenden Burgfrieden ersetzt werden. Wie sagte schon Kaiser Wilhelm: Ich kenne keine Parteien mehr!

Immer noch wird das Überparteiliche als Wert an sich gefeiert; dabei gilt als erwiesen, daß nach genauer Prüfung der Sachverhältnisse der Bürger aufgerufen ist, Partei zu ergreifen, und zwar jeweils für die nächste Legislaturperiode. Schließlich wählen wir nicht für die Ewigkeit, sondern immer nur bis zum nächsten Wahltermin.

Ich will versuchen, Ihnen die Parteien, also etwas grau Alltägliches, dem Ideal Fernes, näherzubringen. Ich will versuchen, den kritischen Dialog zwischen dem Wähler und den Parteien zu intensivieren. Mehrere Parteien stehen zur Wahl, und das ist gut so. Wir bedürfen mehrerer Parteien, damit uns nicht eine einzige übermächtige Partei einem neuen Stalingrad entgegenführt.

Während der Regierungszeit Konrad Adenauers war das Parteienverständnis in der Bundesrepublik schwach entwickelt. Die Regierungspartei CDU konnte sich unwidersprochen als Staatspartei präsentieren, konnte sich ungestraft mit dem Staat verwechseln: Bis 1965 galt die Bundesrepublik als CDU-Staat. In schlechten Geruch gebracht wurde, wer aufgrund der Mehrheitsverhältnisse auf der Oppositionsbank sitzen mußte; Regieren war alles, und Opposition galt als lästiges und leider unvermeidliches Beiwerk. Jetzt erst, nach Konrad Adenauers Abgang von der politischen Bühne, beginnen wir zu begreifen, daß Oppositionsparteien und Regierungsparteien gleichrangig sind, daß sie wie Kopf und Adler die gleiche Münze prägen, daß der Machtwechsel der Stoffwechsel der parlamentarischen Demokratie ist.

Von rechts und links her ist der Parteienstaat, die parlamentarische Demokratie, zur Zeit heftigen Angriffen ausgesetzt. Ob Herr von Thadden von den Bonner Lizenzparteien spricht, ob linksradikalen Sprechern das Bonner Establishment reif erscheint fürs allgemein gründliche Abschaffen, den extremen Flügeln ist das Parlament nichts als eine Quasselbude. Zumachen! – schreien sie. Das Beispiel der Weimarer Republik war wohl nicht abschreckend genug. Die Tragödie der Weimarer Republik soll als Farce wiederholt werden!

Meine Rede ist ein Plädoyer für die Parteien, auch für Parteien, die ich zu kritisieren vorhabe, auch für Parteien, deren Gesellschaftskonzept oder gar Weltanschauung ich strikt ablehne.

Als Sozialdemokrat nehme ich mir das Recht, zuallererst Leistungen und Schwächen der SPD beim Namen zu nennen. Diese größte und älteste demokratische Partei Deutschlands stand zumeist in der Opposition, und ein Großteil ihrer Leistungen – der Sozialpolitik – hat sie aus der Opposition heraus in zähem, oft jahrzehntelangem Kampf durchsetzen können. Dieses Ausharren, dieses Beschränktsein auf die harte Oppositionsbank, diese permanente Bedrohung durch Sozialistengesetze unter Bismarck, Kampf gegen Links- und Rechtsextreme während der Zeit der Weimarer Republik, Verfolgung während der Nazizeit und Diffamierung während der Adenauer-Ära hat die SPD einerseits widerstandsfähig gemacht, sie aber andererseits so sehr an die Rolle der Opposition gewöhnt, daß ihr die Rolle der Regierungspartei noch ungewohnt erscheint. Kleinmütig mißtraut sie den eigenen Leistungen, und überliefertes Mißtrauen gegenüber der Regierungsmacht verführt sie, allzu pauschal dieses Mißtrauen gegenüber den eigenen Ministern zu praktizieren. Von Bebels Zeiten bis heutzutage hat es die SPD nicht verstanden, ihre eigenen Leistungen der Öffentlichkeit bekanntzumachen. Ich bin überzeugt, daß die meisten wahlberechtigten Frauen nicht wissen, daß es die Sozialdemokraten gewesen sind, die ihnen 1919, gegen den erbitterten Widerstand der Konservativen, das aktive und passive Stimmrecht gegeben haben. Die Enttäuschung darüber, daß die wählenden Frauen den Sozialdemokraten diese große demokratische Reform nie gelohnt haben, ist größer als das Vermögen, breit aufzuklären und besonders den Frauen immer wieder zu sagen, daß zuallererst und bis heutzutage die Sozialdemokraten die Abhängigkeit der

Frauen politisch bekämpft haben: Vom sozialen Schutz am Arbeitsplatz bis zur Hausfrauenrente, dem Projekt für morgen, sind es die Sozialdemokraten gewesen, die die politischen und gesellschaftlichen Interessen der Frauen, oft genug gegen den Willen und gegen das Desinteresse der Frauen, vertreten haben.

Nicht zuletzt ist es diese mangelnde Begabung für die Selbstdarstellung, die mich bewogen hat, für die Sozialdemokraten auch öffentlich Partei zu ergreifen. Traumatisch wirken Verbots- und Verfolgungszeiten bis heutzutage in der SPD. Ihr Mangel an Selbstbewußtsein, ihre scheue Einschätzung der Macht und ihr historischer Ballast aus Klassenkampfzeiten machen es der SPD schwer, ihre Leistungen dem Wähler übersichtlich darzustellen. Minderwertigkeitskomplexe einerseits und überforsches Auftreten andererseits haben das Bild des Parteifunktionärs gezeichnet und gleichfalls verzeichnet. Der Verschleiß der parlamentarischen Demokratie ist auch an der SPD nicht spurlos vorübergegangen; wie alle Institutionen bedarf auch sie der Reform.

Zum ersten Mal in der Geschichte deutscher parlamentarischer Demokratie sind die Sozialdemokraten mit Willy Brandt und Karl Schiller in der Außenpolitik wie in der Wirtschaftspolitik gleich stark vertreten. Ich scheue mich nicht, diese starke persönliche Komponente herauszustellen, obgleich ich weiß, daß Georg Lebers Leistung als Verkehrsminister oder Horst Ehmkes Leistung, der jetzt Gustav Heinemanns Justizreform zu realisieren begonnen hat, wichtige und unübersehbare Bestandteile sozialdemokratischer Politik sind. Doch so wichtig die sozialdemokratischen Initiativen – sei es in der Städteplanung, sei es in der Gesundheitspolitik – sind, so hoch und zukunftsweisend ich die Entwicklungspolitik des Ministers Erhard Eppler einschätze, erst die starke Doppelbesetzung, die Personalunion Willy Brandt/Karl Schiller, zeigt mir an, daß die Sozialdemokratische Partei Deutschlands ihrem klassischen Part der Oppositionsrolle entwachsen ist, daß sie stark genug ist, in den siebziger Jahren die Richtlinien der Politik zu bestimmen.

Ich sagte es anfangs: Seit etwa zwei Monaten reise ich landauf, landab, spreche ich mit Betriebsräten, diskutiere ich mit Schülern, werbe ich aus Überzeugung und mit Argumenten für die SPD. Es läßt sich nicht übersehen, daß die sozialdemokratischen Wähler die Leistungen der SPD höher einschätzen, als es zur Zeit noch manch ein SPD-Parteimitglied zu tun geneigt ist. So widersinnig es anmuten mag, ich bitte besonders die Mitglieder der SPD, mit mehr Selbstbewußtsein und weniger kommunalpolitischem Geziere der eigenen Leistungskraft zu vertrauen und den sozialdemokratischen Wählern nachzueifern. Es gibt immer noch Sozialdemokraten, die sich Oppositionszeiten zurückwünschen, wie es Mitglieder der CSU gibt, die den Verlust der Regierungsmehrheit wie den Beginn des Weltuntergangs werten.

Ich spreche über die zweite große Partei, die CDU und ihre bayerische Spielart CSU. Die CDU und die CSU sind konservative Parteien; sie haben lange, zu lange die Regierungsgewalt in diesem Land ausgeübt. Beide Parteien können auf Leistungen hinweisen, und es fällt mir nicht schwer, auch die Leistungen des politischen Gegners anzuerkennen.

Wie immer man zu Konrad Adenauer stand und steht, seine bleibende Leistung wird der Aufbau und

Ausbau der CDU bleiben. Von den Deutschnationalen bis zu den Resten der Zentrumspartei, von den Mitläufern des Nationalsozialismus bis zu dogmatisch-religiös gebundenen Kräften, er integrierte diese widerstrebenden Teile unter dem Firmenschild CDU und setzte der eigenen Partei mit dem christlichen »C« so hohe ethische Ansprüche, daß die CDU heute, am christlichen Anspruch gemessen, versagen muß.

Der Niedergang der CDU/CSU begann, als Konrad Adenauer von der politischen Bühne abtrat und die CDU/CSU Ludwig Erhard und damit der personifizierten Schwäche überließ. Sofort begann der Streit der Kronprinzen gegeneinander. Ob Gerstenmaier, Strauß, Kiesinger, Schröder oder Barzel, was die genannten Politiker Konrad Adenauer gegenüber nie gewagt hätten, Ludwig Erhard bekam ihren Machthunger zu spüren. Und als die CDU/CSU nach Konrad Adenauers Tod endgültig verwaiste, als die Regierung Erhard schon lange bankrott gemacht hatte, wiederholte sich der Machtkampf – aller gegen alle – im Rücken des Bundeskanzlers Kiesinger. Kein schönes Schauspiel, wenn auf Kosten der Bevölkerung in Sachen Währungspolitik simpler, parteiinterner Machtkampf betrieben wird. Kein schönes Schauspiel, wenn Eugen Gerstenmaier, gestern noch von seinen Parteifreunden hochgelobt, tagsdrauf und kaum ist er skandalumwittert, wie eine heiße Kartoffel fallengelassen wird. Denn der Streit zwischen Schröder und Strauß wie zwischen Schröder, Strauß und Kiesinger wird etwa nicht nur auf Kosten der CDU ausgetragen, er fällt unserer Gesellschaft insgesamt zur Last. Eine Affäre löst die nächste ab. Führungslos zehrt die CDU von der eigenen Substanz.

Diese einmal so große Partei hat Maß und Übersicht verloren. Zwanzig Jahre nach dem Ahlener Programm ist die CDU/CSU nur noch ein zerstrittener Abglanz dessen, was sie einmal unter sozialem Vorzeichen versprochen hat.

Zwar gibt es noch die Sozialausschüsse, zwar gibt es noch den linken Katzer-Flügel der CDU, aber dieser Flügel hat Sozialleistungen immer wieder nur gegen den Widerstand der eigenen konservativen Partei und dank der Initiative der Sozialdemokraten verwirklichen können. Was Konrad Adenauer einmal als strenger Hausvater zusammengeführt hatte, droht auseinanderzufallen. Deshalb ist es nur allzu natürlich, wenn die CDU/CSU aus Angst vor der Oppositionsbank heute einen Wahlkampf versucht, für den Konrad Adenauer in den fünfziger Jahren die Richtlinien aufgestellt hatte. Merkt denn niemand, von Heck bis Barzel, daß dieser Mantel zu weit geschneidert ist, daß er schlottert? Und wäre die CDU/CSU nicht besser beraten, wenn sie sich auf die Rolle der Opposition beizeiten vorbereitete? Ob in Nordrhein-Westfalen, ob in Hessen, die Christdemokraten weigern sich, das saure und doch so nützliche Handwerk der Opposition zu erlernen. Politiker, die sich in Ministerrollen gefielen, laufen davon und weigern sich, zu ihrer Partei in schweren Oppositionszeiten zu stehen. Dabei bedarf die parlamentarische Demokratie einer CDU/CSU, die sich den Aufgaben der Opposition gewachsen zeigt. Die Demokratie lebt vom Wechsel, deshalb wird es an der CDU/CSU liegen, ob sie ihre Chance begreift, damit sie sich als Oppositionspartei zum Nutzen der parlamentarischen Demokratie erneuern kann, damit sie die Nachwirkungen der Adenauer-

Ära überwindet, damit sie sich dem kommenden Jahrzehnt gewachsen zeigen kann.

Nach der langen Zeit konservativer Beharrlichkeit, ja, nach einer Ära der Restauration und des hemmenden Stillstands, wird die notwendige Reformpolitik zur Alternative, gilt es, Ausschau zu halten nach einer Partei, die mit den Sozialdemokraten regierungsverantwortlich die Reformpolitik fortsetzen kann.

Die dritte demokratische Kraft in unserem Land, die FDP, leidet unter dem Trauma, Zünglein an der Waage spielen zu müssen. Das hat sie in den Geruch der Umfallpartei gebracht; sie gilt als Unsicherheitsfaktor; auf sie, so sagt man, ist wenig Verlaß. Politiker aus allen Lagern waren bereit, mit Hilfe einer Wahlrechtsreform, den Freidemokraten das chronische Umfallen unmöglich zu machen. Und in der Tat sprechen viele Gründe dafür, dieser kleinen Partei den unproportionierten Machtanspruch zu nehmen. Trotzdem bin ich gegen eine Wahlrechtsreform, solange nicht bewiesen ist, ob die Freidemokraten nach ihrer inneren Reform ihre letzte Chance begriffen haben.

Als am 5. März die Sozialdemokraten und Freidemokraten den Sozialdemokraten Dr. Gustav Heinemann zum Bundespräsidenten wählten, als, zu unser aller Nutzen, die Wählergemeinschaft CDU/CSU/NPD knapp überstimmt wurde, zeichnete sich zum ersten Mal die Chance einer SPD/FDP-Koalition ab. Bald darauf geriet die FDP ins Gedränge. In Niedersachsen bröckelte ihr deutschnationaler Flügel ab. Das hübsche Versprechen, die alten Zöpfe abschneiden zu wollen, wurde von dem Bedarf nach UHU und ähnlichen Allesklebern abgelöst. Ich sage das ohne Spott, denn seit dem Auseinanderfall der Freidemo kraten während Bismarcks Regierungszeit haben die Liberalen die Spaltung in sich nicht überwunden, dabei bedürfen wir einer modernen, liberalen Partei, die endlich begreift, daß die großen sozialpolitischen Reformen, also auch die Mitbestimmung, zwar dem Manchester-Liberalismus des neunzehnten Jahrhunderts widerspricht, aber nicht dem Liberalismus der schon morgen beginnenden siebziger Jahre.

Die FDP sollte ihr störrisches Nein zur Mitbestimmung aufgeben; sie sollte von sich aus Vorstellungen und Entwürfe erarbeiten, die mit den Reformentwürfen der Sozialdemokraten und der Gewerkschaften verglichen werden könnten. So nah sich Sozialdemokraten und Freidemokraten in der Außenpolitik wie in der Deutschlandpolitik sind, so gut sie zusammenarbeiten, sobald es um Schul- und Bildungspolitik geht, der Gewerkschaftsflügel innerhalb der SPD und der altliberale Flügel innerhalb der FDP sollten ihre Vorurteile überwinden und auch auf dem Gebiet der Sozialpolitik einen Konsensus finden, der der Mehrheit in unserer demokratischen Gesellschaft entspricht. Das Nein der FDP zur Lohnfortzahlung für kranke Arbeiter ist ein Rückfall in die unglückselige Mende-Ära. Es wäre wünschenswert, daß die FDP die Konsequenzen ihres neuen Stils begreift, bevor sie ihn werbewirksam verkauft.

Meine Rede über die Parteien wäre unvollständig, versuchte ich nicht, über die Positionen linksaußen und rechtsaußen zu sprechen. Als strikter Gegner des Parteiverbots gehe ich davon aus, daß es falsch und verhängnisvoll gewesen ist, die KPD und die Deutsche Reichspartei vor vielen Jahren zu verbieten. Kein Parteienverbot kann die notwendigen politischen Argumente ersetzen. Parteiverbote lösen keine politischen Konflikte, sie verschleppen sie nur. Mit Spannung also erwartete man in der Bundesrepublik die Neugründung der KPD als DKP. Ich gebe zu, mir eine Gründung nach dem Muster einer modernen kommunistischen Partei erhofft zu haben, etwa nach dem Beispiel der italienischen KP. Ich gebe zu, mir erhofft zu haben, daß der tschechoslowakische demokratische Sozialismus diese Neugründung hätte beeinflussen können. Nichts davon. Unter dem Niveau der Reimann-Partei rafften sich die Reste einer altstalinistischen Partei als neustalinistische Partei zusammen. Linientreu wurde die Okkupation der Tschechoslowakei gutgeheißen; linientreu wurde, trotz soviel vergeblicher Versuche, die SED-Politik in der Bundesrepublik neu aufgelegt.

Kein Wunder also, wenn sich die Außerparlamentarische Opposition enttäuscht abwenden mußte; kein Wunder, wenn sich jahrelange Anhänger der DFU um ihre politische Arbeit betrogen sehen. Dabei bedarf die Bundesrepublik einer modernen kommunistischen Partei, die links von der SPD ihr eigenes Profil findet und damit den linken Flügel der SPD zur genauen Profilierung zwingt.

Genau so traurig, wenn auch aus anderen Gründen, sieht es rechts von der CDU/CSU aus. Ich will jetzt nicht untersuchen, inwieweit die NPD eine Nachfolgepartei der NSDAP ist oder inwieweit jeder NPD-Wähler ein Neonazi ist. Die NPD sammelt die Ressentimentsgeladenen aus allen Bereichen und Randschichten der Gesellschaft: den chronischen Protestwähler, der noch vor Jahren die SPD wählte, den Deutschnationalen, der vormals die CDU oder FDP wählte; den Bundeswehroberleutnant, dem das Konzept der Inneren Führung zuwider ist und der die Bundeswehr als

Wehrmacht erstarkt sehen möchte; den selbständigen Handwerker und den Bauern, beide oftmals verbittert wegen jahrelang vernachlässigter Strukturpolitik.

Es ist auch nicht die NPD mit ihren rasch schwankenden Prozentzahlen, die die parlamentarische Demokratie gefährdet, vielmehr ist es der Umstand, daß sich besonders bei der CSU und oft genug auch bei der CDU Bereitschaft findet, dieses rechtsradikale Sammelbecken als mittlerweile gesellschaftsfähigen potentiellen Koalitionspartner zu bewerten. Die Wahl des Bundespräsidenten Heinemann in Berlin macht auf erschreckende Art und Weise deutlich, daß sich die CDU/CSU, wenn es um Machtpositionen geht, nicht scheut, die Harzburger Front zu erneuern und mit den Rechtsradikalen ein skandalöses Wahlbündnis einzugehen. Mit keinem Wort hat der Bundesverteidigungsminister Schröder zu erkennen gegeben, daß ihm die Stimmen der NPD ungelegen seien. Kein Wort des Ersten Vorsitzenden der CDU, Kurt Georg Kiesinger, gegen den laut verkündeten Anspruch der NPD, sie seien es, die entscheidend die Wahl Gerhard Schröders zum Bundespräsidenten sichern könnten. Gleichfalls kein Wort des CDU-Innenministers, Ernst Benda, der zum gleichen Zeitpunkt noch belastendes Material gegen die NPD sammelte und dennoch nicht den Mut fand, vor den drei Wahlgängen die Stimmen der NPD als unerwünschte Stimmen darzustellen. So werden Politiker unglaubwürdig. So verlieren wir bei unseren westlichen Bündnispartnern moralischen Kredit und politisches Ansehen. Es muß hier gesagt werden, daß der Erste Vorsitzende der SPD, Willy Brandt, rechtzeitig vor der Wahl des Bundespräsidenten die Stimmen der NPD zurückgewiesen hat, und es sollte deutlich geworden sein, daß sich am 5. März in Berlin die politischen Alternativen klar ablesen ließen. Wer am 28. September, aus welchen Gründen auch immer, bereit ist, der CDU/CSU seine Stimme zu geben, der sollte auch wissen, daß er mit seinem Votum die latente Bereitschaft der CDU/CSU unterstützt, mit der NPD zu koalieren.

Fünf Parteien, keine im düstersten Schwarz, keine strahlend und fleckenlos. Grautöne, Widersprüche in jeder Partei, Schwächen und Verdienste, überlieferte Hemmnisse und permanente Krisenanfälligkeit, Vorteile und Nachteile gilt es abzuwägen und nüchtern zu bilanzieren. Parteien sind Menschenwerk, behaftet mit allen menschlichen Fehlern und auch Tugenden; sie werden nicht für die Ewigkeit, sondern jeweils für vier Jahre gewählt. Kein Anlaß besteht also, himmlische Mächte anzurufen und zum Beispiel den Gruppenmaterialismus und Egoismus der CDU mit einem christlichen Mäntelchen zu verdecken.

Ich habe meine Bilanz gezogen. Trotz meiner Ablehnung der Großen Koalition, trotz meiner Ablehnung der Notstandsgesetze überwiegen die Leistungen, die die SPD, oft genug gegen den Koalitionspartner, realisiert hat:

Der neuen Außenpolitik unter Willy Brandt ist es gelungen, das Mißtrauen unserer Nachbarn in Osteuropa zu verringern und das Vertrauen unserer westlichen Partner in die Bundesrepublik zu erneuern. Willy Brandts Friedenspolitik ist die einzige und entwicklungsfähige Alternative zur gescheiterten Politik des Kalten Krieges, zur ohnmächtig gewordenen Politik der Stärke.

Karl Schillers Wirtschaftspolitik hat die Arbeitsplätze gesichert, der deutschen Wirtschaft einen neuen Aufschwung gebracht und die skandalösen

Überreste der Regierung Erhard – 700 000 Arbeitslose und zunehmender Verfall der sozialen Sicherheit – beseitigt. Mehr noch: Willy Brandts Friedenspolitik und Karl Schillers Wirtschaftspolitik bilden die Basis für die notwendige Reformpolitik der siebziger Jahre. Den Sozialdemokraten ist es zu danken, daß die dynamische Rente nicht nur erhalten, sondern sogar zweimal aufgestockt werden konnte. Ohne die Sozialdemokraten gäbe es nach wie vor keine Justizreform, gäbe es keinen Leber-Plan, gäbe es keine moderne Städteplanung und Raumordnungspolitik. Ohne die Sozialdemokraten gäbe es keine Lohnfortzahlung und kein Entwicklungshelfer-Gesetz. Deshalb meine ich: Nur eine von den Sozialdemokraten geführte Bundesregierung kann die begonnene Reformpolitik fortsetzen und die vor uns liegenden Aufgaben lösen – die Reform des Bildungs- und Ausbildungswesens bei Chancengleichheit aller Bürger. Eine gerechte und gesetzlich gesicherte Vermögenspolitik und das große Reformwerk der Mitbestimmung in allen Bereichen der Gesellschaft.

Mein Ja zur SPD ist kein absolutes Ja. Kritisch spricht es sich aus; es ist abgewogen und zeitlich begrenzt. Es ist das Ja des Wählers, der die Partei seiner Wahl aus belegbaren Gründen in der Regierungsverantwortung sehen möchte. Es ist das Ja eines Wählers, der nach zwanzig Jahren CDU-Vorherrschaft für den notwendigen Wechsel plädiert.

Meine Rede über die Parteien richtet sich zuallererst an den Wähler. Ohne die permanente Kritik, ohne den hörbaren Anspruch des Wählers, gehört zu werden, bleiben die Parteien isoliert und besteht die Gefahr, es könnten sich die Parteien in Selbstherrlichkeit gefallen und überschätzen.

Vor über einem Jahr haben in Berlin einige Freunde und ich die »Sozialdemokratische Wählerinitiative« als einen Versuch entworfen, der geeignet wäre, den Dialog zwischen Wählern und den Abgeordneten ihrer Wahl zu beginnen. In jedem Wahlkreis, den wir bereisten, tun sich Gruppen von unabhängigen Wählern zusammen, die einerseits dem Kandidaten ihrer Wahl kritisch helfen wollen, die andererseits bereit sind, nach der Wahl von dem Kandidaten ihrer Wahl Rechenschaft zu fordern. In Großstädten wie Hamburg und München, in Stuttgart und Saarbrücken, aber auch in Kleinstädten wie Kleve und Esslingen hat die Sozialdemokratische Wählerinitiative zu arbeiten begonnen. Wünschenswert wäre es, wenn sich die Wähler anderer Parteien zu ähnlicher Initiative entschließen könnten, denn wir Sozialdemokraten wollen nicht nur der eigenen Partei im Wahlkampf helfen, uns kommt es gleichwohl darauf an, die Demokratie aus ihrer formalistischen Erstarrung zu lösen. Keine absoluten Forderungen und übermenschliche Verstiegenheiten bestimmen unser Votum. Nüchtern haben wir Bilanz gezogen und aus Gründen der praktischen Vernunft der Sozialdemokratischen Partei Deutschlands unsere Hilfe angeboten. Sachliche Thesen sprechen für unser Votum:

1. Die Leistungen der Bundesregierung während der laufenden Legislaturperiode sind in erster Linie – vom Leber-Plan bis zur Justizreform – sozialdemokratische Leistungen gewesen.

2. Die vernünftigen Beiträge der FDP zur Justizreform wurden verdeckt durch das unsoziale Nein der FDP zur Lohnfortzahlung für kranke Arbeiter.

3. Die CDU/CSU hat aus vordergründig wahltakti-

schen und nationalistischen Gründen die Aufwertung der DM verhindert. CSU und CDU sind hauptverantwortlich für die zu erwartenden Preissteigerungen.

4. Zur Friedenspolitik, wie sie der Außenminister Willy Brandt entwickelt und begonnen hat, gibt es keine Alternative. Selbst die CDU/CSU wagt nicht mehr, mit dem ohnehin wirkungslos gewordenen Instrument der Hallstein-Doktrin zu arbeiten.

5. Zwischen der CDU/CSU einerseits und der NPD andererseits gibt es mittlerweile so viele Übereinstimmungen, daß jeder Wähler, der die CSU oder CDU wählt, sich bewußt sein sollte, daß er die NPD mitwählt.

6. Keine der demokratischen Parteien ist zur Zeit in der Lage, einen Wirtschaftspolitiker vorzuweisen, der sich als Alternative zu Karl Schiller verstehen könnte.

7. Die Praxis der letzten Jahre hat bewiesen, daß kein Außenpolitiker ein annähernd so hohes Ansehen im Ausland hat wie Willy Brandt. Willy Brandt ist der geeignete Bundeskanzler der nächsten Bundesregierung.

8. Kurt Georg Kiesinger ist sich seiner eigenen Partei nicht sicher. Nur durch das Ausklammern der anstehenden politischen Probleme hat er sich bislang vor dem Machtanspruch der in sich zerstrittenen Kronprinzen Strauß, Schröder, Barzel retten können.

9. Der einzige CDU-Minister, der unseren Respekt verdient, ist der Bundesminister für Arbeit und Sozialordnung, Hans Katzer. Doch er und die Sozialausschüsse sind in der CDU isoliert. Nur durch starke Annäherung an die Sozialdemokraten konnte Hans Katzer einen Teil seiner Vorstellungen verwirklichen.

10. Die Leistungen, das sachliche Programm und das personelle Angebot der SPD führen zu dem

Schluß, daß es Zeit ist für einen Machtwechsel in der Bundesrepublik Deutschland.

11. Der Führungsanspruch der SPD ist um so berechtigter, als diese große Partei in der Vergangenheit wie auch heute der sicherste Garant der parlamentarischen Demokratie ist.

12. Das neue Jahrzehnt, die siebziger Jahre, wird ein Jahrzehnt der Reformen sein. Nur eine Reformpartei wie die SPD wird die vor uns liegenden Aufgaben lösen können.

Der 28. September ist unsere Chance und unser Risiko. Wir haben die Wahl.

Was Erfurt außerdem bedeutet

Rede zum 1. Mai 1970 in Baden-Baden

Bürger der Stadt Baden-Baden,
auch für den 1. Mai werden wir uns zu Beginn der
siebziger Jahre um einen neuen Inhalt bemühen müssen, wenn er nicht zur feierlich hohlklingenden Leer-
formel werden soll. Dieser Feiertag darf nicht als
Podest für landläufige Lobreden hergeliehen werden.

Der 1. Mai eignet sich nicht für die routinemäßige
Beförderung tagespolitischer Gewerkschaftspolitik,
so wichtig sie ist und soviel sie bewegt. Heute, am
1. Mai, soll historischen Ursachen nachgegangen werden, deren Wirkungen uns immer noch einholen und
oft genug überrascht sehen.

Nach zwanzig Jahren Bundesrepublik und Deutscher Demokratischer Republik, nach zwanzig Jahren DGB und FDGB, nach nunmehr fünfzehn Jahren Bundeswehr und Volksarmee beginnt, nach dem
Regierungswechsel in Bonn, lang verdrängte deutsche Geschichte mit ihren Konsequenzen auf uns
zuzukommen: Wir können nicht mehr ausweichen.
Des Wunschdenkens überdrüssig, tun wir etwas, das
lange unter Verbot stand: Wir beginnen, Wirklichkeit
anzuerkennen.

Diese Wirklichkeit ist nicht erfreulich. Sie schmerzt,
weil sie Teilung bewußt macht; und manch einer mag
bedauern, daß die alten und so harmonischen
Wunschbilder dank neuer Politik archiviert worden
sind. Das Wort »Wiedervereinigung« und der Wunsch
nach Wiedervereinigung waren zwanzig Jahre lang

stärker als die uns täglich belehrende Realität. Man muß nur fest daran glauben! so hieß es. Und wenn immer wir Anlaß sahen zur Feier – sei es am 17. Juni, sei es am 1. Mai –, begannen wir, uns diesen Ersatzglauben abzuverlangen und einzuschwören.

Doch der Glaube an die Wiedervereinigung hat keinen Berg, geschweige denn die Berliner Mauer versetzen können. Heute wagen wir auszusprechen, was viele wußten, aber nur hinter der hohlen Hand sagten, was viele ahnten, sich aber aus allzu verständlicher Gutgläubigkeit nicht eingestehen wollten. Es wird keine Wiedervereinigung geben: keine unter den Vorzeichen unseres Gesellschaftssystems, keine unter kommunistischen Vorzeichen. Zwei deutsche Staaten deutscher Nation, die gegensätzlicher und einander feindlicher nicht gedacht werden konnten, müssen lernen, nebeneinander zu leben und miteinander die Hypotheken gemeinsamer Geschichte zu tragen.

Wie macht man das? Wir haben so wenig Praxis. Wie lebt man neben- und miteinander? Wir haben die Bilder aus Erfurt gesehen. Willy Brandt und Willi Stoph: zwei Männer, die sich kühl einzuschätzen wußten. Zwei Politiker auf schmalem Grad: Den einen möchte Herr Strauß zum Stolpern bringen; der andere spürt seinen parteiinternen Gegenspieler Honecker im Rücken. Honecker und Strauß: Ideologisch liegen Welten zwischen ihnen, aber das Dogma des Kalten Krieges eint sie und läßt sie auf einen Mißerfolg des Erfurter Beginns hoffen. Oft hat es den Anschein, als gäbe es gesamtdeutsche Gemeinsamkeiten nur noch in der absoluten Verneinung.

Aber wir sahen auch den Platz zwischen Bahnhof und Hotel. Spontane Freude und vorsichtige Hoffnung ließen sich den Fotos ablesen, aber auch die bestellte und verbitterte Gegenagitation.

Was wir nicht sahen, aber mittlerweile wissen, daß einige Bürger der DDR, nur weil sie spontan reagierten, in Schwierigkeiten gerieten, weil der Kommunismus keine Spontaneität duldet und weil die inhumane Konsequenz des kommunistischen Dogmas selbst dort Härte unter Beweis stellen muß, wo das Eingeständnis der Schwäche den verantwortlichen Politikern der DDR Sympathie eintrüge.

Dabei hat sich in Erfurt nur Freundliches zugetragen: Wir erlebten, daß ein Politiker, den man vor kurzer Zeit noch in beiden deutschen Staaten, also zweistimmig diffamiert hat, das Vertrauen unserer benachbarten Landsleute besitzt. Willy Brandt trat ans Fenster, nicht um Ovationen entgegenzunehmen, sondern um zu danken und um Rücksicht für seine schwierige Aufgabe zu bitten.

Man verstand ihn. Aber haben wir jenes Bild verstanden, das den Bundeskanzler der Bundesrepublik im ehemaligen Konzentrationslager Buchenwald zeigte? Eine Kranzniederlegung. Nur die übliche Geste? Oder mehr? Im Konzentrationslager Buchenwald wurden deutsche Kommunisten und Sozialdemokraten von deutschen Nationalsozialisten ermordet. Wo wir auch hintreten, wir stoßen uns an den harten Rückständen der Vergangenheit. Kaum eine Grundlage, die nicht doppelbödig, kaum ein Wort, das nicht doppelsinnig wäre.

Auch Erfurt bedeutet mehr als das Treffen vom 19. März 1970. In der über hundertjährigen Geschichte deutscher Sozialdemokratie und deutscher Gewerkschaftsbewegung beweist die Geschichte der Stadt Erfurt bedrückender Gewicht, als sich viele Sozialdemokraten und Gewerkschaftler eingestehen wollen.

Es sollte Ihnen und mir ein nützliches Vergnügen sein, heute, am 1. Mai, zurückzublicken, damit wir uns daran erinnern, was Erfurt außerdem bedeutet.

1891, ein Jahr nach dem Fortfall der Bismarckschen Sozialistengesetze, fand in Erfurt ein Parteitag der Sozialdemokratischen Partei Deutschlands statt. Auf diesem folgenreichen Parteitag wurde das Erfurter Programm verabschiedet. An diesem Parteiprogramm entzündete sich ein parteiinterner Streit, der lange anhielt, bald die Arbeiterbewegung in ganz Europa erschütterte und unter kaum veränderten Vorzeichen sogar heute noch stattfindet. Ich spreche vom Revisionismusstreit und seinen Folgen, von einem Konflikt also, der die sozialistische Arbeiterschaft jahrelang geschwächt, später endgültig gespalten und am Ende in tödliche Feindschaft geführt hat. Erfurt 1891 – und Erfurt 1970: Die Geschichte wiederholt sich nicht, aber sie hat ein Elefantengedächtnis. Blättern wir zurück.

Bis zum Erfurter Parteitag war die deutsche Sozialdemokratie mehr von den Theorien Lassalles als von Marx und Engels geprägt. Als die Eisenacher Sozialdemokraten unter Bebel und die Lassalleaner 1875 in Gotha die Sozialistische Arbeiterpartei gründeten, blieben Marx und Engels skeptisch. Distanz und Mißtrauen, gegenseitige Bewunderung und zunehmende Mißverständnisse lagen zwischen der praktischen Arbeit der deutschen Sozialdemokraten und den beiden gestrengen Theoretikern im Londoner Exil. Selbst August Bebels Emanzipationsschrift ›Die Frau und der Sozialismus‹ war eher von dem französischen Frühsozialisten Charles Fourier denn von Marx und Engels beeinflußt.

Das bis dahin vorliegende, auf dem Parteitag in Gotha verabschiedete Programm war seinerzeit von Karl Marx heftig kritisiert worden; sein Verfasser, Wilhelm Liebknecht, konnte sich seitdem nicht mehr als erster Programmatiker der Partei behaupten.

Während der zwölfjährigen Verfolgungszeit, der Zeit der Sozialistengesetze, waren alle sozialdemokratischen Zeitungen und Zeitschriften verboten gewesen. Nirgends hatte sich der Ort gefunden, die Theorien des Ferdinand Lassalle weiterzuentwickeln und sie von den Fesseln preußisch-staatssozialistischer Voreingenommenheit zu befreien. Zwar überlebte die SPD die Verfolgungszeit, stark an Mitgliedern und neuen Hoffnungen, aber sie befand sich in einem geistigen und theoretischen Vakuum.

Einzig die beiden sozialdemokratischen Theoretiker Karl Kautsky und Eduard Bernstein hielten während der achtziger Jahre engen Kontakt mit Friedrich Engels: Gestützt auf ihn und auf die Autorität August Bebels verfaßten sie das Erfurter Programm. Wenige Jahre nach Karl Marx' Tod fanden zum erstenmal marxistische Wissenschaftlichkeit und marxistischer Dogmatismus in die programmatischen Grundlagen der deutschen Arbeiterbewegung. Das Erfurter Programm ist in zwei Teilen angelegt: Auf Kautsky läßt sich der theoretische Teil, auf Bernstein der praktische Teil zurückführen. Von dieser Dualität zwischen revolutionärer Forderung und praktischem Reformwillen datiert der Beginn der Parteispaltung in Revolutionäre einerseits und Reformisten andererseits. Kautsky und Bernstein, die Väter des Erfurter Programms, sind auch die Väter des bis heute anhaltenden Konfliktes. Es war gewiß nicht ihre Absicht gewesen, die Partei zu spalten; es sind die schon bei Marx gesetzten Widersprüche im Marxismus gewesen, die eine dialektische Synthese von Theorie und Praxis nicht zulassen wollten.

Fast könnte man meinen, die sozialistische Arbeitswoche sei, laut Erfurter Programm, eingeteilt gewesen in einen revolutionären Sonntag und in sechs praxisüberladene, die Reform betreibende Wochentage. Dabei war der Revolutionsanspruch des Kautsky- und Bebel-Flügels rein rhetorischer Natur. Die Reformpolitiker Bernstein und Vollmar spotteten über die revolutionären Sonntagsreden einiger Sozialdemokraten, die wochentags nüchtern und praktisch ihrer mühsamen Reformarbeit nachgingen.

Hier nun die Gegensätze im Erfurter Programm.

Kautsky – und mit ihm Bebel – setzt ein Endziel: die Verwandlung des kapitalistischen Privateigentums an Produktionsmitteln in gesellschaftliches Eigentum. Beide bauen auf die marxistische Theorie vom bald zu erwartenden Zusammenbruch und Ableben des Kapitalismus und damit der bürgerlichen Gesellschaft. Ihr Programm, soweit es theoretisch bleibt, bedeutet eine radikale Kampfansage an das bestehende Gesellschaftssystem; es schließt eine Zusammenarbeit im Parlament, selbst in der Rolle der Opposition, von vornherein aus.

Demgegenüber das praktische Arbeitsprogramm: Bernstein und Georg von Vollmar, der in der Programmkommission mitarbeitet, bieten einen handfesten Katalog zur Verbesserung der sozialen Lage der Arbeiter und der Frauen. Durchaus wird an die staatliche Sozialgesetzgebung angeknüpft, wird das Parlament als demokratischer Arbeitsplatz für die geplanten Reformen anerkannt, werden sozialdemokratische Ziele genannt, die damals schon praktische

Politik bedeuteten, obgleich sie erst Jahrzehnte später erreicht werden: zum Beispiel das Frauenwahlrecht und die Abschaffung der Todesstrafe.

Die Tendenz des praktischen Programmteils zielt auf den Ausbau einer teils plebiszitären, teils repräsentativen Demokratie, in der die »Selbstverwaltung des Volks in Reich, Staat, Provinz und Gemeinde« sowie die »Wahl der Behörden durch das Volk« Gewicht haben.

Wenn wir heute nach den Ursachen fragen, die die nahezu tragikomischen Gegensätze im Erfurter Programm so verwirrend wirksam sein ließen, dann gibt der Hinweis auf Marx und seine den Untergang des Kapitalismus suggerierende Katastrophentheorie nur eine Teilantwort. Es ist die lange Zeit der Unterdrük-kung gewesen, die selbst bei den gemäßigten Sozialdemokraten die Hoffnung auf Befreiung durch Revolution hat wachsen lassen. Der Briefwechsel zwischen August Bebel und Friedrich Engels belegt, wie jede Krise im kapitalistischen Wirtschaftssystem die Spekulationen dieser beiden sonst so nüchternen Männer zu fördern imstande gewesen ist. Man hoffte geradezu auf die Verelendung der arbeitenden Massen und war dennoch bereit, durch alltägliche Reformarbeit der Verelendung entgegenzuwirken. Die Revolution galt als heiliger Glaubensartikel, doch die soziale Not war vordringlicher. August Bebel hat zur Zeit der Sozialistengesetze, während zwölfjähriger Verfolgung, diesen Zwiespalt überbrücken können; er selbst, in seinem Glauben an die Revolution und in seiner Praxis als großer Parlamentarier, war Teil und Ausdruck dieses Zwiespalts.

Insgesamt läßt sich sagen, daß der theoretische Teil des Erfurter Programms eine Gesellschaftsform ablehnt, die der praktische Teil des gleichen Programms als gegeben ansieht, zur Demokratie ausbauen und durch soziale Reformen festigen will.

Ein gutes Jahrhundert später wird es wenig Sinn haben, besserwisserisch Schelte anzumelden und einerseits den Verrat der revolutionären Ideen, andererseits die unwissenschaftliche Praxisferne anzuklagen. Wir haben wenig Vorstellung von den Belastungen durch die Sozialistengesetze. Wir ahnen kaum, wie groß August Bebels Leistung gewesen ist, als es darum ging, die mittellose und desorganisierte Arbeiterbewegung über eine zwölfjährige Durststrecke zu erhalten. Damals fand das Erfurter Programm den Beifall der ganzen Partei; es wurde fast einstimmig angenommen. Man war nach der Zeit der Verfolgung froh, wieder Boden unter den Füßen zu haben.

Heute erkennen wir: Unvereinbar, ja, einander ausschließend standen sich Theorie und Praxis gegenüber, geeignet, die Arbeiterbewegung nicht nur in Deutschland, sondern, wie sich zeigen sollte, in ganz Europa zu spalten. Denn die deutsche sozialdemokratische Partei galt in Europa als Beispiel: In ihrer Stärke und Schwäche machte sie Schule.

Schon wenige Jahre später versuchten die Praktiker der Politik, den unheilvollen Gegensatz zwischen der Praxis und der utopischen, teilweise unwissenschaftlichen Theorie zu überbrücken, indem sie auf den folgenden Parteitagen eine Revision des Erfurter Programms betrieben: Man nannte sie »Revisionisten«; ein politisches Schimpfwort, das sich bis in unsere Zeit gehalten hat. Alexander Dubček und Ota Sik, die Theoretiker des tschechoslowakischen Reformkommunismus, wurden nach der Okkupation der ČSSR als Revisionisten verketzert.

Wer die Geschichte nach Vergleichbarem befragt, wird in den Ketzerprozessen des Mittelalters ähnlich dogmatische Versteinerung finden: Ob Giordano Bruno oder die Albigenser, ob Hussiten oder Lutheraner, sie alle galten dem katholischen Dogma als Revisionisten und zahlten dafür.

Eduard Bernstein, der bedeutendste Revisionist seiner Zeit, unterlag damals dem verbalrevolutionären Flügel seiner Partei. Erst heute begreifen wir, mit welchem Weitblick und wie wissenschaftlich kühl Bernstein seiner Zeit voraus gewesen ist. Indem er frühzeitig dem Endziel »Diktatur des Proletariats« widersprach, wurde er später, als Lenin diesen Weg beschritt, zu einem der ersten Kritiker des kommunistischen Totalitarismus. Bernstein hat es als erster gewagt, dem marxistischen Aberglauben vom baldigen Zusammenbruch der bürgerlich-kapitalistischen Gesellschaft zu widersprechen. Er warnte davor, den Wunsch und das Wunschdenken zur Theorie zu erheben. Er hat nachgewiesen, daß die kapitalistische Wirtschaft »Anpassungsmöglichkeiten« besitzt, also keinen unumstößlichen, von Marx bis in alle Ewigkeit dauernden Gesetzen folgt. Dennoch: So oft sich Bernsteins Analyse bestätigt hat, innerhalb der sozialistischen Parteien konnten Wunschdenken und dogmatischer Aberglaube überleben.

Um ein Beispiel aus unserer Zeit zu nennen: Wo immer die Neue Linke den Kapitalismus als »Spätkapitalismus« bezeichnet, hängt sie dem überlieferten Wunschdenken an, indem sie beweislos suggeriert, der Kapitalismus befinde sich in einer Spät-, also Endphase.

Dabei könnte uns die Geschichte lehren, daß der Kapitalismus so alt oder so jung wie der Sozialismus ist, daß sie einander bedingen und beeinflussen, ja, daß die Enteignung des Privatkapitals, unter dem Druck der Diktatur des Proletariats, nicht etwa zum Untergang des Kapitalismus, sondern zu einer neuen, durch Lenin etablierten Unterdrückungsform, zum sozialistischen Staatskapitalismus geführt hat. Als Willy Brandt und Willi Stoph, der Sozialdemokrat und der Kommunist, einander in Erfurt begegneten, repräsentierten sie, außer der historischen Spaltung des Sozialismus und der Nation, jeweils die privatkapitalistische und die staatskapitalistische Gesellschaftsordnung: Zu Recht hat Eduard Bernstein vor mehr als siebzig Jahren von den »Anpassungsmöglichkeiten« der kapitalistischen Wirtschaft gesprochen; sie ist auf Privatbesitz nicht festgelegt.

Doch bevor ich abermals über Erfurt 1970 spreche, will ich noch einmal an Erfurt 1891 erinnern. Es lohnt sich, zurückzublättern und den Ursachen sozialistischer Selbstzerstörung wie den Anfängen moderner sozialdemokratischer Reformpolitik nachzugehen. Denn so folgenreich das Erfurter Programm die europäische Arbeiterbewegung schwächte und schließlich spaltete, so nachhaltig haben die ihm folgenden Auseinandersetzungen das Selbstbewußtsein jener Arbeiter gestärkt, die sich unmittelbar am Arbeitsplatz organisiert hatten. Der Beginn des Revisionismus datiert den Beginn des politischen Machtzuwachses der Gewerkschaftsbewegung. Die Genossenschaftler und Gewerkschaftler, die tagtäglich mit den praktischen Anforderungen der Politik konfrontiert wurden, verstanden als erste, wie notwendig es war, die weltfremden Theorien des Erfurter Programms einer Revision zu unterwerfen.

Bernsteins Konzept einer genossenschaftlichen

Durchdringung und Kontrolle der Produktionsmittel kann als erster Entwurf heute diskutierter Modelle der Mitbestimmung gelten. So ist auch das Godesberger Programm als ein später Sieg revisionistischer Reformpolitik zu verstehen. Allein deshalb verlangt es jetzt schon nach Revision, weil alle Reformpolitik der permanenten Revision bedarf.

Die Mitbestimmung, insofern sie sich als wirksames Kontrollinstrument versteht, könnte die demokratische Alternative sein zum überlieferten Privatkapitalismus unserer Gesellschaftsordnung wie zum überlieferten Staatskapitalismus der kommunistischen Gesellschaftsordnung: Nur als eine Gesamtreform in allen Bereichen der Gesellschaft wird sie sich – in den Schulen und Universitäten, am Arbeitsplatz wie im Rechtswesen – verwirklichen lassen. Als einer Reformaufgabe ist ihr der evolutionäre Weg vorgeschrieben.

Es würde wenig Sinn haben, für die Mitbestimmung nach dem Beispiel des Erfurter Programms eine revolutionäre Theorie als Schrittmacher zu entwerfen. Denn soviel sollte uns der Rückblick in die Geschichte lehren: Ein Parteiprogramm, dessen theoretischer Teil revolutionäre Sprungtechnik übt, während sein praktischer Teil die langsamen Pflichtübungen der Reform vorschreibt, wird allenfalls die Bewußtseinsspaltung fördern: Es gibt keine springenden Schnecken.

Aber – so fragen wir uns – kann es nach der Spaltung der Arbeiterbewegung nicht endlich doch noch zu einer Aussöhnung zwischen Revolutionären und Reformisten, zwischen Kommunisten und Sozialdemokraten kommen? Könnte es sein, daß die Begegnung zwischen Willy Brandt und Willi Stoph auch in diese Richtung einen Anfang setzen kann?

Wer genau hinsieht, der vermag zu erkennen, daß auf dem Verhandlungstisch in Erfurt 1970 auch jene Konflikte als Zündstoff lagen, die vor nunmehr bald achtzig Jahren im Erfurter Programm ihren ersten Ausdruck fanden. Zu lange ist der undogmatische Weg zum Sozialismus als Revisionismus diffamiert worden. Zu hoch sind die Kosten und Opfer gewesen, die dem revolutionären Teil der europäischen Arbeiterbewegung zu Buche schlugen. Zu groß ist der Verlust an demokratischen Grundrechten in den kommunistischen Staaten, als daß ihn die Verwandlung des Privatkapitalismus in Staatskapitalismus, also der Austausch einer älteren Unterdrückungsform gegen eine neuere, aufwiegen könnte.

Sozialdemokratie und Kommunismus können wohl nebeneinander existieren; vermischen lassen sie sich nicht. Wer hier eine Wiedervereinigung träumt, wird sich an Realitäten sehr bald wachstoßen. Wer hier auf Hoffnung baut, dem hat die Geschichte keine Lehre erteilen können. Unversöhnlich sieht der Kommunismus in der Sozialdemokratie immer noch seinen ersten Gegner. Man schlage Ulbrichts Sprachgebrauch nach: Revisionismus, Reformismus, Sozialdemokratismus sind ihm gleichermaßen ketzerisch und der Verfolgung preisgegeben.

Doch auch im Westen ist der Revisionismusstreit bis heute nicht abgeschlossen. Wer die studentischen Diskussionen der letzten drei Jahre aufmerksam verfolgt hat, dem mußte bald auffallen, daß sich die revolutionären Forderungen einer Minderheit nicht mit den Reformzielen einer Mehrheit verbinden ließen. Wie heftig und doch auch wie anachronistisch wurde der Streit um die Rechtmäßigkeit der Gewaltanwendung geführt. Wie rhetorisch war der Gebrauch des Wortes »Revolution«, und wie modisch wechselten die revolutionären Attitüden. Wie verbittert bekämpften sich selbst innerhalb des revolutionären Flügels die einzelnen Gruppen, und wie unbelehrbar durch geschichtliche Erfahrungen bezichtigten sie einander.

Doch was der SDS an Gruppenkämpfen zu bieten hatte, war nur ein Reflex der zunehmend weltweiten Spannungen innerhalb des kommunistischen Sozialismus. Die gleiche Sowjetunion, die zuerst den jugoslawischen Titoismus und dann den tschechoslowakischen demokratischen Sozialismus als Revisionismus bekämpft hat, wird heute von der chinesischen Volksrepublik der gleichen Ketzerei angeklagt.

Es fragt sich wohl niemand mehr, was das Wort »Revisionismus« bedeutet und wie notwendig die permanente Revision des Bestehenden ist. Ungeprüft wurde und wird das mittlerweile klassische Schimpfwort übernommen; dabei besteht Anlaß, angesichts so vieler dogmatischer Verhärtungen die Beschuldigung »Revisionist!« wie einen Ehrentitel zu tragen.

Also benutze ich den 1. Mai 1970 als Anlaß, den vielverketzerten Eduard Bernstein einen bedeutenden und weitblickenden Sozialdemokraten zu nennen.

Solche Gedächtnisstützen sind notwendig. Allzu fahrlässig und vergeßlich sind die SPD und der Deutsche Gewerkschaftsbund mit ihrer eigenen Vergangenheit umgegangen. Allzu oft genieren sich heute junge Sozialdemokraten, den Namen Eduard Bernstein zu nennen, obgleich sie wie Revisionisten die Verhärtungen in der eigenen Partei bekämpfen: Das Gift der Diffamierung wirkt bis in unsere Tage.

Eduard Bernstein wurde 1850 als siebtes Kind eines Lokomotivführers in Berlin geboren. Als Zweiundzwanzigjähriger wurde er Mitglied der damals seit drei Jahren bestehenden Sozialdemokratischen Arbeiterpartei. Von Beruf war Bernstein Bankangestellter. Zur Zeit der Sozialistengesetze mußte er Deutschland verlassen. Sieben Jahre lang war er Redakteur der Zeitschrift ›Sozialdemokrat‹ in Zürich. Danach lebte er in London und hielt engsten Kontakt mit Friedrich Engels, dessen Nachlaßverwalter er ab 1895 wurde. Der lange Englandaufenthalt hat Bernsteins Verhältnis zur Demokratie und besonders zum Parlamentarismus geprägt und für die deutsche Sozialdemokratie wirksam gemacht. Seit dem Erfurter Parteitag begann er, die parteioffizielle Marx-Orthodoxie zu kritisieren und an der allseits praktizierten Reformpolitik zu messen. Sein Hauptwerk ›Die Voraussetzungen des Sozialismus und die Aufgaben der Sozialdemokratie‹ ist die theoretische Zusammenfassung seiner Revision. Da er im Verlauf des Ersten Weltkrieges gegen die Bewilligung der Kriegskredite stimmte, schloß er sich zeitweilig der USPD an. Heftig angegriffen und verleumdet, hat Eduard Bernstein bis zu seinem Tod, 1932, die Grundlagen für eine moderne und undogmatische Sozialdemokratie erarbeitet. Wenn heute zum erstenmal sozialdemokratische Politik in der Bundesrepublik regierungsverantwortlich zeichnet, dann kommt der Vorarbeit Eduard Bernsteins ein Großteil Verdienst an diesem Erfolg zu.

Wer Erfurt 1970, die Begegnung zwischen dem Sozialdemokraten Willy Brandt und dem Kommunisten Willi Stoph, voll begreifen will, der wird Erfurt 1891, also das Erfurter Programm und dessen Auswirkungen, zur Kenntnis nehmen müssen. Geschichtliche

Ereignisse sind nicht isoliert zu verstehen. Die Spaltung der deutschen Arbeiterbewegung und die Spaltung der deutschen Nation sind Wirklichkeiten von heute, deren Ursachen allzu lange verdrängt worden sind.

Die Geschichte bietet uns keinen Trost. Harte Lektionen teilt sie aus. Zumeist liest sie sich absurd. Zwar schreitet sie fort, aber Fortschritt ist nicht ihr Ergebnis. Die Geschichte schließt nicht ab: Wir befinden uns in und nicht außerhalb der Geschichte.

Ich sprach vom jüngsten geschichtlichen Anlaß: Erfurt 1970. Kein besserer Tag als der 1. Mai, uns alle daran zu erinnern, was Erfurt außerdem bedeutet.

Der Wähler und seine Stimme

Rede auf dem Parteitag der SPD in Saarbrücken 1970

Wer die Geschichte sozialdemokratischer Parteitage durchblättert, wird die Tatsache, daß hier jemand ohne Parteibuch zu Ihnen spricht, als etwas Außergewöhnliches und womöglich Statutenwidriges werten. Ich spreche kritisch aus der Sicht des Wählers; deshalb habe ich meinen Beitrag unter das Thema gestellt: ›Der Wähler und seine Stimme‹.

So schulbuchhaft die Weisheit schmeckt, der wahlberechtigte Bürger habe das politische Geschick der Demokratie in der Hand, so skeptisch werten die Wähler ihr Stimmrecht.

»Was nützt das schon.« – »Die machen ja doch, was sie wollen.« – »Das ist nur ein Scheinrecht.«

Der Ursachen für dieses Mißtrauen sind viele: mangelnde demokratische Tradition, traumatische Nachwirkungen aus der Zeit der Weimarer Republik und die Mißachtung des Wählers während der Zeit zwischen den Wahlterminen.

Lange Zeit blieb der Wähler trotz seiner Stimme stumm. Und neuerdings erst, im Wahlkampf zu den Bundestagswahlen 1969, begann er mitzusprechen. Er begründete öffentlich, warum er welche Partei zu wählen vorhabe. Er forderte, über den Wahltermin hinaus, Mitsprache und laufende Information durch seinen Bundestagsabgeordneten.

Während es bei zurückliegenden Wahlen oft genug hieß, der Wahlkampf finde nur noch pro forma statt, denn die Entscheidung des Wählers falle sechs oder mehr Monate vor der Wahl und sei durch den Wahl-kampf kaum mehr zu beeinflussen, gab sich der Wäh-lerwille im Wahljahr 1969 bis in die Schlußphase des Wahlkampfes unsicher: Die Zahl der Unentschiede-nen blieb hoch, und viele vorgefaßte Entscheidungen sind noch kurz vor dem Wahltermin geändert worden. Die Wähler machten von ihrem Wahlrecht auf demo-kratisch gelernte Weise Gebrauch.

Diese neu anmutende Eigenständigkeit des Wäh-lers ist von der Sozialdemokratischen Wählerinitia-tive rechtzeitig erkannt und gefördert worden.

Erinnern wir uns: Im Frühjahr des vergangenen Jahres erlaubte der Zustand der Sozialdemokrati-schen Partei Deutschlands keinen optimistischen Schluß. In sich zerstritten, begann sich die Partei kleinmütig mit einer von ihr erwarteten Niederlage abzufinden. Besonders die Landtagswahl in Baden-Württemberg hatte das Selbstbewußtsein der SPD erschüttert und ihren internen Streit, vom Präsidium bis in die Ortsvereine, gefördert. Alle Welt rechnete fatalistisch orakelnd mit dem Einzug der NPD in den Bundestag. Wer von acht Prozent NPD sprach, galt als Optimist. Um einen Vergleich zu wagen: Ähnlich einer Zimmerlinde war die SPD unterstützungsbe-dürftig.

Schon im Februar 1968 begann ein kleiner Kreis mit den Vorarbeiten für eine Sozialdemokratische Wählerinitiative. Im November lagen unsere detail-lierten Vorschläge dem Präsidium der SPD vor. Präsi-dium und Vorstand billigten die Zusammenarbeit. Unsere vorbereitenden Arbeitssitzungen hatten wir bewußt mit Grundsatzdiskussionen begonnen. Die uns am meisten belastende Frage zielte auf den Fort-bestand der Großen Koalition. Die Mehrheit in unserem Arbeitskreis plädierte für das Wahlziel: Ablösung der Großen Koalition durch eine SPD/FDP-Regierung.

Rückblickend sei gesagt, daß sich die Mehrzahl der sozialdemokratischen Bundestagskandidaten das gleiche Ziel gesetzt hatte und daß bei der Aufstellung vieler Kandidaten diese Zielsetzung entscheidend gewesen war. Eine Fortsetzung der Großen Koalition wäre am Widerstand der neugewählten SPD-Bundestagsfraktion gescheitert.

Besonders der jungen, vom Protest gezeichneten Generation wäre das nackte, machtpolitische Kalkül kein ausreichendes Argument mehr gewesen; denn während der Zeit der Großen Koalition, die notwendigerweise die Zeit des Studentenprotestes gewesen ist, haben sich alle politischen Jugendverbände in der Bundesrepublik verändert, indem sie insgesamt und jeweils im Verhältnis zu den ihnen nahestehenden Parteien nach links rückten.

Diese Akzentverschiebung wird die Politik in der Bundesrepublik entscheidend beeinflussen. Die Sozialdemokratische Partei Deutschlands wird gut daran tun, diese von ihr ausgelöste Entwicklung rechtzeitig zu begreifen und in Politik umzusetzen.

Weil dieser Parteitag von den Ansprüchen der jungen Generation mitbestimmt sein wird, möchte ich die ältere Generation daran erinnern, daß August Bebel, den wir uns immer alt und weise vorstellen, achtundzwanzig Jahre alt war, als er im Norddeutschen Bundesparlament Abgeordneter wurde.

Es wäre verhängnisvoll, wenn Generationsprobleme weltanschauliche Farbe annehmen wollten.

Die sozialdemokratischen Wähler beobachten mit Sorge eine parteiinterne Praxis, die sich oft genug im

Übertaktieren erschöpft. Wer Geschäftsordnungsdebatten zum Zwecke der Ermüdung älterer Parteimitglieder betreibt, wer die nachdrängende Jugend als lästige Konkurrenz abzublocken versucht, der wird sich auf die Dauer zum Feind. Er bewirkt Stillstand, wo er vom Fortschritt spricht. Es darf nicht sein, daß die Verdienste und Ergebnisse sozialdemokratischer Politik durch einen allgemeinen Boljahnismus ruiniert werden.

Die notwendige Modernisierung der Sozialdemokratischen Partei Deutschlands seit dem Godesberger Programm hat ein ideologisches Vakuum entstehen lassen. Einerseits soll vernünftig-pragmatisches Verhalten, zum Pragmatismus dogmatisiert, nun als Ersatzideologie dienen; andererseits ist die Neue Linke bereit, ihre Heilslehre auszuleihen. Doch weder der Rückgriff auf die Kirchenväter des Marxismus noch der Versuch, aus dem Strukturalismus einen stromlinienförmigen Fortschrittsglauben zu zimmern, sind geeignet, der Sozialdemokratie die fehlende Theorie zu ersetzen. So hart mein Urteil klingen mag: Es besteht Gefahr, daß die SPD als Organisation die Auswirkungen ihrer Politik nicht genügend zur Kenntnis nimmt und hinter ihre eigenen Ansprüche zurückfällt.

Wenn ich den Bremer Fall Boljahn mit dem Frankfurter Fall Littmann vergleiche, wenn ich das Maß parteiinterner Intrige in beiden Fällen ablese und Erfahrungen zu Rate ziehe, die ich in Berlin oder in Baden-Württemberg gewonnen habe, dann ergibt die Summe lokaler Versteinerungen einen ansehnlichen Friedhof, dessen linke wie rechte Grabsteininschriften mir keinerlei Pietät abfordern können. Der grobschlächtige Einsatz der Ellenbogen ist kein Beweis für

Stärke, sondern allenfalls ein Beleg für ehrgeizbe-
dingte Komplexe. Die sozialdemokratischen Wähler
haben mit Sorge registrieren müssen, wie ein hervor-
ragender Bildungspolitiker am vordergründigen Pragmatismus der Mittelmäßigkeit scheiterte. Doch die
SPD ist nicht reich genug, um auf Carl-Heinz Evers
verzichten zu können!

Ich spreche aus der Sicht des Wählers. Denn die
Sozialdemokratische Wählerinitiative ist ein Versuch,
die SPD nicht sich selbst zu überlassen, sie vielmehr
von außen zu öffnen und – wenn Sie erlauben – zu lüf-
ten. In annähernd hundert Wahlkreisen haben sich
Nichtmitglieder der SPD gleichwohl als Sozialdemokraten verstanden, indem sie, über ihre Stimmabgabe
hinaus, für die Partei ihrer Wahl offen zu arbeiten
begannen. Diese Entwicklung hält an. Viele Wählerinitiativen halten Kontakt mit den Bundestagsabgeordneten, die sie als Kandidaten unterstützt haben. In
einigen Bundesländern – Nordrhein-Westfalen, Bayern – beginnen sich zusätzlich für die bevorstehenden
Landtagswahlen Erstwählerinitiativen zu bilden. Das
»große Gespräch«, wie es Willy Brandt vor Jahren
angekündigt hatte, bedurfte vieler Anstöße; nun hat
es begonnen.

Deshalb hatte sich die Sozialdemokratische Wählerinitiative nicht allein auf die üblichen Abendveran-
staltungen und die Werbung durch Anzeigen
beschränkt. An etwa sechzig Veranstaltungstagen fanden Betriebsbesichtigungen und Diskussionen mit
dem Betriebsrat statt. Am Arbeitsplatz wird deutlich,
daß das wichtigste und gewichtigste Geschehen in der
Bundesrepublik, die Arbeit, ohne Öffentlichkeit
geblieben ist. Denn der Arbeiter hat nach achtstündi-
ger Anspannung im Akkord plus Überstunden kaum

Lust und Kraft, sich selbst Öffentlichkeit zu schaffen. Isoliert und stumm erträgt er die abstrakt bleibenden Einschätzungen seiner Lage; seine Sprache wird nirgendwo gesprochen. Zwar liegen gewerkschaftliche und sozialdemokratische Druckerzeugnisse in hoher Auflage vor, doch verbreiten sie, sofern sie gelesen werden, nur fortschrittliche Langeweile. Wenig erreicht den Arbeiter. Intern bleibende Gewerkschaftspolitik und nur den fachlichen Bereich informierende Bildungspolitik pflegen nahezu verbissen ihr Eigenleben. Das große Reformwerk »Gesamtschule« ist innerhalb der Gewerkschaften in seiner Tragweite noch kaum begriffen worden. Blindlings betreibt ein jeder seine eigene Reform, und eifersüchtig grenzt ein jeder seinen Reformbereich ab.

Doch die Mitbestimmung kann nur Wirklichkeit werden, wenn die Gesamtschule als ihre Voraussetzung verstanden wird. Und gleichfalls wird die Vermögensbildung nur dann Sozialpolitik sein, wenn sie als Teil der Mitbestimmung Gesetz wird.

Um es komplex zu sagen: Veränderungen werden durch Veränderungen möglich und lösen Veränderungen aus, die abermals Veränderungen ermöglichen. Deshalb wird jede Reform, die sich isoliert versteht, am Mangel an Einsicht in ihre eigenen Konsequenzen scheitern.

Die Sozialdemokratische Wählerinitiative versteht sich als ein veränderndes Moment innerhalb einer Vielzahl einander bedingender Veränderungen. Die SPD sollte sich nicht scheuen, das Wissen und die demokratische Unruhe ihrer Wähler zu nützen. Es gilt, den Wähler in allen Parteigremien anzuhören und gegebenenfalls zur Mitarbeit aufzufordern. Denn die Beschlüsse der Partei sind nicht Selbstzweck, sondern Auftrag ihrer Wähler; sie sind es gewesen, die die SPD die Bundestagswahl gewinnen ließen.

Dieser Gewinn wird erst gesichert sein, wenn die Sozialdemokratische Partei Deutschlands bereit ist, ihn in die Reform ihrer eigenen Organisation umzusetzen.

Die Gesellschaft und also auch die Parteien in ihr bedürfen der permanenten Revision. Sozialdemokratische Revision sollte bei der Partei ansetzen, indem sie zuallererst den überlieferten Begriff »Sozialdemokrat« weiter faßt, als es die Mitgliedschaft in der SPD heutzutage zu leisten vermag.

Die Sozialdemokratische Wählerinitiative ist keine Organisation. Sie kann Vorschläge unterbreiten; die Antwort wird die Partei erteilen müssen.

Am 28. Oktober sagte der Bundeskanzler Willy Brandt in seiner Regierungserklärung: »Wir wollen mehr Demokratie wagen.« Die Sozialdemokratische Wählerinitiative nimmt den Bundeskanzler beim Wort und macht vier Vorschläge, die so bald wie möglich von der Partei diskutiert und beschlossen werden sollten.

1. Die Partei soll ihre Kandidaten veranlassen, sich vor der Wahl durch Delegierte auch den Wählern in öffentlichen Veranstaltungen zu stellen, damit Wähler und Partei rechtzeitig erkennen können, welche politischen Qualitäten jeweils zur Wahl stehen. Wir schlagen Delegiertenversammlungen vor, zu denen die Öffentlichkeit einzuladen ist.

2. Die Partei sollte ihre publizistischen Mittel, die bisher allzu ausschließlich parteiinterner Information dienten, öffnen. Um ein Beispiel zu nennen: Die Wochenzeitung ›Vorwärts‹ sollte zu einem publikumswirksamen und konkurrenzfähigen Forum für die Par-

tei und ihre Wähler gemacht werden. Die SPD wird die Zeitungen haben, die sie verdient.

3. Die SPD als Volkspartei soll die ihr Ansehen schädigenden Relikte einer Kaderpartei ausräumen. Dazu gehört die Reform und Liberalisierung der Parteiordnungsverfahren.

4. Da sich die SPD ihren Wählern oft nur ungenau und in ihrem Selbstverständnis widerspruchsvoll darstellt, soll die Partei die Grundlage der Sozialdemokratie immer wieder überdenken und ihre langfristigen Reformaufgaben konkret formulieren. Diese deutliche Sprache schuldet die Partei ihren Wählern.

Wir ersuchen die SPD, auf unsere Vorschläge mit Reformentwürfen zu antworten. ›Der Wähler und seine Stimme‹ – der Wahlgang ist mehr als eine alle vier Jahre wiederkehrende Zeremonie.

Mein Dank an die Sozialdemokratische Partei Deutschlands konnte sich, da ich über keine bessere Münze verfüge, nur in Kritik auszahlen.

Seit einem halben Jahr trägt die SPD entscheidend Regierungsverantwortung; seitdem sie regiert, ist Deutschland kein nebelverhangenes Wintermärchen mehr, sondern ist ausgeleuchtet und schmerzhaft gespaltene Wirklichkeit. Wir werden uns wieder unserer Geschichte und deren Folgen bewußt. Als Willy Brandt und Willi Stoph am 19. März einander in Erfurt begegneten, wird manch ein Sozialdemokrat den Erfurter Parteitag 1891 zu erinnern versucht haben. Damals klafften Theorie und Praxis im Erfurter Programm und lösten den Revisionismusstreit aus: eine unheilvolle Entwicklung, die am Ende zur Spaltung der europäischen Arbeiterbewegung führte. Seit dem Schisma stehen sich Sozialdemokratie und Kommunismus einander ausschließend gegenüber.

Denn jeder Versuch, den Sozialismus auf Kosten der demokratischen Grundrechte zu etablieren, führte zur Herrschaft von Parteidiktaturen, verwandelte Privatkapital in Staatskapital und unterdrückte, wo er zu befreien vorgab. Einzig die Idee der sozialen Demokratie hat sich erhalten und weiterentwickeln können: Sie ist die zuletzt verbliebene Möglichkeit eines demokratischen Sozialismus.

Die Sozialdemokratische Partei Deutschlands hat Grund, stolz zu sein, weil sie diesen gewaltlosen, oft versperrten und insgesamt ermüdenden Weg gegangen ist.

Vernunft und ihr Ausdruck Skepsis stehen, solange wir denken können, gegen die permanenten Einbrüche des Irrationalismus und seines Ausdrucks Totalität. Die Sozialdemokratische Wählerinitiative gründet auf Vernunft. Ihr Ausdruck wird skeptisch, ihre Hilfe wird kritisch bleiben.

Können wir es noch? Sind wir so rückversichert, so lückenlos schutzgehäutet, daß wir und unsere Skepsis durch nichts mehr zu treffen, zu widerlegen sind? Oder ist es nur Scheu, die uns hindert, Wirkung zu zeigen? Zurück aus Warschau, versuche ich, Eindrücke, rasch abzurufende Bilder und – was schwerer fällt – mich zu sortieren: Die sonst so vorlauten Reiseanekdötchen haben ihre Pointen vergessen; immer noch betroffen, suche ich den Anfang, höre ich in protokollarischer Folge zwei Nationalhymnen, die schwermütig anmutende Beschwörung der Deutschen, den zum Tanz aufrufenden Marsch der Polen. Nur ein Tambourschwenken setzte die Zäsur; nahezu übergangslos folgten sie einander, fortan verquickt in meinem Gedächtnis.

Ich gestehe mir ein, unvorbereitet, überrascht gewesen zu sein, als die polnische Militärkapelle auf dem Warschauer Flugplatz ein Vierteljahrhundert bewußtes Schweigen beendete. Wer kann Nationalhymnen noch unbefangen und ohne Distanz schaffende Ironie zuhören? Und dennoch können sie, sobald die Geschichte bereit ist, sich datieren zu lassen, betroffen machen.

Bevor ich nach Warschau fuhr, um mit anderen Gästen als Gast den Bundeskanzler zu begleiten, versuchte ich, einem meiner Söhne den Sinn und die Notwendigkeit, die Last der bevorstehenden Reise zu erklären. Ich begann, vom Kriegsbeginn zu erzählen, den ich in Danzig als Zwölfjähriger erlebt hatte, ein Jahr jünger als mein Sohn. Ich schilderte jene siegreichen achtzehn Tage, denen vier Kriegsjahre und die bedingungslose Kapitulation folgten. Ich nannte die dürren, immer abstrakt bleibenden Verlustzahlen und war bemüht, einfach zu bleiben, je komplizierter es wurde und im Detail unterzugehen begann.

Ich hoffte, verstanden zu werden; und mein Sohn ließ durch Zwischenfragen erkennen, daß er mehr verstand, als er zugeben wollte. Ich sagte: »Brandt muß das machen, damit ihr nicht auch noch dafür bezahlen müßt.« Ich sagte: »Meine Heimatstadt ist verloren, aber wir können jetzt hinfahren; ich zeig' sie dir, damit du siehst, wo ich herkomme.« Mein Sohn fand das selbstverständlich: Er ist nicht betroffen.

Als vor der Unterzeichnung des Deutsch-Polnischen Vertrages der Bundeskanzler am Vormittag des 7. Dezember auf dem weiten Platz vor der Warschauer Oper am Grabmal des Unbekannten Soldaten einen Kranz niederlegte, spielte die Militärkapelle abermals beide Nationalhymnen. Schon – so hörte es sich an – begann Gewohnheit, ihr Recht zu beanspruchen.

Dem schloß sich, laut Protokoll, der Besuch einer Gedenkstätte an, die an den Aufstand im Warschauer Ghetto und an die Vernichtung des Ghettos erinnert. Fernsehen und Fotografen haben dafür gesorgt, daß das Bild vom knieenden Bundeskanzler sich einprägen und überliefern konnte.

Wir sind es nicht gewohnt, daß Staatsmänner, denen Selbstbeherrschung als Pflicht auferlegt ist, betroffen sein dürfen und sich nachgeben können. Zielbewußte Überlegenheit und stilisiert staatsmännisches Verhalten scheinen den unmittelbaren privaten Ausdruck auszuschließen. Alexander Mitscherlichs Buch ›Die Unfähigkeit zu trauern‹ hat nachzuweisen versucht, mit welch beängstigendem Geschick wir, die

Deutschen, Schuld verdrängt, Erkenntnis der Schuld vermieden und die Fähigkeit, Trauer zu zeigen, verlernt haben.

Als Willy Brandt (als der so oft und folgenreich diffamierte Emigrant und Sozialdemokrat Willy Brandt), als der eher steifbeinige protestantische Bundeskanzler, weil es ihn niederdrückte, auf die Knie fand und sich Zeit nahm, kam zum erstenmal an bezeichnender Stelle Trauer zu ihrem Ausdruck.

Ich habe es nicht gesehen. Ich hörte davon; es sprach sich herum. Alle, die davon sprachen, die es gesehen oder wie ich davon gehört hatten, sprachen beklommen. Auch Erschrecken teilte sich mit: Wie wird man davon zu Hause berichten? Wird unterschwellig der Hang zur Verleumdung Nahrung finden und den Kniefall zum Kotau verbiegen?

Aber alle Anzeichen – erstaunte, erschreckte, beschämte – bewiesen Betroffensein. (Ähnlich die polnischen Gastgeber: meinten sie doch, deutsches Verhalten zu kennen; dieses war ihnen neu. Das Wort »Israel« wurde halblaut. Auch mag ein Rest Antisemitismus sich in seiner antizionistischen Verkleidung erkannt gefühlt haben.)

Pünktlich schloß sich die Unterzeichnung des Deutsch-Polnischen Vertrages an. Ich gebe zu, dem ruhig und mit Distanz zugesehen zu haben. Unterschriften beglaubigten die Folgen eines begonnenen und verlorenen Krieges. Später, bei den Tischreden des Ministerpräsidenten Cyrankiewicz und des Bundeskanzlers, fiel mir auf, wie wenig von Ideologie und dogmatischer Ausschließlichkeit die Rede war. Alles, was gesagt wurde, wurde trotz ideologischer Gegensätze gesagt. Vielleicht erkannten beide Politiker, wie wenig ein noch so starres Dogma Völker zu ändern

vermag und wie dünn die ideologischen Schutzschich-
ten sind, gleich, welche gesellschaftlichen Widersprüche sie zu verdecken versuchen.

Der polnische Ministerpräsident nannte den 7. Dezember 1970 ein Gegendatum zum 1. September 1939.
Der westdeutsche Bundeskanzler sprach von der
»politischen Kraft der Moral«. Nur Formulierungen
und unverbindliche Einsegnungen? Ich meine, daß
sich seit Warschau zwei Völker neu zu sehen beginnen, nachdem sie fünfundzwanzig Jahre lang bemüht
gewesen waren, verletzt und beschämt aneinander
vorbeizusehen. Der unmittelbare Gewinn dieser
Reise: die zurückgewonnene Fähigkeit, betroffen zu
sein.

Ich bin Sozialdemokrat,
weil ich ohne Furcht leben will

LEO BAUER: Günter Grass, zum Jahresende haben wir neben zahlreichen Naturkatastrophen miterlebt, wie in Burgos und Leningrad Menschen aus politischen Gründen zum Tode verurteilt und aus politischem Opportunismus zu entsetzlich langen Gefängnisstrafen »begnadigt« wurden, mit denen nur jemand zufrieden sein kann, der nicht das »Erlebnis« des Gefängnisses am eigenen Körper verspürt hat.

GÜNTER GRASS: Die kommunistisch regierten Länder und die kommunistischen Regierungen müssen sich den Vorwurf gefallen lassen, daß sie sich hier in unmittelbarer Nachbarschaft zu den faschistisch regierten Ländern befinden. Ich möchte etwas zu dem Prozeß sagen, der in Leningrad stattfand, einer Stadt, die nach Lenin benannt worden ist. Man hat sich in den kommunistischen Ländern angewöhnt, mehr oder weniger offen alle Verbrechen des Kommunismus auf Stalin abzuschieben, indem man völlig unmarxistisch argumentiert und sagt, Stalin sei der Einzelfall gewesen, das große Versagen, quasi der Schicksalsschlag, vergleichbar dem Schicksal, das angeblich über das deutsche Volk hereinbrach, als es zu Hitler kam. Meine Meinung ist: All das, was wir heute erleben, ob es der Sturz Gomułkas ist, das Schießen auf Arbeiter in Polen, die Todesurteile in Leningrad, ist auf Lenin zurückzuführen. Ich halte Lenin für den genialsten Fehlkonstrukteur der modernen Geschichte. Und solange diese von Lenin gesetzte Fehlkonstruktion der zentralistisch geführten Parteielite und damit der Parteidiktatur, bei Entmachtung der Gewerkschaften, nicht beseitigt wird, wird sich der Kommunismus nicht reformieren können. Es gibt zwei Institutionen, die sich für unfehlbar halten: die katholische Kirche und der leninistische Kommunismus. Und es liegt im Charakter aller Unfehlbaren, daß sie unfähig zur Reform sind, denn wer sich für unfehlbar hält, vermag auch nicht die Reform an sich zu vollziehen. Und deswegen muß Kritik am Kommunismus sachlich dort beginnen, wo sich die Klitterung Marxismus-Leninismus einfach nicht aufrechterhalten läßt, weil die Leninsche Praxis und Theorie im unmittelbaren Widerspruch zum Marxismus steht. Ich will es in einem Vergleich sagen: Lenin hat etwa so viel mit Marx zu tun, wie Kaiser Konstantin, der als erster unter dem Zeichen des Kreuzes militärisch siegte, mit Christus zu tun gehabt hat.

L. B.: Diese Behauptung ist oft aufgestellt worden. Aber ist es vielleicht nicht so, daß es zwischen Marx und Lenin einen anderen Unterschied gibt? Marx hatte nicht die Möglichkeit, das, was er dachte, das, was er erkannte, in die Tat umzusetzen.

G. G.: Lassen Sie mich erst mal meinen Gedankengang zu Ende führen. Ich habe das Verhältnis von Marx zu Lenin und von Konstantin zu Christus gebracht, weil ich beide Utopien, und zwar gleichwertig, für das Höchste halte, was im Bereich des Abendlandes hervorgebracht worden ist. Utopie der Nächstenliebe und die Utopie des Sozialismus – beide Utopien sind in relativ kurzer Zeit an der Praxis gescheitert. Und wir müssen heute den Bankrott beider Utopien erkennen, wenn wir den ethischen Wert der einen wie der anderen Utopie für uns erhalten wollen. Ich sage ganz offen, daß ich meine revisionistischen Einsichten durch die Beschäftigung mit einem der ersten fundierten Marx-Kritiker gewonnen habe. Er erkannte frühzeitig die Fußangeln in der Marxschen Theorie, die dann später bei Lenin und Stalin verhängnisvoll wurden. Ich meine Eduard Bernstein, der als erster die Utopie des Endzieles in Frage gestellt, der als erster die Verelendungstheorie widerlegt hat. Und aus dieser Kenntnis heraus hat sich bei mir sozialdemokratisches Verhalten entwickelt. Ich bin kein geborener Sozialdemokrat, sondern ein gelernter, was wiederum heißt, daß Sozialdemokratie für mich kein fixer Zustand ist, sondern aufgrund der Evolutionstheorie ein Zustand, der dauernd im Wechsel begriffen ist.

L. B.: Zum Leninismus gehört – das erleben wir gerade wieder besonders intensiv in den letzten Wochen und Monaten – der Kampf gegen den »Sozialdemokratismus«. Im Bemühen, die Entspannungspolitik der Bundesregierung Willy Brandts zu torpedieren, sind insbesondere führende Funktionäre der SED zum alten Vokabular gegen die Sozialdemokraten zurückgekehrt.

G. G.: Das hat einen einfachen Grund. Man hat in allen leninistisch-kommunistischen Ländern – und ich muß jetzt Jugoslawien ausnehmen – erkannt, daß ein Rückgriff auf die demokratische Komponente innerhalb des Sozialismus, wie sie zum Beispiel Rosa Luxemburg gefordert hat, auch in ihrer Kritik an Lenin unmittelbar nach der Oktoberrevolution, natürlich die gesamte Basis des Leninismus in Frage stellt...

L. B.: Und damit die gesamte Basis des Kommunismus.

G. G.: Davor fürchtet man sich. Die Angst vor den Sozialdemokraten innerhalb der kommunistischen Länder wird allenfalls noch geteilt bei anderen Konservativen, nämlich bei den Konservativen in unserem Bereich. Deshalb kommt es oft, um nur ein Beispiel zu nennen, zu einem wenn auch persönlich ungewollten politischen Zusammenspiel zwischen Politikern der SED und der CDU, zwischen Honecker und Barzel: Beide handeln aus Furcht vor der Sozialdemokratie. Das Komische an der Sache ist, daß einzig die Sozialdemokraten, beschäftigt mit ihrer Reformarbeit, nicht erkennen wollen, daß sie als letzte Alternative in unserer modernen Welt verblieben sind.

L. B: Wir sollten da differenzieren. Tage Erlander, aber auch Willy Brandt und Bruno Kreisky haben in Gesprächen mit ›Die Neue Gesellschaft‹ ihrer Überzeugung Ausdruck gegeben, daß die Geschichte der Sozialdemokratie eigentlich erst beginnt, daß alles, was bisher war, Verteidigungskämpfe, Vorkämpfe waren und daß die große Chance der Sozialdemokratie eigentlich erst vor uns liege, wobei natürlich die Frage zu stellen ist: Ist die Sozialdemokratie – und lassen Sie uns jetzt mal von der deutschen Sozialdemokratie sprechen, der Sie ja 1965 und 1969 aktiv geholfen haben –, ist diese deutsche Sozialdemokratie heute, so wie sie ist, in der Lage, diese historische Aufgabe zu erfüllen?

G. G.: Das ist nicht mit Ja und Nein zu beantworten. Im Grunde bringt die sozialdemokratische Partei in ihrem jetzigen Zustand vieles mit, was für eine positive Antwort spricht. Aber es gibt genauso viele Gründe, die dagegen sprechen. Ich will das an einigen Beispielen erläutern. Im Moment kommt es mir so vor, als habe ein Großteil der Partei, selbst nach einem Jahr verantwortlicher Regierungsarbeit, noch immer nicht begriffen, daß die SPD regiert. Es benehmen sich Teile des rechten wie des linken Flügels immer noch so, als befinde man sich in der Opposition und müsse sich entweder auf dem rechten Flügel straff geben oder auf dem linken Flügel Verbalismus betreiben. Hinzu kommt, daß das, was während der letzten zwanzig Jahre Rückgrat der SPD gewesen ist, ihre starke kommunalpolitische Position, sich jetzt durch den Strukturwechsel auch innerhalb der Partei als ein Handicap herausstellt. Innerhalb der SPD hat sich eine Art Boljahnismus ausgebreitet. Ich verstehe darunter eine gewisse rigorose Hemdsärmeligkeit auf kommunalpolitischem Gebiet und ein Nicht-Begreifen-Können, in welch großem Konzept all diese Reformen notwendig sind und auch realisierbar sein könnten.

Für mich ist aber ein Problem, das ich seit einiger Zeit sehe, schwerwiegender. Bei einer konservativen Regierung kann unter Umständen hingenommen werden, daß einzelne Minister und Staatssekretäre nur vom Ehrgeiz getrieben werden und Machtkämpfe im Kabinett austragen, wie wir es zu Zeiten Adenauers erlebt haben und besonders stark zu Zeiten Erhards und auch Kiesingers. Gleiches scheint sich jetzt im von Willy Brandt geführten sozialdemokratisch-liberalen Kabinett abzuzeichnen. Dabei stellt sich heraus, daß das, was konservativen Politikern von der Größenordnung

Höcherl oder Strauß entspricht, nämlich der Ehrgeiz, sich persönlich zu profilieren, für sozialdemokratische Politiker nicht zutreffen sollte. Natürlich geht es nicht ohne Ehrgeiz. Es besteht aber die Gefahr, daß starke politische Potenzen wie Schiller oder Möller der einen Generation, Ehmke oder Eppler der anderen Generation, aber auch Pragmatiker wie Schmidt und Leber zwar die Spannbreite ihrer Partei als gegeben hinnehmen, gleichzeitig aber verkennen, daß sich zum erstenmal für die Sozialdemokratie und für dieses Deutschland eine ungeheure Chance bietet.

L. B.: Günter Grass, einiges von dem, was Sie soeben andeuteten, haben Sie bereits auf dem Parteitag der SPD in Saarbrücken geäußert. In einer Rückschau auf den Parteitag hat Herbert Wehner in ›Die Neue Gesellschaft‹ erklärt, die Partei sei verpflichtet, auf diese Fragen zu antworten. Wenn Herbert Wehner das getan hat, so – das geht auch aus dem Gespräch, das ich mit ihm hatte, hervor – aus dem Grunde, weil einerseits die SPD durch ihre ›Perspektiven im Übergang zu den siebziger Jahren‹ und durch ihre Beschlüsse des Saarbrücker Parteitages für ein Langzeitprogramm deutlich macht, wie konkret bestimmte Aufgaben von dieser Partei erkannt werden, andererseits aber – das war, glaube ich, das Kernproblem Ihrer Kritik auf dem Parteitag – die Partei Schwierigkeiten hat, die theoretischen Erkenntnisse in die Tat umzusetzen.

G. G.: Das will ich nicht sagen. Die Arbeit, die allein in einem Jahr Regierung auch an inneren Reformen geleistet wurde, ist beträchtlich, kann sich sehen lassen und ist weit mehr, als jede andere Regierung zuvor in einem Jahr geschafft hat. Aber, und das war meine Kritik auf dem Parteitag: Die sozialdemokratischen Politiker, und je tüchtiger sie sind, um so mehr, arbeiten an einem großen Reformmosaik. Das ist ihre Aufgabe. Sie sind aber so bienenfleißig und so besessen, daß jeder nur jeweils seine eigene Reform sieht und sich nicht die Zeit nimmt, gelegentlich mal hinter sich zu treten, Abstand zu nehmen, denn nur so kann man das Mosaik als ganzes Bild sehen. Was ich befürchte, ist, daß dieser komplizierte Bereich, den die Partei für sich selbst nicht übersichtlich darstellen kann, dann auch dem Wähler nicht übersichtlich vor Augen kommt. Damit ist die Gefahr gegeben, daß die Leistung der Sozialdemokraten vom Wähler nicht genügend honoriert wird. Dafür gibt es ja Belege genug.

L. B.: Wie könnte das geändert werden?

G. G.: Ich wünschte mir, daß der Bundeskanzler, der auf einem anderen Gebiet, nämlich auf dem der Außenpolitik, Deutschlandpolitik und Europapolitik, die Gabe hat, schwierige Sachverhalte einfach und ohne zu simplifizieren darzustellen, gleiches in der Innenpolitik täte.

L. B.: Ich denke, das hat der Bundeskanzler schon getan...

G. G.: Meiner Meinung nach nicht genug. Lassen Sie mich an einem Beispiel deutlich machen, was ich meine. Ich denke an einen Bereich, der jetzt schon – kaum ist das Wort geboren – im Jargon des Reformismus unterzugehen droht, nämlich der Bereich des Umweltschutzes. Ich will daran erinnern, daß es Willy Brandt gewesen ist, der Mitte der sechziger Jahre als einer der ersten Politiker vom »blauen Himmel über Rhein und Ruhr« gesprochen hat.

Damals hat die konservative Mehrheit gelacht und das für einen Treppenwitz gehalten...

L. B.: ... und die ganze Presse dazu.

G. G.: Heute wissen wir, daß Brandt Voraussicht bewiesen hat auch auf diesem wichtigen Gebiet der Innenpolitik. Mittlerweile hat sich das Problem der Umweltverschmutzung so katastrophal weiterentwickelt, daß es nur noch innenpolitisch und außenpolitisch gleichzeitig gelöst werden kann. Was meine ich damit? Das Absterben des Bodensees wie das Absterben der Ostsee – beides voraussehbar, um nur zwei Beispiele zu nennen – sind natürlich durch ein einzelnes Land nicht zu verhindern. Es werden die Anrainerstaaten des Bodensees wie der Ostsee zusammenarbeiten müssen. Und gerade was die Ostsee angeht, wird sich zeigen, daß Umweltschutz nicht ideologisch zu lösen ist, denn an die Ostsee grenzen Staaten mit verschiedener Gesellschaftsordnung. Und trotzdem wird man, wenn man vor dieser Aufgabe nicht versagen will, über die Ideologien hinweg wie auch auf anderen Gebieten zusammenarbeiten müssen. Hier verspreche ich mir von Willy Brandt den entscheidenden Durchbruch, daß es ihm gelingen möge, zuerst seiner Partei, den Sozialdemokraten, seinem Koalitionspartner, der FDP, und auch den Bürgern in der Bundesrepublik deutlich zu machen, wie stark Umweltschutz ein innen- wie außenpolitisches Problem ist und daß wir, wenn wir dieses Problem lösen wollen, zu anderen Vorstellungen gelangen müssen bei der Verteilung des Eigentums, beim Gebrauch des Eigentums. Das ist nicht allein mit Steuermaßnahmen zu regeln. Das ist auch nicht ideologisch zu fixieren mit Enteignung und Verstaatlichung. Da bedarf es eines neuen Bewußtseins des einzelnen Bürgers, der durch mangelnden Umweltschutz betroffen ist. Er muß erkennen lernen, daß aller Wohlstand ihm nichts nützt, wenn er an den Nebenprodukten des Wohlstands zu ersticken droht.

L. B.: Ich habe den Eindruck, daß sich fast alle Sozialdemokraten über diese Probleme einig sind. Aber versuchen wir uns doch einmal klarzumachen, wie sich die Diskussionen abspielen. Man sieht ein, daß Reformen notwendig sind. Man weiß auch, daß die Reformen viel Geld kosten und nicht mit den jetzigen Einnahmen zu finanzieren sind. Das ist die eine Seite. Andererseits müssen Wahlen gewonnen werden, um das Reformprogramm verwirklichen zu können. Da stößt man auf die Schwierigkeit, daß die Sozialdemokratische Partei als die Partei der Enteignung, der Sozialisierung und so weiter und so weiter diffamiert wird. Deshalb wird oft in der Diskussion erklärt, daß man mit Rücksicht auf das Bewußtsein der Wählerschaft zum Beispiel vorsichtig sein müsse mit dem Herangehen an die Realisierung des Grundgesetzauftrages »Eigentum verpflichtet«. Erschwert wird das Ganze noch durch bestimmte Radikalinskis, die in der Terminologie des neunzehnten Jahrhunderts von Sozialisierung und Liquidierung des Privateigentums in ideologischer Form sprechen und dadurch den Gegnern der Sozialdemokratie in die Hände spielen.

G. G.: Gewiß wird die Arbeit durch manche Linke erschwert, die sich für mein Verständnis von Sozialdemokratie ausgesprochen konservativ verhalten, indem sie Kirchenväter anbeten. Aber das ist für mich nicht die Frage. Ich kann nur darauf hinweisen, daß Wähler und Bürger ein Recht darauf haben, von den Fachleuten und den Regierenden auf sinnliche Art und Weise informiert zu werden. Sinnlich heißt in diesem Fall, daß die Informationen faßbar sind, sich nicht in Statistiken erschöpfen, den Leser, den Informationshungrigen, der müde von der Arbeit kommt, nicht abstoßen. Ich spreche noch einmal die Umweltprobleme an. Nehmen wir den Bodensee, von dem gesagt wird – ich kann das nicht beurteilen –, er sei in fünf Jahren abgestorben; damit ist das Trinkwasser für Stuttgart und Umgebung gefährdet. Nehmen wir die Ostsee, wo Dorsch – ein Fisch, den ich gern esse – von einem bestimmten Gewicht an heute schon so quecksilberhaltig ist, daß man ihn gleich wieder wegschmeißen kann. Das sind zum Beispiel Dinge, die einen Angler wie Willy Brandt interessieren sollten und ihn sicher auch interessieren. Ja, ist denn hier nicht Besitz des einzelnen gefährdet? Nicht gefährdet durch kommunistische Enteignungspolitik, sondern gefährdet durch unverantwortliche Wirtschaftspolitik, wie wir sie bisher betrieben haben? Wo Leistung alles war, wo Sozialproduktsteigerung zum Fetisch wurde, wo der antiquierte Privatbesitzstandpunkt des Manchester-Liberalismus das A und O war? Wenn es gelingt, dem einzelnen Bürger klarzumachen, daß sein Eigentum schon zerstört wird, das Wasser, das er trinkt, der See, der ihm gehört und an dem er Ferien machen will, der Fluß Rhein, von dem er immer noch schöne Lieder zu hören bekommt und der doch eine stinkende Kloake ist, dann wird man ihm auch erklären können, daß dieses sein gefährdetes Eigentum geschützt werden muß. Bisher sprach man immer vom Schutz des Eigentums, indem man den antiquierten Begriff von Privatbesitz schützen wollte. Jetzt muß man dem Bürger erst erklären, was und wieviel mehr ihm eigentlich gehört.

L. B.: Das heißt also, daß es für Sie auch gerade in Zeiten des Wahlkampfes kein Entweder-Oder gibt. Sie wollen den Wähler davon überzeugen, jener Partei seine Stimme zu geben, die das Eigentum im wahrsten Sinne des Wortes schützt.

G. G.: Wobei man aber den Eigentumsbegriff, der bis jetzt immer reduziert war aufs kleine Konto, im günstigsten Fall aufs Familienhäuschen, erweitert und den Bürgern begreifbar macht, was zum Beispiel in der Schweiz, einem Land mit langer direktdemokratischer Erfahrung, gang und gäbe ist, nämlich, daß das Schulhaus den Bürgern gehört, daß die Straßen ihnen gehören, daß See und Flüsse ihnen gehören . . .

L. B.: . . . was hier noch begünstigt wird durch Volksabstimmungen über solche Fragen . . .

G. G.: Genau. Und wenn wir dieses Bewußtsein stärken, dann wird sich auch leichter über eine Neubestimmung des materiellen Besitzes sprechen lassen, denn nur mit Hilfe des materiellen Besitzes wird sich dieser andere Besitz, die Seen, die Flüsse, die Luft etcetera, schützen lassen.

L. B.: Ich weiß, daß ich bei Ihnen mit meiner jetzigen Frage offene Türen einrenne. Denn nicht nur durch das, was Sie jetzt so plastisch dargestellt haben, sondern durch Ihre zahllosen Versammlungen, die Sie in den verschiedenen Wahlkämpfen veranstaltet haben, haben Sie bewiesen, daß es eine Aufgabe eines Schriftstellers sein kann und sein muß, in diesen Prozeß der Erklärung der Dinge einzugreifen.

Was sollte geschehen, um den von Ihnen geschaffenen Gedanken der Wählerinitiative in dem Sinne zu erweitern, daß mehr Menschen, die Bewußtsein schon in sich haben, dazu gebracht werden, den Bürger von den Notwendigkeiten zu überzeugen, von denen wir soeben gesprochen haben?

G. G.: Die Parteien – und jetzt besonders die Sozialdemokratische Partei Deutschlands – müssen sich öffnen. Die SPD muß auch begreifen, daß innerhalb des ungeheuren Reservoirs von 14 Millionen Wählern Kräfte schlummern, die der Partei ja nicht nur beim Wahlgang zu nützen haben, sondern auch während der laufenden Legislaturperiode. Ich frage mich, ob es nicht nützlich und sinnreich wäre, bestimmte politische Aufgaben auch Leuten zu übertragen, die aus Überzeugung und aus Erkenntnis sozialdemokratischer Politik zuneigen, die aber nicht Mitglieder der Partei sind. Wir sehen doch, wenn wir uns Landtage und Bundestag ansehen, daß die Form der Kandidatenauswahl den Erfordernissen eines modernen Parlaments nicht mehr entspricht. Ich weiß zwar kein Rezept, doch frage ich mich manchmal, ob es nicht gut wäre, bestimmte Tests den Kandidaten zuzumuten; denn die Verantwortung, die später den Abgeordneten in den Ausschüssen aufgebürdet wird, ist größer, als der einzelne, wenn er zum erstenmal kandidiert, vermutet. Und die Verantwortung wird immer größer, weil die Bereiche, in denen zu entscheiden ist, immer undurchsichtiger werden. Natürlich heißt das nicht, daß ich dafür bin, daß nur noch Akademiker im Parlament sitzen und der weite Bereich der Arbeitnehmer ausgespart bleibt. Intelligenz schützt vor partieller Dummheit nicht. Das wissen wir.

Und wir wissen, daß sehr viel sogenannte »schlichte« Arbeitnehmer großartige politische Arbeit geleistet haben.

L. B.: Sicherlich ist das alles richtig. Aber ich habe den Eindruck, daß Sie damit nur zum Teil meine Frage beantwortet haben.

G. G.: Die Beantwortung dieser Frage ist auch nicht leicht. Wir haben in der Wählerinitiative Leute zusammengefaßt, die von sich aus, das heißt aus politischem Interesse heraus, eine Aufgabe darin sehen, das Klima für ein Gesetz vorzubereiten, zum Beispiel für eine Wahlrechtsreform, die dem Bürger im Sinne von Vorwahlen größere Mitbestimmung bei der Auswahl der Kandidaten einräumt.

L. B: Sie haben soeben eine Forderung der Wählerinitiative angesprochen, die in Gesprächen mit dem Parteivorstand der SPD eine Rolle spielte. Es ging dabei grundsätzlich um die Frage: Wie kann man das Versprechen des Bundeskanzlers in der Regierungserklärung von mehr Demokratie realisieren? Und wenn ich mich recht erinnere, war es eine Idee von Ihnen, zu versuchen, die Benennung der Kandidaten für Wahlen nicht nur den Parteiorganisationen zu überlassen, sondern im Sinne einer Demokratisierung auf eine breitere Stufe zu stellen.

G. G.: Ich erwähnte schon, daß das eine Forderung ist, die wir aus der Wählerinitiative heraus entwickelt haben und auf der wir bestehen. So kann es ja nicht weitergehen, daß der Wähler jeweils alle vier Jahre kurz vorm Wahltermin gefragt und umworben ist, und dann ruht seine Stimme vier Jahre lang. Er wird ab und zu befragt über Meinungsinstitute, und damit hat sich der demokratische Umgang. Es ist notwendig, daß die Parteien von sich aus den doch

sehr frühzeitig angesetzten Prozeß der Kandidaten-
aufstellung öffentlich gestalten, damit der Wähler
die Möglichkeit hat, die Schwierigkeit dieses Pro-
zesses kennenzulernen, und der gesamte demokratische Vorgang durchsichtiger wird. Das setzt allerdings voraus, daß der dann später gewählte Kandidat auch während der laufenden Legislaturperiode
den Wählern zur Verfügung steht, indem er sich
ständig Befragungen stellt und Informationsaus-
tausch möglich macht. Das führt natürlich zu etwas,
was man in Amerika hat und was dort Primaries
heißt und was wir ganz gewiß in amerikanischer
Form weder übernehmen können noch sollen, weil
auch dieses System Fehler in sich hat, die für uns
nicht tragbar wären. Aber ich glaube, daß das
zunehmende politische Interesse, gerade auch bei
der jüngeren Generation nach der Senkung des
Wahlalters, eine Öffnung der Demokratie, eine Fle-
xibilität der Demokratie notwendig macht in dem
Sinne, wie Brandt sie ja nicht nur gefordert, sondern auch als Bundeskanzler versprochen hat.

L. B.: Und in den Gesprächen, die Sie hatten, ist ja
diese Idee von einigen Ihrer Gesprächspartner im
Prinzip positiv aufgenommen worden. Es wurde
sogar angeregt, hier und da anzufangen und durch
praktische Beispiele die Grundlage für die Entwicklung einer solchen Vorwahl, wenn ich es mal so nennen darf, zu schaffen.

G. G.: Es gibt auch schon Beispiele in einzelnen Bundesländern, in denen man das versucht, natürlich
mit wechselndem Erfolg. Das ist eben eine neue
Sache.

L. B: Lassen Sie uns noch einmal auf die notwendige
Bewußtseinsveränderung zurückkommen. Das

setzt natürlich voraus, daß innerhalb der SPD selbst das Mitdenken, das Sich-mitverantwortlich-Fühlen gestärkt, intensiviert werden muß, und das wiederum verlangt, daß die Partei selbst reorganisiert und, wenn Sie wollen, reformiert werden muß.

G. G.: Ja. Wenn man zum Beispiel einen SPD-Parteitag beobachtet und sieht, wie in zweieinhalb Tagen eine Flut, eine Sintflut von Resolutionen, darunter sehr wichtige und sehr entscheidende, verabschiedet, an die Ausschüsse weiter überwiesen oder abgelehnt wird, dann wird jedem, glaube ich, klar, daß eine Reform notwendig ist. Ich habe in meinem Beitrag in Saarbrücken darauf hingewiesen, daß die einzelnen Reformen in ihrem Zusammenhang dargestellt und auch von der Planung her als eine Einheit begriffen werden müssen. Ich hatte zum Beispiel während der Wahlkämpfe in vielen Unterhaltungen mit Betriebsräten das Problem der Mitbestimmung angesprochen. Dabei ergab sich, daß sich die Mitbestimmung nur mit Hilfe der integrierten Gesamtschule letztendlich realisieren läßt. Natürlich sind Gesetze notwendig. Aber die Gesetze garantieren noch nicht die Menschen, die die Gesetze realisieren können. Nach meiner Meinung können auf die Dauer nur durch die integrierte Gesamtschule junge Bürger erzogen werden, die durch Erziehung in der Lage sein werden, Mitbestimmung auszuüben, das heißt, Mitverantwortung zu tragen. Erst wenn es den Gewerkschaften gelingt – Anfänge sind zum Glück zu verzeichnen, obwohl es den Gewerkschaften offenbar schwerfällt –, Mitbestimmung und Gesamtschule als einen Gesamtkomplex zu sehen, wird auch das für den Wähler und den Bürger deutlich werden, was ich das Gesamtmosaik nennen möchte, das Gesamtmosaik sozialliberaler Reformpolitik. Nebenbei: Das gilt nicht nur für die Gewerkschaften und die Mitbestimmung in den Betrieben. Den sehr einseitig pädagogisch Interessierten fällt es schwer, als Konsequenz der integrierten Gesamtschule die Mitbestimmung auch in ihrem Bereich zu sehen.

L. B.: Ich denke, damit haben Sie die entscheidende Frage angeschnitten, nämlich das Gesamtmosaik der Reformpolitik. Sie haben mit Recht darauf hingewiesen, daß im Jahre 1970, in diesem einen Jahr der Regierung Willy Brandt, sehr viel geleistet worden ist. Aber der Eindruck ging verloren, weil das eben einzelne Teile waren, weil sie nicht Bestandteil eines Gesamtmosaiks waren ...

G. G.: ... nicht dargestellt wurden. Das Gesamtmosaik ist schon da. Angefangen vom Rahmenprogramm des Godesberger Programms bis zu den ›Perspektiven‹, die ja die Fortsetzung sind, und den wichtigen Resolutionen des Saarbrücker Parteitags ist das schon ein Gesamtkonzept. Nur fällt es den Sozialdemokraten nach wie vor schwer, ihre eigenen Leistungen darzustellen. Ich gehe ein Stück weiter – das ist jetzt natürlich verallgemeinert gesagt: Der typische Sozialdemokrat – ich schließe da auch Willy Brandt ein – achtet im allgemeinen seine eigenen Leistungen sehr gering, oft zu gering, und glaubt mehr an seine weitergehenden Resolutionen. Ein sehr sympathisches Verhalten, wenn man will, aber der politischen Arbeit, wenn es darauf ankommt, zum Beispiel etwas so »Triviales« wie Wahlkämpfe zu gewinnen, durchaus hinderlich.

L. B.: Ich glaube, das ist richtig. Aber trotzdem bin ich nicht ganz der Meinung, daß das Gesamtmosaik, von dem Sie sprechen, und ich möchte bei diesem Ausdruck bleiben, da ist. Es ist da, es fehlt aber oder es fehlte zumindest bisher die Quantifizierung. Es nützt mir nichts, ein Gesamtmosaik zu haben, zu wissen, was ich als Folge der zweiten industriellen Revolution erreichen muß, aufgrund der Probleme, die sich aus den Umweltfragen ergeben. Wenn ich das Gesamte nicht quantifiziere, sondern dann das beginnt, was Sie sehr plastisch darstellten, nämlich der Wettkampf der einzelnen Fachminister, jenen Teil des Gesamtmosaiks, der ihn persönlich als verantwortlichen Minister angeht, herauszuziehen aus dem Gesamtmosaik, um ihn mit seinem Namen zu versehen und zu realisieren.

G. G.: Darüber haben wir ja schon gesprochen, und das ist natürlich nicht gut. Mir scheint aber, daß der SPD heute ein junger Revisionist vom Typ Eduard Bernsteins fehlt, der in unserer Zeit theoretisch die Aufgaben der Sozialdemokratie formuliert. Nur, Eduard Bernstein hat das im Alleingang gemacht und hat dafür jahrelang den Streit am Hals gehabt. So etwas wagt heute leider kein Sozialdemokrat mehr, diesen wichtigen Alleingang. Heute werden die Dinge – und wichtigste Dinge – abgestimmt und noch einmal abgestimmt. Ich erinnere mich, eine frühe Fassung der ›Perspektiven‹ gelesen zu haben, die Verve hatte. Das trug vorwärts – auch vom Ton her. Da waren Lücken drin, gewiß. Es waren wenige Autoren, die daran gearbeitet haben. Dann ging diese Fassung mit Verve und Überzeugungskraft durch die einzelnen Gremien, und dann kamen die Kompetenzleute und sagten, das kommt noch hinein, und das ist vergessen, und das muß raus. Und schon war das Ganze zwar vollständig, aber unleserlich geworden. Das ist die eine Schwierigkeit, die theoretische. Und ich wünschte mir, daß ein Mann wie Herbert Wehner, der erstens die Erfahrung hat, zweitens illusionslos ist und drittens gleichzeitig immer noch ein Stück Utopie in sich gerettet hat, jetzt, nachdem er so viel – und oft im Widerspruch zu vielen Sozialdemokraten – geleistet hat, dieses Stück theoretischer Arbeit zumindest als Wortführer leistet.

Der andere Teil, der praktische, ist in erster Linie die Aufgabe des Vorsitzenden der Sozialdemokratischen Partei und des Bundeskanzlers Willy Brandt. Nun wissen wir, daß Willy Brandt etwas hat, das viele – und ich gehöre dazu – an ihm schätzen: ein liberales Verhalten. Er neigt dazu, seine Mitarbeiter als erwachsene Menschen zu behandeln. Man sollte annehmen, er habe Gründe dazu. Er neigt also dazu, den anderen die Chance zu geben, von sich aus zu erkennen, daß Politik bei Sozialdemokraten kein Kompetenzstreit sein sollte. Da das aber offenbar nicht in dem Ausmaß begriffen wird, wie es sein sollte, wird sich Willy Brandt gerade auf dem Gebiete der Innenpolitik eines Tages vor die Frage gestellt sehen, ob er nicht doch Richtlinien bestimmen muß, Prioritäten setzen muß als Bundeskanzler im Kabinett und als Parteivorsitzender der SPD.

L. B.: Das ist alles richtig. Dennoch möchte ich nicht lockerlassen, das heißt, wir sollten uns doch noch einmal – auch im Zusammenhang mit der Quantifizierung des Gesamtmosaiks – mit einer Frage beschäftigen, die heute unter dem Slogan »Eigentum verpflichtet« bekannt geworden ...

G. G.: Ich will das gleich mit einem Zwischensatz präzisieren. »Eigentum verpflichtet« ist zwar zum Slogan geworden. Für mich aber ist es zuallererst einmal Grundgesetz Artikel 14 Absatz 2.

L. B: Ganz richtig. Das steht im Grundgesetz und wurde lange Zeit vergessen oder aber vergessen gemacht. Das ändert aber nichts daran, daß nunmehr die Zeit gekommen ist, sich mit der Realisierung der Grundgesetzforderung zu beschäftigen. Das scheint mir keine Frage der Theorie. Von der Lösung hängt ab, ob notwendige Reformen – und damit sozialdemokratische Politik – verwirklicht werden können oder nicht.

G. G.: Es wird oft von den Aufgaben gesprochen, die von der Geschichte gestellt werden. Ich bin kein Anhänger Hegels. Ich bezweifle, daß die Geschichte Aufgaben stellt. Für mich ist die Geschichte zuallererst einmal ein absurder Vorgang, in den Menschen mehr oder weniger geschickt einige Perspektiven hineinzubringen versuchen. Der Weltgeist, wie ihn Hegel uns vorgestellt hat und wie er leider bis heutzutage noch die Geschichte und die Geschichtslehre beeinflußt, das sagt mir wenig. Den Auftrag haben die Sozialdemokraten nicht von der Geschichte, sondern von den Wählern bekommen, und das jeweils von vier Jahren zu vier Jahren, und dabei wollen wir bleiben.

L. B.: Das ist zweifellos richtig, daß der Auftrag von den Wählern kommt. Trotzdem ist die Sozialdemokratische Partei aufgrund eines Wählerauftrages in eine bestimmte historische Situation hineingestellt, wo sie scheitern oder Erfolg haben kann. Aber das hängt nun von bestimmten objektiven und subjektiven Faktoren, die bei ihr liegen, ab.

G. G.: Gut, die Geschichte war immer da, die war auch da, wenn die Konservativen an die Regierung kamen, ich möchte es noch einmal auf den Wählerauftrag reduzieren.

Es kommen zu viele Dinge zusammen. Das macht wahrscheinlich aus, was Sie mit geschichtlich meinen. Etwa: Zum erstenmal in der Nachkriegsgeschichte der Bundesrepublik hat ein Bundeskanzler im ersten Jahr seiner Regierung Wirklichkeiten beim Namen genannt und politisch gewertet. In sehr kurzer Zeit ist es Willy Brandt gelungen, besonders zum Nutzen der jungen Generation, ein Großteil Ballast des begonnenen und verlorenen Zweiten Weltkrieges abzutragen. Und doch zeigt sich, was den Widerstand und die »Aktion Widerstand« betrifft und den Mann, der sie hervorgerufen hat, Franz Josef Strauß, daß wir noch lange im negativen Sinne mit den Nachwirkungen des Zweiten Weltkrieges zu tun haben werden. Und das in einem Moment, in dem uns die Probleme der siebziger und achtziger Jahre schon auf den Nägeln brennen, dazu gehört der gesamte Bereich Umweltschutz. Es handelt sich um politische Sisyphusarbeit angesichts dieser Phasenverschiebung in zwei Richtungen: Abtragen der Vergangenheit, Prophylaxe gegenüber den Aufgaben der Zukunft. Und das in einer Gegenwart, die auf einer politisch schwachen Mehrheit beruht. So sehe ich die Situation. Wenn ich dabei davon ausgehe, daß natürlich für das Gesamtmosaik, das heißt für Umweltschutz, Mitbestimmung, Vermögensbildung, Realisierung des großen Schulkonzepts der integrierten Gesamtund Hochschule, Wohnungsbau, Gesundheitswesen, ganz neue enorme Mittel bereitgestellt werden müssen, dann wird es gelingen müssen, den Bürger zu überzeugen. Daß das nicht leicht ist, haben wir schon an der Diffamierung der Sozialdemokratischen Partei als einer Partei, die angeblich den Leuten das Einfamilienhäuschen wegnehmen möchte, gesehen. Auch an einigen jüngeren Sozialdemokraten, die aus Unachtsamkeit ihren politischen Gegnern Vorschub leisten. Wir sollten aber ehrlich sein und zugeben, daß wir einigen Aufgaben zur Zeit alternativlos gegenüberstehen. Weder der Privatkapitalismus der überkommenen Art, wie wir ihn bei uns haben, ist in der Lage, mit diesen Aufgaben fertig zu werden, noch der Staatskapitalismus kommunistischer Prägung, denn die Umweltschutzprobleme gibt es in diesen Ländern in noch größerem Maße als bei uns. Und es zeigt sich, daß jede Art von Kapitalismus, die private wie die staatskapitalistische, diesen Aufgaben nicht gewachsen ist.

L. B.: Wo sehen Sie die Alternative?

G. G.: Ich kann sie auch nicht aus den Ärmeln schütteln, aber es gibt bei uns in der Bundesrepublik einige ganz interessante Modelle. Ich erinnere an die Rundfunk- und Fernsehanstalten, die Anstalten des öffentlichen Rechts sind. Ich weiß, daß, wenn man das Gespräch dahin bringt und diese Rechtsform für Banken, für Großbetriebe, für Großgrundbesitz vorschlägt, sofort die Juristen auf dem Plan sind und sagen, das läßt sich nicht übertragen. Ich sage ja auch nicht, daß es sich mit Punkt und Komma übertragen läßt. Aber als Modell hat sich diese Konstruktion in einer pluralistischen Gesellschaft bewährt. Und es wäre Aufgabe der Bundesregierung, eine Forschungsgruppe einzusetzen, die sich mit neuen Trägern, gemeinnützigen Trägern von Eigentum, zu befassen hätte. Da kann dieser Vorschlag, von den Anstalten des öffentlichen Rechts auszugehen, nur ein Hinweis sein. Aber zumindest ein Ansatz. Nur eines bin ich ganz gewiß: Weder mit der privatkapitalistischen Ideologisierung des Eigentums noch mit der staatskapitalistischen Ideologie kommunistischer Prägung werden sich die auf uns zukommenden Probleme lösen lassen.

L. B.: Das heißt also, daß nach Ihrer Meinung der Grundgesetzauftrag »Eigentum verpflichtet« analysiert werden und einen neuen Inhalt bekommen muß...

G. G.: ... und letzten Endes Gesetzeskraft. Um zum Beispiel eine Sache hervorzuheben, die heute noch utopisch klingt. Ich bin ziemlich sicher, daß man sich in einiger Zeit darüber Gedanken machen wird. Auf dem Schriftstellerkongreß in Stuttgart habe ich in meinem Referat darauf hingewiesen, daß die Schriftsteller laut Urhebergesetz soundso viele Jahre nach ihrem Tod, also auch die Nachfahren der Schriftsteller, die Rechte am geistigen Eigentum verlieren. Damit ist das geistige Eigentum zum Nutzen der Gesellschaft freigegeben. Und ich sehe nicht ein, und man hat mir auch noch keinen plausiblen Grund genannt, warum das geistige Eigentum anders behandelt werden soll als das materielle Eigentum. Wenn ich davon ausgehe – jetzt ganz privat gesprochen –, daß ich doch überhaupt nicht weiß, welche Esel ich als Urenkel haben werde und was diese Esel dann damit anstellen, was sie von mir durch meine Arbeit geerbt haben, so bin ich eigentlich sehr froh darüber, daß die Rechte an meiner Arbeit nach einer bestimmten Zeit gemeinnützig werden.

Ähnliches kann ich mir bei Großbetrieben vorstellen, vor allem kann ich mir ähnliches mit Großgrundbesitzen vorstellen. Es ist also nicht nur notwendig, daß diese Dinge erforscht werden – erforscht wird bei uns sehr vieles, es liegen Stapel Forschungsberichte vor –, es wird darauf ankommen, und das sei dem rechten wie dem linken Flügel in der SPD gesagt, daß wir die entscheidenden Mehrheiten gewinnen müssen, um vernünftige Einsichten zu Gesetzen werden zu lassen.

L. B.: Und das setzt wiederum das voraus, was Sie mehrmals im Verlaufe des Gespräches erwähnt haben: die Information über das, was geschieht. Das heißt, die Menschen zu überzeugen von der Notwendigkeit, von der Richtigkeit dessen, was sozialdemokratische Politik darstellt.

G. G.: Aber die Einstellung dazu – und ich muß jetzt noch einmal historisch werden –, die Einstellung zum Fortschritt muß eine skeptische sein. Wir sind in Deutschland, besonders in Deutschland, zu oft auf die Nase gefallen wegen zu viel idealistischer Blauäugigkeit. Und es gibt besonders auch in der Sozialdemokratie immer noch diesen kräftigen Schuß idealistischer Blauäugigkeit! Einen nahezu sträflich naiven Fortschrittsglauben, eine Gläubigkeit den Reformlösungen gegenüber, denen dann jeweils, wenn sich neue Schwierigkeiten auftun, Enttäuschungen und Resignation folgen. Ich kann also nur darauf hinweisen, daß, wenn ich zum Beispiel eintrete für die integrierte Gesamtschule, ich für diese Schule bin, weil sie uns Möglichkeiten und Schwierigkeiten zugleich für die siebziger und achtziger Jahre bringt. Diese Möglichkeiten plus Schwierigkeiten ziehe ich den Schwierigkeiten eines Schulsystems aus dem neunzehnten Jahrhundert vor, nicht mehr und nicht weniger. Ich erwarte mir von einer neuen Schule nicht die Lösung, weil ich an keine absolute Lösung glaube, sondern nur an einen Schritt weiter im Evolutionsprozeß. Ich glaube auch nicht, daß es die Gerechtigkeit gibt. Es wird immer nur im günstigen Fall mehr Gerechtigkeit geben, einen Annäherungswert geben. Wir werden lernen müssen, daß unter Umständen ein Schritt mehr Gerechtigkeit in sich neue Ungerechtigkeiten birgt, die dann wieder auszugleichen sein werden. Das sind Dinge, die einen evolutionären Prozeß auszeichnen, und da wird jeder bei sich entscheiden müssen, ob er sich an wissenschaftliche Ergebnisse, an einen nachweislich evolutionären Prozeß hält oder ob er meint, daß Wünschen ihn dazu bringen kann, Sprungkraft zu beweisen. Wir wissen aus der Geschichte, daß man mit Hilfe von Revolution Sprünge vortäuschen kann. Das hat die Französische Revolution bewiesen, das hat die Oktoberrevolution bewiesen. Nur, die Völker machen diese Sprünge nicht mit. Es wird Bewußtsein, es wird Erfahrung übersprungen, und jeweils folgte beiden Revolutionen nach kürzerer oder längerer Zeit die Restauration: Über Robespierre kam dann Napoleon, und über Lenin und Trotzki kam dann Stalin. Wer diesen Preis bezahlen will, der muß sich politisch anders entscheiden.

So wie ich Sozialdemokratie verstehe, hat sie sich bewußt für den evolutionären Weg entschieden und für den demokratischen Weg, der über das Parlament läuft. Man kann den Sozialdemokraten manchmal Kleinmut, Langsamkeit, auch kleinkarierten Formelkram vorwerfen. Aber diese Partei hat in Deutschland in hundert Jahren das geschaffen, was wir an mehr Gerechtigkeit auf sozialem Gebiet vorweisen können, Fortschritte, die man von kommunistischer Seite so gern als Rentensozialismus diffamiert. Und zum anderen hat sie, worauf Willy Brandt hingewiesen hat, keinen Krieg angezettelt. Sie hat ihn auch nicht verhindern können, was Beweis ihrer Schwäche gewesen ist. Und, was für mich sehr wichtig ist, sie hat Andersdenkende nicht liquidiert, und das haben bisher alle Parteien getan, die auf Revolution setzten. Für mich ist diese für manche Leute simple Tatsache, daß die SPD ihre Fortschritte ohne Liquidieren des Andersdenkenden erreicht hat, ausschlaggebend, weil ich Wert darauf lege, anderer Meinung sein zu können, ohne Furcht haben zu müssen.

L.B: Günter Grass, ich danke Ihnen für dieses Gespräch.

Sozialdemokratie zwischen Kommunismus und Kapitalismus

Rede auf dem außerordentlichen Parteitag der Sozial-demokratischen Partei der Schweiz in Fribourg 1971

Mein Grußwort als Standortbeschreibung heißt: Sozialdemokratie zwischen Kommunismus und Kapitalismus. – Eine gefährliche, an den Rändern verschwommene, eine so unbequeme wie klassische Position: gefährlich, weil sie zum Trotz, zur Abkapselung wie zum doppelseitigen Opportunismus verführt. Eine verschwommene Position, weil sie von den Sozialdemokraten unzulänglich definiert, von ihren Gegnern trickreich und permanent verdächtigt wird. Eine unbequeme Position, weil zwischen den Blöcken der Spielraum beschränkt ist. Ein klassischer, weil überlieferter Standort.

So alt und erfahren die sozialdemokratischen Parteien Europas sind, immer schon mußten sie mit der Gegnerschaft zweier Blöcke rechnen; oft sahen sie sich einer Einheitsfront gegenüber: Der westliche Kapitalismus scheut sich nicht, die Hilfe des kommunistischen Blocks zu beanspruchen, wenn es Front zu machen gilt gegen den gemeinsamen Gegner, die Sozialdemokratie.

Umgekehrt sah der leninistisch-stalinistische Kommunismus während der zwanziger, dreißiger und vierziger Jahre seinen Hauptgegner nicht im Faschismus und Nationalsozialismus, sondern, verhängnisvoll folgenreich, in der deutschen, in der europäischen Sozialdemokratie.

An dieser Einstellung hat sich wenig geändert. Die Friedens- und Entspannungspolitik der sozialliberalen Koalition unter Willy Brandt wird von der ostdeutschen SED und der westdeutschen CDU/CSU mit gleicher Vehemenz bekämpft: Seit Jahrzehnten eingeübte Unterstellungen lösen sich ab, sollen gleichzeitig wirken. Ein Doppelspiel, dessen Dramaturgie leicht durchschaubar, aber immer noch bühnenwirksam ist. Die Konservativen malen das Schreckgespenst »Sozialimus« an die Wand; die Kommunisten beschwören wieder einmal die Gefahr »Sozialdemokratismus«.

Das gelegentliche Zweckbündnis westlich-kapitalistischer Machtzentren mit dem kommunistischen Staatskapitalismus fällt um so leichter, als alle kommunistisch regierten Staaten – hier sei Jugoslawien als Ausnahme genannt – seit geraumer Zeit konservatives Verhalten an den Tag legen. Ähnlich den westlichen Verwaltern des Beharrungsvermögens, scheuen sie Veränderungen und schrecken sie zurück, sobald Sozialdemokraten gesellschaftspolitische Reformen vortragen, Demokratie von der Basis her definieren und das Bestehende in Frage stellen.

Deshalb wird hier gesagt: Der westliche Privatkapitalismus und der kommunistische Staatskapitalismus sind aus verschiedenen Ursachen konservativ geprägt. Da sie sich als dogmatische Blöcke begreifen, ist ihnen Blockdenken eingeübt. Immer dann, wenn sie sich in krisenhaftem Zustand befinden, betragen sie sich wie Opfer und Gefangene ihres eigenen Dogmas.

Selbstverständlich gibt es in beiden Bereichen Ausnahmen: fortschrittliche Konservative; wie es ja innerhalb der europäischen Sozialdemokratie Genossen gibt, die den Fortschritt wie Erbgut, wie eine Sanduhr aus Bebels Zeiten, wie etwas Konservierbares hüten. Doch hier kann nicht von Ausnahmen die Rede sein. So notwendig es sein mag, immer wieder zu differenzieren, mir kommt es darauf an, Grundtendenzen zu belegen.

Kapitalismus und Kommunismus: Die beiden so konservativ verfestigten Blöcke verstehen sich jeweils als hierarchischer Aufbau. Führungseliten herrschen. Aufsichtsräte und Mitglieder des Zentralkomitees entscheiden als selbstherrliche Kollektive. Macht wird von oben nach unten ausgeübt und verwaltet. Dem Volk oder – von oben gesehen – der unwissenden Masse wird im Osten Mitbestimmung vorenthalten, soll im Westen Mitbestimmung vorenthalten werden.

Dem widerspricht sozialdemokratisches Selbstverständnis. Denn nach wie vor setzen sozialdemokratische Politik und sozialdemokratisches Reformdenken bei der Basis an. Mitbestimmung am Arbeitsplatz und in allen Bereichen der Gesellschaft, so heißt die große, kaum in Ansätzen realisierte Reform. An ihr scheiden sich die Geister. Die Mitbestimmungsforderung als sozialdemokratisches Grundrecht ruft die beiden klassischen Gegner der Sozialdemokratie auf den Plan: den nur formal-demokratischen westlichen Kapitalismus und den zentralistischen Kommunismus. Zwei alternde Giganten, deren chronische Gewerkschaftsfeindlichkeit in ihrer familiären Ähnlichkeit gelegentlich tragikomische Züge annimmt.

Wir alle haben erlebt, wie sich westliche, stockkonservative Zeitungen einige Monate lang für den tschechoslowakischen Reformkommunismus begeisterten oder noch jüngst euphorisch für die Streikbewegung in polnischen Hafenstädten Partei ergriffen. Nicht gerade gewerkschaftsfreundlich im eigenen Bereich, fällt es altliberalen Herren leicht, sich aus hohlem Bauch heraus über die Unterdrückung der Gewerkschaften in kommunistischen Ländern zu entrüsten. Oder sollte sich dort ein Wandel abzeichnen? Beinahe sehe ich mich versucht, diese kurze Standortbeschreibung oder meine nächste 1.-Mai-Rede zum Thema Mitbestimmung der ›Neuen Zürcher Zeitung‹ zum Abdruck anzubieten.

Bei mir zu Hause ist vergleichsweise die ›Frankfurter Allgemeine Zeitung‹ ähnlich reich an Krokodilstränen, wenn es darum geht, ein demokratisches Grundrecht wie das der Mitbestimmung dem Ostblock abzuverlangen und im Westen als nationalökonomische Todsünde zu verdammen. Die Industrieverbände haben ihre Zeitungen und kennen ihre Interessen. Die Arbeitnehmer haben keine oder nur langweilige Zeitungen und kennen ihre Interessen offenbar nicht.

Denn eigentlich sollte man erwarten, daß sich die Masse der Arbeitnehmer zu orientieren weiß und also begreift, daß es seit hundert Jahren die Sozialdemokraten sind, die einzig die Interessen der Arbeitnehmer wahrnehmen und vertreten.

Doch dieser natürlichen Einsicht widersprechen die Wahlergebnisse. Ab und zu Teilerfolge. Mühsam gewonnenes Terrain geht gelegentlich wieder verloren. Kein Erdrutsch. Allenfalls krümelt es hier und da: mehr oder weniger erfreulich.

Wenn demnächst die Schweizer Frauen von ihrem jüngst gewonnenen Stimmrecht Gebrauch machen werden, wird es dann den Schweizer Sozialdemokraten gelingen, allen Arbeiterinnen, den weiblichen Angestellten und auch den Lehrerinnen deutlich zu machen, daß sie allesamt Arbeitnehmer sind und in der Sozialdemokratischen Partei jene Partei haben, die ihre Interessen vertritt?

Nach dem Ersten Weltkrieg haben die deutschen Sozialdemokraten das Frauenstimmrecht eingeführt. Für diesen von der Sache her richtigen Reformmut haben wir lange und bis in unsere Tage hinein bezahlen müssen.

Es fällt den Sozialdemokraten schwer, sich zwischen zwei lautstarken Machtblöcken deutlich zu artikulieren. Es fällt ihnen schwer, sich mit Selbstbewußtsein darzustellen. Es fällt ihnen schwer, aufgrund ihrer Leistungen selbstbewußt zu sein. Auf immer die gleichen Diffamierungen – die schließlich seit Bismarcks Zeiten an Witz nicht gewonnen haben – reagieren sie anhaltend wehleidig. Dort, wo es gilt, bewußt einen Schritt zu tun, lassen sie sich in die Defensive drängen. Dort, wo es gilt, aufklärend in der Öffentlichkeit zu wirken, ermüden sie sich parteiintern in selbstquälerischer Verinnerlichung. Einer evolutionären Partei steht es schlecht an, die eigene Tradition wie ein Veteranenverein zu feiern. Das sollte, das darf nicht sein.

Ratlos verharrt die junge, in Friedenszeiten aufgewachsene Generation in Warteräumen und beginnt der Resignation zu verfallen, bevor sie erste politische Erfahrungen gemacht hat. Eine apolitische Jugend jedoch bestätigt, ob sie will oder nicht will, das Bestehende, also die konservativen Machtgebilde in Ost und West.

Dabei sind es zumeist junge Leute, die in die Sozialdemokratie große, oft zu große Hoffnung setzen. Auf alle entscheidenden Fragen, die die Zukunft der europäischen Industrienationen betreffen, werden von Ihnen, werden von uns allen Antworten verlangt.

Seit kurzer Zeit – um nur einen Konfliktstoff zu nennen – steht die Gefährdung der Umwelt durch zunehmende Verschmutzung im Mittelpunkt der Diskussion. Konservativ weil unbeweglich, drückt sich der Kapitalismus westlich privater, staatlich kommunistischer Prägung um konstruktive Antworten.

Einzig die sozialdemokratischen Parteien geben zu erkennen, daß uns die Gefährdung der Umwelt, das heißt die Verpestung der Luft, die Verschmutzung der Flüsse und Seen, die Zersiedlung der Landschaft und die Manipulation der öffentlichen Meinung zum rigorosen Umdenken zwingen werden; es sei denn, die Bürger in Wohlstandsgesellschaften hätten vor, an den Absonderungen ihres Wohlstandes zu ersticken. Es gilt, Bewußtsein für einen erweiterten Begriff von Eigentum zu entwickeln und besonders das Großeigentum als sozial verpflichtet und gemeinnützig zu begreifen.

Ich frage mich, sind nicht besonders die Schweizer Sozialdemokraten, als Bürger eines Landes, in dem die Gemeinnützigkeit lange Zeit politisches Handeln bestimmt hat, vor allen anderen Sozialdemokraten aufgerufen, Impulse zu geben, Zeichen zu setzen und der europäischen Sozialdemokratie Beispiel zu sein?

Durch meine Frau bin ich dem Städtchen Lenzburg, dem Aargau, der Schweiz verbunden. Meine Kinder sprechen mit meiner Frau Schweizerdeutsch, mit mir berlinern sie. Und etwa so versuche ich, meinen Söhnen das Wort »Solidarität« zu erklären: Wenn es den Schweizer, den österreichischen und den bundesdeutschen Sozialdemokraten gelingt, mit einem gemeinsam entwickelten Umweltschutzkonzept den absterbenden Bodensee zu retten, dann wird das

Wort Solidarität nicht mehr nur hohl klingen, sondern wieder von politischer Bedeutung sein.

Die deutsche Sozialdemokratie ist der Schweizer Sozialdemokratie seit Jahrzehnten verbunden. Es ist nicht vergessen worden, daß zu Bismarcks Zeiten, als die Sozialistengesetze auf Deutschland lasteten, die Zeitung ›Sozialdemokratie‹ mehrere Jahre lang ihre Redaktion in Zürich gehabt hat.

Mehr denn je gilt es heute, historisch gewordene Solidarität zu beleben. Denn die europäische Sozialdemokratie wird zwischen den konservativen Blöcken, wird zwischen Kapitalismus und Kommunismus nur dann bewegende, die Blöcke bewegende Kraft sein, wenn sie sich als eine solidarische versteht.

Was sich am Bodensee zu beweisen haben wird, könnte für Europa zum Beispiel werden. Der Umweltschutz darf nicht an Grenzen scheitern. Der Umweltschutz kennt keine Neutralität.

Am 19. November wird es darum gehen, ob eine neue Bundesregierung unter Bundeskanzler Willy Brandt die so mühsame wie notwendige Reformpolitik fortsetzen kann oder ob mit Strauß und Barzel an der Macht eine zweite Restauration eingeleitet wird. An den Folgen der ersten tragen wir noch.

Ich will es Ihnen und mir nicht leichtmachen, es also nicht bei der bloßen Personalisierung Brandt oder Barzel belassen, obgleich solche Gegenüberstellung dem nachdenklichen Wähler genug sagen sollte. Vielmehr meine ich, daß Brandt und Barzel jeweils auch Ausdruck ihrer Partei sind, also auch Ausdruck aller mit diesen Parteien verbundenen Interessen.

Das Verhalten der Sozialdemokratischen Partei als der ältesten deutschen Partei ist gekennzeichnet von über einem Jahrhundert Reformarbeit und von einem Fortschrittsglauben, der manchmal – und dieses gefährdet die SPD – in naive Fortschrittsgläubigkeit zu münden droht.

Die christdemokratische Partei weiß ihre Stärke im pragmatischen Beharrungsvermögen. Nur ist ihr dieser an sich akzeptable Standpunkt zur Bewegungslosigkeit, ja in vielen Bereichen zur reaktionären Tendenz des Rückschritts geschrumpft.

Wenn die Sozialdemokraten auf der einen Seite zu viele und oft unleserliche Reformpläne vorlegen, so verarmte die christdemokratische Partei andererseits zu absoluter Programmlosigkeit.

Wenn einerseits die Sozialdemokraten mit Ausdauer ihre eigenen Leistungen mißachten und lieber von dem reden, was sie zukünftig tun wollen, so genügt es andererseits den Christdemokraten, verjährte Leistungen zu beschwören oder der Verhinderung von Veränderungen das Wort zu reden.

Ich bin von beiden Parteien nicht begeistert, und warum sollte ich auch. Da sich jedoch eine moderne Industriegesellschaft, gefesselt an ihre Wachstumsrate, ständig in Frage gestellt durch soziale Konflikte, gefährdet durch wachsende Umweltschäden, nur dann als lebensfähig erweisen kann, wenn sie für Veränderungen und das heißt für Reformen aufgeschlossen bleibt, unterstütze ich mit aller Kraft die Sozialdemokratische Partei.

Leidvolle politische Erfahrung sollte die Bürger in der Bundesrepublik in ihrer Mehrheit erkennen lassen, daß mit Strauß und Barzel an der Macht die Geschichte der Bundesrepublik rückläufig werden würde.

Übrigens bin ich überzeugt, daß die Vernunft siegen wird. Jenes christdemokratische Geschäft mit der Angst hat nur Ladenhüter und kurzlebige Saisonschlager zu bieten. Durchsetzen werden sich die Argumente.

Der Schriftsteller als Bürger –
eine Siebenjahresbilanz

Rede in Wien 1973 auf Einladung der SPÖ

Meine Damen und Herren,
ein Schriftsteller, also jemand, der sich immer wieder und nahezu zwanghaft neu definieren muß, hat seine Erfahrungen mit und in der Politik gemacht: Nun liegen sie quer und wollen gebündelt werden. Als er 1965 zum erstenmal mit drei Wahlreden bestückt unterwegs war, um als Wahlkämpfer das zu betreiben, was man später im schönsten Seminardeutsch »Basisarbeit« nannte, schien sein Ansehen noch feuilletonistisch-reputierlich zu sein. Freigiebig gingen Rezensenten und Literaturbetrachter mit Adjektiven um, die ihn zu kleiden hatten. Er wurde anarchisch-genial, berserkerhaft-sprachgewaltig, episch-langatmig, schockierend und bürgerschreckhaft genannt.

Sieben Jahre später, nach dem dritten Wahlkampf und seitdem jenes Stück politische Arbeit, das er sich als Aufgabe gestellt hatte, zum anschaulichen Ergebnis geführt hat, nimmt er Abstand und findet sich wieder: mit Erfahrungen genudelt, gespickt mit politischen Details, selbst der verstocktesten Schwärze noch einen Grauton abgewinnend, doch mittlerweile um jegliche Feuilletonreputation gebracht: ziemlich zerzaust und benutzt, vielleicht um einen Daumensprung Hoffnung reicher, doch skeptisch wie eh und je.

Während dieser sieben Jahre wurden zwar in der Bundesrepublik Deutschland mehrere Revolutionen ausgerufen, doch als sie nicht stattfinden wollten, zwischen Buchdeckeln paginiert und als Lektüre genießbar gemacht.

Dennoch gelang es den Sozialdemokraten während gleich langer Zeitspanne, nach althergebrachter Kriechdisziplin in drei Wahlgängen jeweils mehr als drei Prozent dazuzugewinnen, zur stärksten Partei zu werden und die drei höchsten Staatsämter mit Leuten ihrer politischen Mach-, Denk- und Kriechart zu besetzen. Die Schnecke siegte und will nun ihrer Sohle einreden, sie habe Sprungvermögen bewiesen, könne fortan ziemliche Sprünge machen. Nach dem Sieg werden die Sieger sich fragwürdig.

Hat sich viel oder gar alles geändert? Soll wieder einmal – obgleich es sie nie gegeben hat – die Stunde Null eingeläutet werden? Verwundert stellt der Schriftsteller fest, daß während der besagten sieben Jahre, während er also politischen Kleinkram betrieben hat und dennoch nicht ablassen wollte vom Bücherschreiben, in den oberen Rängen geistiger Republik jene Diskussion fortgeführt wurde, die schon während der fünfziger Jahre Nachtstudio-Programme gefüttert hat und immer noch unter dem Markenzeichen »Der Staat und die Intellektuellen« oder auch abgekürzt »Geist und Macht« ihr Publikum findet.

Nun habe ich zwar unter den rastlos tätigen und vor Reformeifer kreislaufgestörten Politikern im Dienste des Staates mehr Intellektuelle gezählt als im eigenen Zunftbereich, aber jener dünkelhafte Befund, die Literatur habe die Intellektualität in Erbpacht und der geistlose Rest sei von Staats wegen, überwinterte dennoch und erfreut sich immergrüner Selbstbestätigung.

Sinnlos wäre es also, hier vor Ihnen – und gar noch

in Wien – stellvertretend für die Schriftsteller zu sprechen, vielmehr spricht ein einzelner Schriftsteller als Bürger, dessen eher partielle Intellektualität kaum im literarischen Feld, wohl aber im Umgang mit der politischen Materie gefördert worden ist.

Als kürzlich in Hamburg, nach heilloser Diskussion, doch schließlich mit großer Mehrheit, der Verband Deutscher Schriftsteller den Eintritt in die Industriegewerkschaft Druck und Papier beschloß, bescheinigte deren Vorsitzender, Leonhard Mahlein, der versammelten Zunft, daß sie, im Gegensatz zu den Arbeitern, die erste und zweite industrielle Revolution im Schoß ihrer Mäzene verschlafen habe, aber nun immerhin aufgewacht sei. Die Spätaufsteher dankten ihm die sanfte Lektion mit artigem Beifall und rasch gelerntem Resolutionsdeutsch.

Denn dieses herrscht vor: »Wir fordern auf ... Wir verlangen, daß ... Die Unterzeichneten wenden sich entschieden gegen ...« Während der letzten sieben Jahre hat sich die deutsche Sprache wieder einmal gehäutet. Links und rechts jener Wege, auf denen der Fortschritt kreuzbrav Bein vor Bein setzt und oft – oder zumeist – in die Gangart einer Springprozession gerät, stehen zu jeder Jahreszeit Bäume im Saft und treiben Arbeitspapiere, Resolutionen, Programmatisches, Protokollarisches und sonstige Papers. So vielblättrig wurde und wird abgeschirmt, wie zögernd und dennoch sich die Gesellschaft in der Bundesrepublik der Demokratie als einer alltäglich zu benutzenden Lebensform zu bedienen gelernt hat.

Hiermit bin ich beim Ergebnis der letzten Bundestagswahl, das mehr beweist als die prozentuale Zunahme der Sozialdemokraten und Liberalen, mehr als die Verluste der Christdemokraten, als das endliche Randdasein der Rechtsradikalen, als die geschwundene Nachfrage nach althergebrachter kommunistischer Alternative.

Vielmehr wurde deutlich, daß sich die Bürger, laut Grundgesetz, zum erstenmal als Souverän des Staates begriffen hatten. Der Wahlkampf wurde von ihnen nicht stumm hingenommen oder gar ausschließlich den Parteien, mithin den eingekauften Werbeagenturen überlassen, sie machten – und sei es mit Pfennigbeträgen – ihren eigenen Wahlkampf. Ja, weil die Mittel der Bürger knapp waren, war politische Phantasie gefragt. Weil Organisation fehlte, hatte Improvisation ihre Stunde. Nicht überredet, informiert wollten die Bürger werden. Sie warfen die routiniert vorgefaßten Konzepte der Parteien durcheinander, entwerteten die millionenschweren Großanzeigen der CDU und ihrer Klienten mit Witz und dreizeiligen Kleinanzeigen. Sie gaben schließlich den Ton an und wählten in Mehrheit auch nicht mehr nach deutscher Sitte für alle Ewigkeit, sondern ließen beinahe drohend erkennen, daß nur für vier Jahre, also widerruflich mit Wählervertrauen zu rechnen sei. Die Bürger traten aus ihrer Anonymität und stellten sich vor: mit Namen, Beruf, Interesse.

Dieses demokratische, weil emanzipierte Verhalten ist nicht spontan entstanden, sondern im Verlauf der letzten sieben Jahre phasenverschoben gewachsen. Geduldige Arbeit war vonnöten, um dem Beharrungsvermögen eine Elle Veränderung abzutrotzen; mein Anteil an diesem Erfolg besteht im Aufbau der Sozialdemokratischen Wählerinitiative.

Um Nachsicht muß ich Sie bitten, wenn nun vor Ihnen in Wien, die Sie versammelt auf vergoldeten Stühlen sitzen und immerhin Kulturelles oder zumindest Kulturpolitisches erwarten mögen, von jener Wählerinitiative, von ihrem Entstehen und ihrer Entwicklung zu reden sein wird. Nicht »Geist und Macht«, sondern ›Der Schriftsteller als Bürger – eine Siebenjahresbilanz‹ heißt meine Rede.

Ich bin nicht Mitglied der SPD. Mein Verhältnis zu den Sozialdemokraten ist nüchtern abwägend. Ihre Partei konnte mir nicht Ersatzheimat sein, zumal ich ein solches Wärme- beziehungsweise Miefangebot für unzeitgemäß halte; wir leben nicht mehr unter dem Druck der Sozialistengesetze. Dennoch begreife ich mich, sobald ich mir, rück- wie voranblickend, politisch Rechenschaft gebe, als Sozialdemokrat, das heißt, ich bin unverführbar jemand, der Demokratie und Sozialismus als wechselseitige Voraussetzungen erkannt hat.

Bestimmend für meine erst später beginnende intensive politische Arbeit war die nach Kriegsende überfällige Erkenntnis, daß es endlich gelingen müsse, die Existenz und Fortentwicklung der parlamentarischen Demokratie in der Bundesrepublik zu sichern. Alternativen boten sich nicht. Was als inhumaner Ausdruck des Nationalsozialismus bekannt war und nach dessen Ende in der Bundesrepublik latent blieb, wurde durch die totalitäre Praxis der Deutschen Demokratischen Republik bestätigt: Dem Nationalsozialismus draufgepfropfter Stalinismus nach preußischem Zuschnitt pervertierte den Sozialismus abermals. Andererseits fand die Entscheidung zur Demokratie als Gesellschaftsform während der vierzehn Jahre andauernden Adenauer-Ära in der Bundesrepublik nur wenig praktische Entsprechung: Die regierenden christlichen Parteien betrugen sich als Staatspartei, Opposition war anrüchig, Demokra-

tie blieb reine Formsache. Die ideologische Konkurs-
masse des Dritten Reiches fand Eingang in den Antikommunismus des Kalten Krieges. Zwar entstand all-
mählich eine Schul- und Sandkastendemokratie, in
der Opportunismus als Wohlverhalten prämiert
wurde, doch auf lange Zeit blieb ungesichert, ob sich
die Bürger mit der Gesellschaftsform der parlamentarischen Demokratie auch identifizieren würden: Bis
zur Mitte der sechziger Jahre wurde Demokratie zwar
von oben verordnet, doch kaum von unten gefordert.

Einige Ansätze demokratischer Bürgerinitiativen
seien erwähnt: etwa die »Ohne-Mich-Bewegung« der
Kriegsgeneration zur Zeit der Einführung der Wiederbewaffnung. Oder die Anti-Atombewegung: hier
getragen von Pazifisten, dort unterwandert von Kommunisten, fragwürdig geeint im Ritual der Ostermär-
sche.

Später bildeten sich Republikanische Clubs und
führten ihr Inseldasein. Protesttelegramme mit
immer denselben ehrbaren Namen. Schier verliebt in
den eigenen isolierten Zustand – als sei man durch
schicksalhafte Fügung zum Eckenstehen verdonnert –
gefiel sich die demokratische Linke abseits der Parteien in hohem, moralischem Anspruch und nachge-
liefertem Antifaschismus.

Soviel Protest im Jahre 1962, zur Zeit der ›Spiegel‹-
Affäre laut wurde, die Mehrheit der Bürger blieb
unbetroffen; nur dank genauer Opposition gelang es
der SPD und der FDP, den damaligen Verteidigungsminister Franz Josef Strauß zum Rücktritt zu zwingen.

Und die Studenten?

Auf den westdeutschen Universitäten verkümmer-
ten die demokratischen Organisationen, lag die Betei-
ligung bei Wahlen in der Regel unter fünfzig Prozent;

denn bis zur Mitte der sechziger Jahre gaben korporierte Studenten und die Indifferenz einer schon früh karrierebewußten Generation den Ton an. Politisch herrschte auf den Universitäten Windstille, allenfalls wurde über das schlechte Mensaessen genörgelt.

Erklärend, wenn auch nicht entschuldigend, mag gesagt sein, daß das ungerechte Bildungssystem in der Bundesrepublik die deutschen Universitäten zu elitären Anstalten verformt hat, deren einst rechte und dünkelhafte Anmaßung alsbald in linke Arroganz umschlug; doch immer sind es die Söhne und Töchter des mittleren bis gehobenen Besitzbürgertums gewesen, die den Freiraum der Universität benutzt haben, ihren zeitweiligen Verdruß, der sich im Elternhaus schlecht abreagieren ließ, der Gesellschaft insgesamt heimzuzahlen.

Nur eine Bildungsreform, die von der Vorschule an Chancengleichheit gewährt und den privilegierten Status von Studenten und Professoren verwirft, kann, indem sie den Studenten und Professoren, vergleichbar den Arbeitern und Angestellten, Rechte zuerkennt und Pflichten auferlegt, die Universitäten und Hochschulen zu demokratischen Anstalten wandeln.

Doch nun zur eigenen Person: Ich habe meine politischen Erfahrungen passiv und traumatisch skeptisch zuerst in der Bundesrepublik gemacht; mehr aus der Sicht des mit sich beschäftigten Bildhauers als aus der Anteilnahme eines jungen Bürgers.

Vom Wirtschaftswunder und seinen Folgeerscheinungen verschreckt, zog ich um. Von 1953 bis 1956 lebte ich in Berlin. Ich begann, neben meiner Bildhauerarbeit gleichgewichtig zu schreiben. Erst nach dem Arbeiteraufstand vom 16. und 17. Juni 1953 in der DDR wurde mir die politische Nachkriegsrealität und also auch die Verlogenheit des Anspruchs auf »Wiedervereinigung in Frieden und Freiheit« bewußt.

Von 1956 bis 1960 habe ich in Paris gearbeitet: genügend Abstand, um den Kümmerprozeß der Demokratie, besonders nach Konrad Adenauers absolutem Wahlsieg im Jahre 1957, zu begreifen.

Nachdem mein Roman ›Die Blechtrommel‹ im Herbst 1959 erschienen war, kehrte ich im Frühjahr 1960 nach Berlin zurück. Im folgenden Jahr wurde die Berliner Mauer gebaut, ohne daß sich die gesamtdeutschen Illusionen verflüchtigen wollten. Das Wunschdenken war stärker als der brutale Ausdruck des beiderseits praktizierten Separatismus.

Parallel zum Bau der Berliner Mauer fand in Westdeutschland der Wahlkampf zum vierten Deutschen Bundestag statt; Willy Brandt, der Regierende Bürgermeister von Berlin, kandidierte zum erstenmal als Kanzlerkandidat der SPD.

Im Verlauf mehrerer Gespräche mit Brandt wurde mir deutlich, daß einzig mit Hilfe der Sozialdemokraten eine demokratische Entwicklung der Bundesrepublik über den nur formalen Anschein hinaus gesichert werden konnte; das aber hieß, ein Vorfeld zu beakkern. Zwar verfügte die SPD, selbst nach der Niederlage von 1957, über einen ordentlichen Bestand an Stammwählern, im gesellschaftlichen Prozeß jedoch blieb sie isoliert und auf die Hinterbank verwiesen. Auch wenn sie sich seit dem Godesberger Parteitag von 1959 vielsagend »Volkspartei« nannte, benahm sie sich nach wie vor wie eine introvertierte und traditionsgebundene Klassenpartei. Zwar hatten sich die Sozialdemokraten ein modernes und, wie die zurückliegenden Jahre bewiesen haben, zukunftsweisendes Programm gegeben, doch in ihren Gliederungen schienen sie nicht bereit zu sein, das Godesberger Programm zu akzeptieren und umzusetzen.

Hier sei vermerkt, daß während in Berlin die Mauer gebaut wurde und Willy Brandt seinen ersten, in Grenzen erfolgreichen Wahlkampf als Kanzlerkandidat der SPD bestritt, auch die erste Verleumdungskampagne gegen ihn lief. Ausgelöst wurde sie durch Konrad Adenauers berüchtigte Regensburger Rede, in der der damalige Bundeskanzler diffamierend auf die uneheliche Herkunft und die Emigrationszeit seines Gegenkandidaten anspielte.

Die bundesdeutsche Öffentlichkeit reagierte in Glossen ein wenig tantenhaft entrüstet; im übrigen wurde von den sonst so protesttüchtigen Schriftstellern und anderen Musterdemokraten hingenommen, was bis ins Wahljahr 1972 hinein üble Praxis werden sollte.

Mich hat die Verleumdungskampagne gegen Willy Brandt zusätzlich für meine spätere politische Arbeit motiviert. Nachdem ich ein Theaterstück – ›Die Plebejer proben den Aufstand‹ – beendet hatte, das sich Shakespeares Tragödie ›Coriolanus‹, Brechts ›Coriolan‹-Bearbeitung und den Arbeiteraufstand vom 16. und 17. Juni 1953 in der DDR, also auch das Verhalten des sich revolutionär verstehenden Schriftstellers der revolutionären Realität gegenüber zum Anlaß genommen hatte, begann ich, ohne zur Parteiorganisation der SPD Kontakt zu haben, mit Vorbereitungen für die Bundestagswahl 1965.

Im Frühjahr des Wahljahres versammelten sich in meiner Berliner Wohnung etwa zwanzig Studenten, die dem Sozialdemokratischen Hochschulbund und dem Liberalen Studentenbund angehörten. Mit ihrer Hilfe habe ich jene zwei Wahlreisen organisiert, die mich im Frühsommer und Frühherbst des Jahres 1965 von Passau bis Flensburg durch rund fünfundvierzig bundesdeutsche Städte führten. Für einen Schriftsteller, der bislang nur die üblichen Dichterlesungen gegen Honorar, flankiert von Gummibäumen und Zimmerlinden, vor gutbürgerlichem Publikum gewohnt war, ein neuer und aufregender, ein mich in Frage stellender Vorgang.

Wenn Sie so wollen, übten die sozialdemokratischen und liberalen Studenten, abseits des jeweils offiziellen Parteikurses, zum frühen Zeitpunkt die Möglichkeit einer sozialliberalen Koalition. Die SPD reagierte mißtrauisch, doch, angesichts der vollen Säle und eines Wählerpotentials, das auf Parteiveranstaltungen noch nie präsent gewesen war, zögernd-wohlwollend.

Die erste Veranstaltung fand in Hamburg statt. Ein Anfangserfolg war die bloße Tatsache, daß die dort meistgelesenen Springer-Zeitungen ihre Berichte nicht ins Feuilleton abschoben, sondern im politischen Teil relativ groß herausstellten. Damit waren für alle späteren Veranstaltungen die Weichen gestellt. Das Engagement eines parteiungebundenen Schriftstellers für die SPD konnte nicht mehr als amüsante kulturpolitische Veranstaltung im unverbindlichen Bereich des Feuilletons weggelobt werden; die sonst so beliebte Spielwiese blieb unbenutzt. Dementsprechend war die Reaktion im bundesdeutschen Feuilleton: süffisant und mokiert.

Zwar hatte man jahrelang den überhöhten und moralisch knitterfreien, den ziemlich hohepriesterlichen Standpunkt des Schriftstellers als möglichen politischen Ort beschrieben und – weil man forsch sein wollte – auch ein bißchen gefordert, aber so direkt, so schweißtreibend, so detailverstrickt und ganz unakademisch inmitten Bierdunst gestellt, wollte man den engagierten Schriftsteller oder das personifizierte »Gewissen der Nation« nicht tätig sehen.

Ich habe während dieser beiden ersten Wahlreisen das Publikum von Stadt zu Stadt, ob in Wanne-Eickel oder Erlangen, jeweils als Bürger angesprochen. Eine Anrede übrigens, die verblüffte, zumal ich den Begriff Bürger aus der Tradition der europäischen Aufklärung herleitete, also, wie es kürzlich und endlich der Bundeskanzler in seiner Regierungserklärung getan hat, den gesellschaftlich verantwortlichen Citoyen meinte, obgleich auch der in Frankreich nur noch Erinnerung oder abermals Wunschvorstellung ist.

Wenn Willy Brandt heute an exponierter Stelle den aufgeklärten Bürger als Kontrastfigur gegen den Spießbürger deutscher und internationaler Herkunft stellt und wenn das Wahlverhalten bei der letzten Bundestagswahl gezeigt hat, in welch großer Zahl die Bundesrepublik mittlerweile über aufgeklärte Bürger und also die Demokratie – im Gegensatz zur Weimarer Republik – endlich über Demokraten verfügt, dann sehe ich mich in meiner politischen Zielsetzung bestätigt, wenngleich der vulgäre Jargon unserer Tage nach wie vor reaktionäre Blüten treibt: Abschätzig wird die Gesellschaft eine bürgerliche genannt, wegwerfend wird von bürgerlicher Literatur gesprochen; dabei sind es zumeist gutsituierte Lesebuchlinke, deren Wunsch nach der Restauration des Proletariats den historisch und sozialpolitisch bedingten Wunsch der Arbeiter ignoriert, endlich, nach kleinbürgerlichem Kümmerdasein, aufgeklärte und gleichberechtigte Bürger zu werden.

Wie 1965 kommt es mir deshalb auch heute darauf

an, Ihnen die politische Nebenarbeit eines Schriftstellers als das selbstverständliche Betragen eines Bürgers darzustellen. Noch vorhandene Klassengegensätze in einer demokratischen Gesellschaft werden nicht aufgehoben, indem man die Klassengesellschaft des neunzehnten Jahrhunderts zu restaurieren versucht, sondern indem durch zielstrebige Reformpolitik jene aufgeklärt-bürgerliche Gesellschaft entsteht, die den einst notwendigen Klassenkampf überwunden und die Gleichberechtigung aller zur alltäglichen Praxis gemacht hat.

Doch zurück zu den Anfängen einer Entwicklung, die noch lange nicht abgeschlossen ist. Die beiden ersten Wahlreisen des Jahres 1965 wurden nur von wenigen Schriftstellern aktiv unterstützt. Ich nenne Paul Schallück, Siegfried Lenz, Hans Werner Richter. Aus der Sicht des Schweizer Demokraten schrieb Max Frisch einen Artikel, der unseren Versuch und seine mögliche Tragweite analysierte. Bezeichnend für die Situation des Jahres 1965 war es, daß die Wochenzeitung ›Die Zeit‹ diesen Artikel erst nach der Wahl veröffentlichte. Am Wahltag hatten die Sozialdemokraten etwas über drei Prozent dazugewonnen und nahezu vierzig Prozent der Wähler auf ihrer Seite; Ludwig Erhard blieb Bundeskanzler.

Im Jahr darauf scheiterte die Regierung Erhard an der von ihr gewollten Rezession. Die sich anschließende Regierungsbildung der Großen Koalition zerschlug unsere knapp gewonnene Basis, denn ihr lähmendes Übergewicht ließ die parlamentarische Opposition verkümmern und stiftete den eigentlichen Anlaß für eine rasch wachsende, anfangs radikaldemokratische, später prinzipiell systemfeindliche Außerparlamentarische Opposition.

Rechts von sich fand die Große Koalition ihre Entsprechung in spektakulären NPD-Erfolgen bei etlichen Landtagswahlen. Und weil die radikaldemokratische Mehrheit der protestierenden Studenten der systemfeindlichen Minderheit nahezu kampflos die Führungsposition einräumte, kam es bald zum in Deutschland üblichen Wechselspiel zwischen Rechts- und Linksradikalismus. Auch wenn der Studentenprotest die bundesdeutsche Gesellschaft konstruktiv verändert und für Reformbedürfnisse aufgeschlossen hat, sein eigentlicher Erfolg wurde vom Scheitern an revolutionärer Zielsetzung überdeckt. Mit anderen Worten: Der Studentenprotest hat die Entwicklung der sozialen Demokratie gefördert, aber gleichzeitig setzte er Randgruppen frei, die den politischen Radikalismus mit terroristischen Methoden praktizierten und auch in Zukunft praktizieren werden. Jetzt wird sich erweisen, ob Staat und Gesellschaft fähig sind, den schwer erkämpften Toleranzraum einerseits genau zu bestimmen und andererseits zu bewahren. Toleranz ist nur dann ein Zeichen von Stärke, wenn sie sich ihrer Grenzen bewußt ist.

Der linke Flügel der SPD, im Stich gelassen von den weit stärkeren rechten Gruppierungen, hat sich lange Zeit durch die scheindemokratischen Aktionen radikaler Gruppen verunsichern lassen, ja, mehr noch: Er hat den eher konservativen Sozialdemokraten des rechten Flügels die Aufgabe überlassen, bloße formaldemokratische Richtlinien und Erlässe zu verabschieden, deren Tendenz eine defensive und hergebracht ordnungsstaatliche ist. Dabei wäre es Aufgabe des linken Flügels der SPD gewesen, Theorie und Praxis des demokratischen Sozialismus gegen die Ansprüche der zumeist autoritär organisierten und dem Stalinismus verwandten Gruppierungen zu setzen.

An Stelle solcher offensiver Auslegung der eigenen politischen Grundlagen begann die SPD seit Beginn des Studentenprotestes ihre Kraft in unproduktivem Streit zu verzetteln und ihren Wählern ein oft trostloses Bild zu bieten.

Zwar gelang es dem Ersten Vorsitzenden der SPD, die Partei jeweils zum Zeitpunkt bevorstehender Bundestagswahlen – 1969 nur mit Mühe, 1972 mit größerem Erfolg – für ein gemeinsames Ziel zu einen, doch jeweils nach knapp, dann sicher gewonnener Wahl brach der papierene Prinzipienstreit wieder aus; er ist auch heute Beweis für den Zustand der SPD.

Die Sozialdemokratische Wählerinitiative entstand als Idee zu Beginn des Studentenprotestes. Im März 1967, während einer Landtagswahl in Schleswig-Holstein, kamen Siegfried Lenz, der Historiker Eberhard Jäckel und ich überein, die dort gefundene Form der Zusammenarbeit bundesweit zu versuchen. Während die Große Koalition nach der Verabschiedung der Notstandsgesetze an sich zu scheitern begann und der Studentenprotest in Agonie mündete, wurde im Verlauf des Jahres 1968 in mehreren Arbeitssitzungen die Wahlkampftätigkeit einer Sozialdemokratischen Wählerinitiative für das Jahr 1969 vorbereitet.

Die Führungsgremien der SPD reagierten skeptisch. Resignation schien die Partei zu lähmen. Ihr rechter Flügel machte sich schon mit der Fortsetzung der Großen Koalition vertraut. Erst als es gelang, Herbert Wehner von unserem Versuch, der ihm exotisch schmecken mochte, zu überzeugen, begann eine auf kritische Hilfe begründete Zusammenarbeit, die bis heute dauert.

In Bonn wurde ein Büro bezogen. Studenten, des bloßen Protestes überdrüssig, waren die ersten Mitarbeiter. Als am 5. März 1969 Gustav Heinemann in Berlin zum Bundespräsidenten gewählt wurde, wirkte das gemeinsame Votum von Sozialdemokraten und Liberalen wie ein Signal. Die Sozialdemokratische Wählerinitiative formulierte, noch während sich die Regierung Kiesinger/Brandt tagtäglich Handlungsunfähigkeit bewies, ihr Wahlziel: Ablösung der Großen Koalition durch eine sozialliberale.

Ich scheue mich nicht, heute zu sagen: Der knappe Sieg im Herbst des Jahres 1969 und eine Regierung Brandt/Scheel wären ohne den Beitrag der Sozialdemokratischen Wählerinitiative nicht möglich gewesen. Es mag aktengläubigen Historikern, fliegenbeinzählenden Soziologen und trendbewußten Parteistrategen überlassen bleiben, meine Behauptung zu akzeptieren oder zu widerlegen.

Etwa neunzig Wählerinitiativen entstanden in gleich viel Wahlkreisen und versuchten überall dort, wo die SPD keinen Ansatz fand, die Wähler durch Information zu überzeugen. Jungwähler, Frauen, das sogenannte Bildungsbürgertum, aber auch katholische Arbeitnehmer waren unser Publikum.

Mit Kleinanzeigen, Diskussionsveranstaltungen und improvisierten Straßenaktionen wurde ein neuer Wahlkampfstil erprobt. Unser schon im Frühsommer beginnender Wahlkampf mag sich auf die immer noch resignierte oder mit Kommunalhändel beschäftigte SPD stimulierend ausgewirkt haben; um es handgreiflich zu sagen: Die Partei wurde von ihren Wählern am Schlips gepackt.

Am 28. September 1969 nahm die SPD abermals um mehr als drei Prozent zu. Mit den Freidemokraten konnte sie eine Regierung bilden, deren Basis knapp und bröckelnd, deren Programm übersteigert war.

Seitdem ist in der Bundesrepublik die politische Aktivität des Wählers während der laufenden Legislaturperiode – und nicht nur in Wahlkampfzeiten – selbstverständlich geworden. Viele der 1969 gegründeten Wählerinitiativen haben als lokale Gruppen weitergearbeitet und Anstoß zu neuen Initiativen gegeben: sei es zum Schutze der Umwelt, sei es zur Abschaffung des § 218, sei es in Sachen Mieterschutz. Bei etlichen Landtagswahlen wurden sie tätig. Und als es um die Ratifizierung der Ostverträge ging, haben Unterschriftenaktionen von Bürgerinitiativen die Meinungsbildung in der Bundesrepublik aufklärend beeinflußt; denn das schier chronische Unvermögen der SPD, ihre beachtlichen, weiß Gott darstellbaren Leistungen dem Bürger als Wähler begreifbar zu machen, zwang die sozialdemokratischen Wähler, öffentlich für sich selbst zu sorgen.

So war es 1972 relativ einfach, die noch oder schon wieder vorhandenen Initiativen auszubauen und, sobald der Wahltermin absehbar war, noch vor der SPD mit einem informierenden Wahlkampf zu beginnen.

Besonders wirkte sich unsere Arbeitsweise in den relativ kleinen Bundesländern, Saarland, Rheinland-Pfalz, Schleswig-Holstein, aus.

Die Gründung eines Katholischen Arbeitskreises innerhalb der Sozialdemokratischen Wählerinitiative provozierte törichte Reaktionen der Katholischen Amtskirche, die sich durch ihre althergebrachte Liaison mit der CDU/CSU besonders bei gläubigen Katholiken um restliche Glaubwürdigkeit gebracht hat. Es mag sein, daß das unsichere, mal trotzig-antiklerikale, mal sich anbiedernd-unterwürfige Verhältnis der SPD zur katholischen Amtskirche durch die politisch erfolgreiche Arbeit engagierter Katholiken innerhalb der Wählerinitiative korrigiert werden wird.

Weil unser Verhalten so offen war, scheiterte der Versuch der CDU/CSU, mit gezinkten Wählerinitiativen, hinter denen millionenschwere Geldgeber standen, gleichzuziehen und mündiges Bürgerverhalten zu verfälschen. Die Wähler durchschauten den Trick und wollten sich ihre Stimme nicht durch bombastische Großanzeigen abkaufen lassen. Die bis dahin erfolgreiche Panikmache der CDU konnte selbst Großmütter nicht mehr verschrecken. Nicht nur der allmächtige Axel Cäsar Springer, auch die Unionsparteien hatten das nüchterne Kalkül der Bürger unterschätzt. Kurzum: Parteien, deren Demokratiebegriff ein nur formaler ist, können, weil sie die gewachsenen Ansprüche der Bürger nicht begreifen, mit keiner Initiative zu ihren Gunsten rechnen.

Die Sozialdemokratische Wählerinitiative hingegen war nie bloße Interessengemeinschaft zum Zwecke klotziger Anzeigenwerbung. Im Gegensatz zu 1969 haben wir 1972 nicht nur mit einem größeren Angebot an sogenannter Prominenz, sondern auch mit vielschichtig sachkundigen Referententeams gearbeitet. Dazu einige Zahlen: Bis zum Wahltermin waren in allen Bundesländern etwa dreihundertfünfzig Sozialdemokratische Wählerinitiativen aktiv. Über sechshundert Veranstaltungen wurden von ihnen organisiert. Sogar parteiungebundene Beamte aus Brüssel reisten übers Wochenende und sprachen über Probleme der Wirtschafts- und Agrarpolitik. Unser gemeinsames Motto »Bürger für Brandt«, das auch umgekehrt verstanden werden konnte, hat den Wahlkampf frühzeitig geprägt. Wir machten Schule: Auch die FDP wurde von Initiativen unterstützt.

Vielleicht noch diese Randbemerkung: Indem wir nicht zum eingetragenen Verein wurden, also die landesübliche Vereinsmeierei kaum um sich greifen konnte, blieb die Sozialdemokratische Wählerinitiative bis zum Wahltag ein für deutsche Verhältnisse ungewöhnlich offener Versuch, den nicht parteigebundenen Bürger am Wahlkampf zu beteiligen.

Zwar hat die SPD unsere Hilfe dankbar akzeptiert und bestätigt, ob sie jedoch aus dem spontanen Angebot ihrer Wähler als Bürger demokratische Lehren zu ziehen bereit ist, bleibt skeptisch abzuwarten; denn der hohe Wahlsieg wird die Sozialdemokratische Partei Deutschlands womöglich hindern, ihre eigene in den Scharnieren knirschende Organisation zu überholen, das heißt: zu reformieren.

Notwendig ist es, daß sich die Partei in all ihren Gliederungen den Bürgern öffnet und mithin die Aufstellung der Kandidaten zu jeder ins Haus stehenden Wahl eine öffentliche wird.

Notwendig ist es, daß die SPD ihre wenigen verbliebenen Zeitungen nicht weiterhin herunterwirtschaftet und mit beachtlicher Funktionärskonsequenz unlesbar macht, sondern endlich begreift, daß informierende Zeitungen unabhängige und, wenn es irgend geht, talentierte Journalisten voraussetzen.

Notwendig ist es, daß sich die Sozialdemokratische Partei, vom Godesberger Programm ausgehend, immer wieder neu definiert, damit der Begriff »demokratischer Sozialismus« nicht zufälligen Interpretationen oder gar der absichtlichen Mißdeutung überlassen bleibt.

Schwäche und Zerfallserscheinungen innerhalb der CDU/CSU sind in dieser Situation nicht gerade hilfreich. Zu wünschen bleibt, daß beide christdemokratische Parteien die Gründe für ihre Niederlage, also Vorgänge, die bis ins Jahr 1965 zurückreichen, endlich analysieren, damit sie Kraft zur Erneuerung finden; denn den regierenden Parteien ist eine im Argument starke Opposition zu wünschen.

CDU und CSU sind gescheitert, weil ihnen Kraft, Mut und Einsicht gefehlt haben, sich vom deutschnationalen bis rechtsradikalen Potential zu trennen. Der zeitweilig erfolgreiche Einkauf von Restbeständen der NPD hat für die Unionsparteien zu erheblichen Verlusten in der Mitte geführt; diese wird, wenn überhaupt, nur dann zurückzugewinnen sein, wenn es den Christdemokraten gelingt, weitere Abmagerung zu ertragen und zur sozialliberalen Reformpolitik, deren Stärke und Schwäche ja auf der Hand liegen, eine Alternative zu finden, die überprüfbar ist und sich nicht in taktischen Mätzchen erschöpft.

Und die Reste Außer- und antiparlamentarischer Opposition, zu der sich viele Schriftsteller zählen? Werden auch sie sich endlich nach Hohlstellen abklopfen? Der Tradition der Weimarer Republik verbunden und während der Zeit der Adenauer-Ära unter vergleichbaren Druck gestellt, waren sie stark im Neinsagen und wortmächtig immer dann, wenn absolute Forderungen marktgängig waren. Ein schier unbändiges Hüpfvermögen befähigte junge, aber auch bereits knickbeinige Schriftsteller, angeekelt die landeseigenen Verhältnisse zu fliehen und noch der entferntesten Revolution touristisch auf den Fersen zu bleiben.

Zwischendurch erleichterte man sich. Literatur

wurde verworfen: als gesellschaftlich nicht relevant, lukullisch, schädlich im Grunde, als bürgerlich-liberale Beschwichtigungsmasche, die den Aktionismus mit Zweifeln durchsäuere. Allenfalls relevant war Agitationskunst zum Zwecke der revolutionären Anleitung proletarischer Massen und so weiter und so weiter.

Schriftsteller, die offenbar nicht schreiben mußten, also dem Laster leicht abschwören konnten, predigten einen neuen Puritanismus, dem allerdings die Mehrheit der Bürger als Wähler keinen Wohlfahrtsausschuß nebst Guillotine genehmigen wollte.

Seitdem sind viele ernüchtert. Wer sich gestern noch jakobinisch kostümierte, beträgt sich heute schneller revisionistisch, als es die Anstandspflicht für gewesene Revolutionäre erlauben sollte.

Mich hat der Überdruß vieler meiner Kollegen am eigenen Vermögen wie Unvermögen kaum überrascht und nur von Fall zu Fall betroffen gemacht. Es soll hier dennoch nicht aufgerechnet werden; doch fahrlässig wäre es, die Gefahr eines linken Irrationalismus zu verdrängen.

Nach sieben Jahren politischer Arbeit nehme ich mir das Recht, auf das Erreichte in Grenzen stolz zu sein, aber auch all jene dürftig zu nennen, die das Wort »Proletariat« wie eine Hostie auf der Zunge spazierenführen und Arbeiter und Angestellte wie eine stumpfe Masse traktieren.

Die rechte Elite war der genaue Ausdruck konservativer bis reaktionärer Weltanschauung; eine linke Elite jedoch widerspricht den Grundsätzen des demokratischen Sozialismus. Deshalb zurück zur Bilanz eines Schriftstellers, der sich nicht nur zeitweilig, sondern grundsätzlich als Bürger begreift.

Sieben Jahre können eine Durststrecke sein; sie sind dennoch nur ein Daumensprung gewesen. 1965 war vieles, das heute schon wieder bröckelnde Alltäglichkeit ist, noch weit entrückter demokratischer Wunsch. Erlauben Sie mir ausnahmsweise aus eigener, mittlerweile siebenjähriger Rede zu zitieren:

»Wer sprach hier und zu wem? Jemand, der über Hundejahre berichtet hat ... Jetzt sucht er neuen Stoff. Einen, der heiter stimmt. Ich will nicht mehr sagen müssen: Der sieht nur so aus; getan hat er das; vergessen hat er jenes. Vielmehr will ich von jemandem erzählen, der noch nichts getan hat, der gerade jetzt anfängt, jung und ganz blank ist, ein bißchen töricht und verbockt, aber neugierig, was wohl kommen mag: Heiter bis wolkig. Mäßig schwankende Kurse. Albern wechselnde Moden. Schulen so viele, daß blöd bleiben Kunst wird. Reformen und Wohlfahrt. Solide, etwas farblose Sozialdemokratie. Und kein Gedröhn mehr und Schicksalsgeraune. Nie mehr Kreuzzüge und über Gräber vorwärts. Ohne den alten Schuh Weltanschauung. Auch ohne Elitegeist und abendländische Überheblichkeiten. Das wäre ein Buch. Anmutig, voller Gelächter. Streitbar im Kampf um die Grünanlagen. Unerbittlich, wenn es um Spesenabrechnungen geht. Es ließen sich Revolutionen entfesseln, die dem heruntergekommenen deutschen Hotelfrühstück zu Leibe rückten. Es ließe sich Alltag erzählen, direkt, ohne Rückblende und ohne den immer noch abfärbenden Hintergrund: Tausendjähriges Reich. Es liegen ›Demokratische Geschichten‹ in der Luft. Das alles steht zur Wahl.«

Nun, sieben Jahre später, steigen wir ins demokratische Detail. Die Nachkriegszeit ist abgeschlossen. Die großen Themen sind verhandelt worden. Totale Weltanschauung blüht nur noch in wohltemperierten Seminaren. Selbst die statistikmampfenden Technokraten sind in ideologische Sackgassen geraten und versuchen nun, ihre blitzblanken Karossen zu wenden. Endlich geht es um Grünflächen und Nahverkehrsmittel. »Qualität des Lebens« – ein, wenn man will, konservatives Verlangen – ist gefragt und bestimmt die Politik. Das neue Arzneimittelgesetz, ein Lebensmittelgesetz werden die Gemüter streitbar bewegen. Mitbestimmung und Bildungsreform, die ursächlich zusammenhängen und einander bedingen, werden uns länger als ein Jahrzehnt lang beschäftigen und schier aufreiben. Zwei deutsche Staaten werden gleichberechtigt nebeneinander leben und ohne Feindbild auskommen müssen. Um die aberwitzige Alternative des Krieges gebracht, begreifen wir, wie anstrengend und ermüdend der Frieden ist, denn er muß täglich gemacht werden.

Soll das alles sein? Reformen und Reförmchen? Immer neue Wahlgänge? Wechselnde Mehrheiten, graustichige Kompromisse? Veränderungen, die Veränderungen bewirken, aus denen sich Veränderungen als notwendig abzeichnen? Mittelfristige Perspektiven und Langzeitprogramme? Die permanente Revision?

Während des zurückliegenden Wahlkampfes war ich für wenige Tage, weil dort als Sensation eine »Kieler Woche« stattfand, in meiner Heimatstadt Danzig, im polnischen Gdańsk. Bohrend und wie ausgehungert wurde ich von mir unbekannten Polen nach Einzelheiten des Wahlkampfes, nach der Möglichkeit der Bürger befragt, initiativ zu werden und alternativ zu handeln. Ich begriff, wie kostbar die Mühsal des demokratischen Alltags ist und wie sie überall dort vermißt und ersehnt wird, wo eine einzige Partei sich selbst überhebt und keine Alternative zuläßt.

Erweitern wir unsere mühsam gewonnene bürgerliche Freiheit, bis sie auch ihren sozialen Ausdruck gefunden hat! Neue Ideologien sind nicht vonnöten. Der westliche Privatkapitalismus hat seine Macht mißbraucht; nun wird er sich demokratischer Kontrolle stellen müssen. Der kommunistische Staatskapitalismus hat die Forderungen und Ziele der sozialistischen Revolution pervertiert, indem er neue, ihm eigene Abhängigkeiten geschaffen hat. Wir hingegen haben gelernt, daß sich Sozialismus nicht von oben verordnen, sondern nur durch mehr Demokratie verwirklichen läßt. Wir wissen nun, daß eine nur formale Demokratie allenfalls Scheinrechte garantiert: Einzig immer mehr soziale Gerechtigkeit kann ihren Anspruch einlösen.

Doch seien wir nicht selbstgerecht. Wenn uns günstige Umstände hier, in Mitteleuropa, erlauben sollten, den demokratischen Sozialismus auf lange Sicht zu verwirklichen, dann dürfen wir nicht vergessen, daß es tschechoslowakische Reformkommunisten gewesen sind, die uns vor wenigen Jahren – und sei es auch nur für knappe Zeit – den unlösbaren Verbund von Demokratie und Sozialismus gelehrt haben.

Als ich im März des letzten Jahres in Griechenland war, sprach ich vor demokratischen Freunden, zwischen denen notorisch die Spitzel des Regimes saßen, über den moralischen Bankrott der Großmächte Sowjetunion und USA, über die doppelte Hybris der Macht, wie sie zur Unterdrückung des demokratischen Sozialismus in der Tschechoslowakei und zur Militärdiktatur in Griechenland geführt hat. Meine Rede hieß: ›Gegen die Gewöhnung‹. Denn sie hat von uns Besitz genommen. Prag und Athen sind uns ärgerlich, weil beide Städte darauf bestehen, erinnert zu werden, weil sie uns mitverantwortlich machen, weil uns verstrichene Zeit nicht entlastet oder gar freispricht.

Wien ist der Ort, um Prag und Athen, die europäischen Wunden, offenzuhalten. Wir mögen noch so viele Gewinne verbuchen, demokratisch fett und sozialistisch proper sein; gemessen und gewogen jedoch werden wir dort, wo Sozialismus nur Drangsal und Freiheit ein keusches Wort ist.

Sieben Jahre lang versuchten viele mit mir gemeinsam, einen Stein zu bewegen. Man sagt, er sei ein wenig verrückt worden. Erst als sich der Schriftsteller als Bürger begriff, begannen die Bürger, ihn als Schriftsteller zu begreifen. Ich lade Sie freundlich ein, recht unbequem bürgerlich zu sein.

Rede vor der Sozialdemokratischen Wählerinitiative

Liebe Freunde,
vier Monate nach der Bundestagswahl vom 19. November 1972 und wenige Wochen vor dem Parteitag der SPD in Hannover findet eine Arbeitstagung der Sozialdemokratischen Wählerinitiative statt, zu der ich Sie begrüße. Es wird darauf ankommen, während dieser zwei Tage der Partei unserer Wahl zu beweisen, daß wir nicht nur ein bloßer Wahlhilfeverein waren, sondern auch während der laufenden Legislaturperiode kritisch präsent sind.

Als ich vor wenigen Wochen auf Einladung der SPÖ in Wien einen Vortrag über die Arbeitsweise der Sozialdemokratischen Wählerinitiative hielt, war es notwendig, eine Siebenjahresbilanz zu ziehen, also davon zu berichten, wie unmöglich es 1965 noch schien, die Wähler zur Initiative zu bewegen, gegen welche Skepsis bei den Bundestagswahlen 1969 über neunzig Initiativen aktiv wurden und entscheidend dazu beitrugen, daß die Große Koalition durch eine sozialliberale abgelöst werden konnte, und wie erfolgreich unsere Arbeit während der folgenden drei Jahre bis hin zum letzten Wahltermin gewesen ist.

Vor Ihnen, die Sie Anteil gehabt haben am Aufbau der Initiativen und als es darum ging, in verzweifelter Situation gegen die Übermacht der Springer-Presse und anderer millionenschwerer Geldgeber Information an den Wähler heranzutragen, vor Ihnen, die Sie von Ihren Bürgerrechten Gebrauch gemacht haben, muß solch ausführliche Bilanz nicht gezogen werden.

Sie wissen, welch demokratisch eigennütziges Interesse viele Bürger motiviert hat, den Wahlkampf nicht etwa passiv zu ertragen, sondern aktiv mitzugestalten.

Sie wissen auch, daß die bloße Befürchtung, es könnte eine Strauß-Barzel-Regierung über uns kommen, viele Bürger bewogen hat, ihren Ärger über den anhaltenden Prinzipienstreit innerhalb der SPD zu überwinden und dem Fortbestand der sozialliberalen Koalition eine Chance zu sichern. Und nicht zuletzt wissen Sie, wie schwer es gefallen ist, eine organisierte, ja, überorganisierte Partei wie die SPD, deren organisatorische Stärke sich in Praxis oft genug nur als Legende erwiesen hat, von unserer aus Prinzip kaum organisierten, deshalb jedem mittleren Funktionär suspekten Initiative zu überzeugen.

So kann es kaum überraschen, wenn sich die Sozialdemokratische Partei Deutschlands nach gewonnener Wahl zwar artig für unsere Hilfe bedankt hat, aber – an ihrem eigenen Selbstverständnis kränkelnd – immer noch nicht bereit zu sein scheint, die demokratischen Konsequenzen unserer Arbeit zu akzeptieren.

Das Dankeschön haben wir gerahmt, Oma und Opa sowie den Kindern gezeigt; doch nach bloßem Dankeschön war unsere Anstrengung nicht begierig.

Wahrscheinlich ginge es uns besser, das heißt, die SPD würde die Sozialdemokratische Wählerinitiative auch nach der Wahl intensiver als Partner wahrnehmen, wenn es die CDU/CSU verstünde, als konstruktive Opposition die sozialliberale Koalition unter jenen Druck zu setzen, den sie, weiß Gott, verdient. So aber – doch nicht nur, weil die Unionsparteien in ihre Agonie verliebt sind – kehrt sich ein hart errungener Wahlerfolg ins Gegenteil. Fett und allzu selbstsicher fläzt sich die SPD im Schatten einer Mehrheit, die sie ohne den aktiven Beitrag vieler ihrer Wähler nie errungen hätte. Diese so merkwürdige wie weltfremde Nabelschau einer Partei, die schließlich unter dem Vorzeichen »Mehr Demokratie wagen!« und mit dem Vorsatz, sich zu öffnen, angetreten war, findet derzeit ihren Ausdruck in wild wuchernden Intrigen und ideologischem Schattenboxen. Nach dem Sieg machten sich die Sozialdemokraten auf die Suche nach einem neuen Gegner: Sie fanden ihn im eigenen Lager. Jetzt verdächtigen sie einander. Jetzt lassen sie sich ins Zwielicht rücken. Jetzt spalten sie Haare und tragen einen verkniffenen Ernst zur Schau. Das von mir so beschriebene Betragen trifft zu für rechte wie linke Gruppierungen innerhalb der SPD: Rechte Borniertheit wird durch linke Überheblichkeit wettgemacht.

Grübelnd und verdrossen schauen die Wähler vom 19. November in Richtung Hannover. Durch Erfahrung gewitzt, ahnen sie, daß ihnen wieder einmal ein unverdaulicher Resolutionsbrei geboten werden soll. Dabei hatte es gar nicht in ihrer Absicht gelegen, tiefgründig zwischen Egon Frankes Unbeweglichkeit und Jochen Steffens verbalen Dreisprüngen zu differenzieren. Vielmehr hatten sie sich für die Fortsetzung einer sozialliberalen Koalition entschieden, deren immerhin vorzeigbare Leistungen nicht mehr und nicht weniger versprachen als die kontinuierliche Fortsetzung der gerade begonnenen Reformarbeit.

Offenbar war den Wählern in ihrem nüchternen Kalkül eindrücklicher als der SPD bewußt, daß mit der hemmenden Funktion der FDP zu rechnen sei: Im günstigsten Fall wurden und werden von der sozialliberalen Koalition sachlich begründete Kompromisse und gewiß keine gesellschaftspolitischen Zauberkunststücke erwartet.

Natürlich ehrt es die Sozialdemokraten und natürlich darf man von ihnen erwarten, daß sie mit Sachverstand über das Kleinmaß der Alltagspolitik hinauszudenken und zu planen versuchen. Doch möge man nicht im Rausch weitergehender Resolutionen das Machbare geringschätzen oder gar, weil man es geringschätzt, vernachlässigen. Und umgekehrt würde vorschnelle Kompromißbereitschaft den Spielraum der sozialliberalen Koalition unterschätzen. Weder nivellierende Harmonie noch Streit aus Prinzip sind gefragt. Vielmehr wird erwartet, daß Roß und Reiter, Weg und Ziel, Nutzen und Kosten genannt werden, damit sich der Bürger ein Bild machen kann.

Der Wahlsieg vom 19. November wurde zwar dank der Leistungen der SPD, aber auch trotz des desolaten Zustandes der Partei gewonnen. Kein Anlaß besteht, weder auf den Ministerbänken noch auf mittlerer Funktionärsebene, mit den Hosenträgern zu schnalzen und selbstgefällig Machtzuwachs zu demonstrieren. Vierzehn Jahre lang litt die Demokratie in der Bundesrepublik unter der Vermessenheit einer CDU/CSU, die sich als Staatspartei betrug; es solle sich niemand in der SPD versucht sehen, nun, nach gewonnener Wahl, Staatspartei unter anderen Vorzeichen spielen zu wollen.

Deshalb mögen all jene, die vom imperativen Mandat träumen oder glauben, auf Parteitagen durch wohlfeile Resolutionen Regierungsverantwortung ersetzen zu können, der schlichten Tatsache gewiß werden, daß der Wähler als Bürger Souverän der Bundesrepublik ist. Er erteilt jeweils für vier Jahre Auftrag an die zu bildende Regierung. Auch wenn die Bundesrepublik aus guten Gründen keine direkte Demokratie ist und auch in kein Rätesystem umgebogen werden soll, so ist sie gleichfalls kein ausschließlicher Parteienstaat. Deshalb verlangt die Entwicklung der Sozialdemokratie das permanente und notwendigerweise kritische Gespräch zwischen Wählern und Gewählten: Hier werden keine Freibriefe erteilt, weder an Abgeordnete noch an Parteien.

Aus diesem Grund einige Bemerkungen zum diffusen Selbstverständnis der SPD als Volkspartei und – weil Volkspartei – seit einiger Zeit als Regierungspartei.

Gezeichnet von Geschichte, ist sie sich ihrer Geschichte nicht bewußt. Sie ist geprägt durch über ein Jahrhundert politischer Arbeit als Opposition. Sozialistengesetze, die Nazizeit, die anhaltende Diffamierung mit gleichzeitig konservativ-reaktionärem und kommunistischem Zungenschlag haben die SPD geformt und verformt. Stark in der Defensive und an die harte Oppositionsbank gewöhnt, waren ihr bislang ihre Parteitage die einzige Möglichkeit offensiver Selbstdarstellung. Von Gotha bis Godesberg konnte gesagt werden, was man politisch zu machen bereit sei, wenn man die Mehrheit habe und Regierungsverantwortung tragen dürfe. Diese immer neue Zielsetzung hat wohl die SPD befähigt, Niederlagen zu überwinden und selbst im Zustand der Resignation noch alternativ zu bleiben.

Und nun regieren sie seit mehr als drei Jahren. Schlecht und recht, aber besser als die Regierungen zuvor. Doch weil sich nur ein Bruchteil dessen regierungsverantwortlich umsetzen läßt, was auf Parteitagen beispielhaft und lupenrein beschlossen wurde, wächst die Distanz zwischen einer kleinen Zahl von

regierenden Sozialdemokraten und jenen Parteitags-
mehrheiten, die nach wie vor in erster Linie oppositio-
nell gestimmt sind.

Zum anderen: Weil sich die SPD 1959 zu Recht,
wenn auch reichlich spät, ein modernes Rahmenprogramm, nämlich das Godesberger Programm, gegeben hat, versteht sie sich seitdem als Volkspartei,
gewann sie dadurch eine erweiterte Basis und konnte
es ihr gelingen, von Wahl zu Wahl im Verlauf der sechziger Jahre regierungsfähig zu werden. Seit einiger
Zeit wird der Begriff »Volkspartei« innerhalb der SPD
wieder in Frage gestellt. Er soll verengt werden,
indem klischeehafte Begriffe wie: das Proletariat, die
arbeitenden Massen, die Lohnabhängigen – von Neu-
mitgliedern der SPD verwendet werden, die in der
Mehrzahl vom Universitätsstudium geprägt und bei
anhaltender Bildungsungerechtigkeit Privilegierte
sind. So kann es nicht Wunder nehmen, wenn innerhalb der SPD der traditionelle Begriff Solidarität
außer Funktion zu sein scheint.

Der demokratische Sozialismus jedoch wird sich –
wenn überhaupt – nur dann verwirklichen lassen,
wenn er das ausgewogene Gesamtwohl aller sozialdemokratischen Wähler anstrebt und nicht zur engge-
faßten, das heißt ausschließlichen Parteidoktrin
gerinnt.

Das Wort Sozialismus ist in diesem Jahrhundert zu
oft und zu nachwirkend von autoritären kommunistischen Parteien und auch vom Nationalsozialismus
pervertiert worden, als daß man es weiterhin naiv und
ohne genaue Definition verwenden könnte. Gerade
weil der linke Flügel der SPD mit seiner Forderung
nach Mitbestimmung und Demokratie der Basis dem
autoritären Kommunismus besonders deutlich wider-

spricht, war es fahrlässig und töricht, dem rechten Flügel der SPD die althergebracht defensive und nur formale Abgrenzung zum Kommunismus zu überlassen.

Als positives Gegenbeispiel sei hier die offensive Reaktion der Jungsozialisten auf die sogenannte Stamokap-Fraktion erwähnt. In schwieriger Situation hatte der Bundesvorstand der Jungsozialisten begriffen, daß man den politischen Kampf gegen den zur Zeit auflebenden Spätstalinismus nicht nach der Hauruckmethode der Kanalarbeiter, sondern theoretisch fundiert austragen müsse.

Solch klare Aussage verlangen die sozialdemokratischen Wähler, gerade weil sie sich während des zurückliegenden Wahlkampfes nicht durch die pauschale Diffamierung der Jungsozialisten beirren ließen.

Manch einer mag sich jetzt fragen, warum ich so detailliert das verwirrte Selbstverständnis der Sozialdemokraten zerpflücke, zumal das Selbstverständnis der Wählerinitiativen an Knotenbildung nichts zu wünschen übrigläßt. Meine Antwort lautet: Wählerinitiativen sind nur immer soviel wert, wie ihnen die Partei ihrer Wahl aufs demokratische Konto gutschreibt.

Mit anderen Worten: Wir können nur dann etwas zu unseren Gunsten für die SPD tun, wenn sich die SPD in der Lage sieht, ihr introvertiertes Gehabe zu überwinden und ihren Wählern mehr als nur taktische Auskunft zu geben.

So wird man vom bevorstehenden Parteitag der SPD in Hannover erwarten müssen, daß es nicht beim üblichen Kauderwelsch des Resolutionismus bleibt, daß nicht abermals Personalkämpfe ideologisch kaschiert werden und daß die verwendeten politischen Begriffe dem Wähler als Bürger einsichtig bleiben.

Wenn also wieder einmal die Kommunalisierung von Grund und Boden und die Vergesellschaftung der Produktionsmittel gefordert werden, dann möge man sich nicht an den Horrorbildern des eigenen Sprachgebrauchs berauschen, sondern mit schlichten Worten sagen, was Kommunalisierung und Vergesellschaftung zu bedeuten haben, wie solche Vorgänge und mit welchem Koalitionspartner in die Wege zu leiten sind und welchen Nutzen die soziale Demokratie davon haben wird. Es reicht nicht mehr aus, quasi nur entschuldigend zu beteuern, daß Kommunalisierung und Vergesellschaftung nicht Verstaatlichung zu bedeuten habe. So unsozial die freie Marktwirtschaft funktioniert, vage Hinweise auf zentral zu gebende Planungsdaten und Produktionsaufträge machen noch keine Alternative fett, vielmehr sind sie geeignet, den Vergleich mit der kommunistischen Planwirtschaft zu beschwören, und die will niemand, weil sie versagt hat. Vielmehr kommt es darauf an, den Bürgern Auskunft zu geben, wie die angeblich freie Marktwirtschaft endlich und durch Gesetze zur sozialen Marktwirtschaft werden kann.

Auch seien die Delegierten des Parteitages in Hannover dringlich gebeten, abwertende Bemerkungen über bürgerliches oder gar kleinbürgerliches Verhalten zu unterlassen; denn schließlich sind es Bürger und Kleinbürger, nicht etwa kostümierte Proletarier gewesen, die aus demokratischer Verantwortung der CDU/CSU eine Lektion erteilt und der sozialliberalen Koalition abermals zur Mehrheit verholfen haben.

Der Bundeskanzler hat in seiner sonst eher vagen Regierungserklärung den Begriff »Bürger« neu zu definieren versucht, indem er ihn als aufgeklärten Demokraten in Kontrast setzte zum hergebrachten

Spießbürger. Gerade diese Passage der Regierungserklärung ließ erkennen, daß die politische Arbeit der Sozialdemokratischen Wählerinitiative den Sozialdemokraten selbstverständlich zu werden beginnt. Es wird mit weiterer Initiative gerechnet, wobei es uns nicht zu kümmern braucht, wenn Helmut Schmidt uns allenfalls als Wahlhilfeverein akzeptieren mag; seine Furcht, es könne sich aus der Wählerinitiative eine Art Nebenorganisation der SPD entwickeln, ließe sich eher am Beispiel der handfest gschaftlhubernden Kanalarbeiter bebildern und auch am neuerlichen Versuch, den rechten Flügel der SPD als Fritz-Erler-Gesellschaft zu organisieren.

In sieben Jahren intensiver politischer Kleinarbeit habe ich die Erfahrung gemacht, daß die SPD zwar gerne von Demokratisierung spricht, auch stattliche Reformarbeit geleistet hat, die solche Entwicklung fördern wird, doch sobald die gesellschaftliche Elle der Partei als Maß angelegt wird, wird konservative Zurückhaltung spürbar. Bis zur Albernheit widersprüchlich, will sich die SPD einerseits öffnen und mit ihren Wählern das vielberufene »große Gespräch« beginnen; doch andererseits zieht sie es vor, traditionell in sich gekehrt zu bleiben und den gestauten Mief zu hüten. Kurzum: Zwar soll gelüftet werden, doch fürchtet man Zugluft.

So wird es Aufgabe der Sozialdemokratischen Wählerinitiative bleiben, der Partei ihrer Wahl unbequem fordernd zu begegnen: Gerade eine Reformpartei, die den Sozialismus durch immer mehr Demokratie wirksam machen will, muß es sich gefallen lassen, daß sie an ihren eigenen Ansprüchen gemessen wird.

Unsere Arbeitstagung ist kein Ersatzparteitag. Niemand hat uns gewählt. Unser Mandat beruht einzig auf dem Recht eines jeden Bürgers, sich politisch zu betätigen. Die Demokratie, will sie nicht leere Form bleiben, braucht unbequeme Demokraten, die es sich selber unbequem machen, indem sie die Politik nicht mehr nach hergebrachtem Muster ausschließlich den Parteien überlassen. Deshalb werden wir uns an das Wahlprogramm der SPD halten. Denn während vier Jahren wird sich erweisen, ob die Forderung nach mehr »Qualität des Lebens« nur ein Schlagwort mehr gewesen ist. Also wird über das Lebensmittelgesetz, über das Arzneimittelgesetz zu sprechen sein. Konsumentenschutz und Verbraucherberatung heißen die Stichworte.

Der katholische Arbeitskreis innerhalb der Sozialdemokratischen Wählerinitiative wird seine Arbeit fortsetzen, auch wenn die Führungsgremien der SPD immer noch die Illusion pflegen, man könne direkt mit den Bischöfen, von Spitze zu Spitze verhandeln.

Wir werden uns mit der undurchsichtigen Aufstellungspraxis sozialdemokratischer Kandidaten befassen. »Mehr Frauen in den Bundestag! Mehr Frauen in die Landtage!« Stramme Forderungen. Beflissenes Kopfnicken. Doch uns kann nichts komischer stimmen als eine Versammlung bierernster sozialdemokratischer Männer, die wieder einmal – und sei es demnächst in Hannover – mit Mehrheit beschließen, mehr, entschieden mehr für die Frauen tun zu wollen.

Die Sozialdemokratische Wählerinitiative hat eine Entwicklung eingeleitet, die sich gegenwärtig in einer Vielzahl von Bürgerinitiativen bestätigt. Als Mieter oder Konsumenten, als Eltern, verirrt im bildungspolitischen Dickicht, als Umweltgeschädigte oder auch nur schlicht als Bürger, die ihren Stadtwald vor dem Kahlschlag schützen wollen, melden sie sich demokratisch zu Wort. Diese Entwicklung zu fördern sollte eine unserer Aufgaben sein.

Bürgerinteresse hat uns zusammengeführt. Wir streben keine Ämter an. Nichts privilegiert uns. Wir haben schon unseren Beruf und müssen nichts kompensieren. Ich sage: Aus demokratischem Egoismus helfen wir der Partei unserer Wahl. Diese Partei gibt uns Anlaß zur Zustimmung und ist uns dennoch ein alltägliches Ärgernis.

Sind sie nicht merkwürdig, diese Sozialdemokraten? Über hundert Jahre lang mühten sie sich um Reformen und Reförmchen, waren wohl auch erfolgreich und blieben doch, bis auf wenige Jahre, außerhalb regierender Macht. Jetzt endlich bilden sie im Parlament die stärkste Fraktion. Der Bundespräsident, die Bundestagspräsidentin, der Bundeskanzler sind Holz von ihrem Stamme. Eine historische Wende zeichnet sich ab, denn in vielen Ländern Westeuropas stellt sich der demokratische Sozialismus gestärkt seinen konservativen Gegnern. Und auch in den osteuropäischen Ländern unter der alternativlosen Herrschaft des Staatskommunismus will die Hoffnung auf einen menschlichen, auf den demokratischen Sozialismus nicht schwinden. In einen einzigen Mann – Willy Brandt – wird in Ost und West mehr Erwartung gesetzt, als er tragen, geschweige denn erfüllen kann.

Und dennoch sieht es so aus, als sei sich die Sozialdemokratische Partei Deutschlands ihrer Lage und Chance, ihrer geschichtlichen Aufgabe nicht bewußt. Wäre es sachlicher politischer Streit, den eine Reformpartei notwendigerweise führen muß, die Wähler hätten als Bürger ihren Nutzen davon. Doch der zur Zeit laufende irrationale Wettbewerb, kraft Behauptung rechter als rechts und linker als links sein zu wollen, verdrießt die sozialdemokratischen Wähler.

Möge unsere Arbeitstagung den zerstrittenen Genossen ein kritischer Merkposten sein, damit sie dem Auftrag ihrer Wähler nicht abhanden kommen.

Zum Schluß ein Wort in eigener Sache: Es hat sich eingebürgert, in mir den Initiator der Sozialdemokratischen Wählerinitiative zu sehen. Man nannte mich Motor oder Lokomotive. Ohne nach der Mutter zu fragen, wurde ich punktum in den Vaterstand erhoben. Ich müsse, so riet man mir, nun, nachdem das Kind – die Sozialdemokratische Wählerinitiative – kräftig herangewachsen sei, auch mit entsprechend stabilen Vaterkomplexen rechnen. Das sei der Preis, den jede Autorität zu zahlen habe.

Nun will ich aber nicht zahlen; vielmehr habe ich vor, rechtzeitig eventuellen Komplexen den Anlaß zu nehmen und nach geleisteter Arbeit einen deutlichen Schritt zurückzutreten. Und da ich zur Verblüffung vieler seit Jahren unentwegt fragender Journalisten nicht vorgehabt habe, Staatssekretär oder gar Minister zu werden, bitte ich darum, sich damit abzufinden, daß mir mein Beruf, Schriftsteller zu sein und Grafiker zu bleiben, gewichtig genug ist. Mit anderen Worten: Ich habe mir viel Papier gekauft. Meine Geschichte will zeitraffend weitererzählt werden.

Ich bitte Sie alle, mich nun, nachdem mein Teil getan ist, zu entlasten, den Motor auszuwechseln, der Lokomotive ein Abstellgleis zu genehmigen und sich des Vaters mehr freundlich als fordernd zu erinnern.

Der Sozialdemokratischen Wählerinitiative wünsche ich, daß sie nie zum Verein werden möge, daß sie sich ständig auflöse und wieder neu finde, daß sie sich nicht in Geschäftsordnungsdebatten erschöpfe, daß sie der Partei ihrer Wahl unbequem bleibe und daß sie, wo immer politische Glücksverheißung mit verbissenem Ernst proklamiert wird, Anlaß zum Lachen finde. Denn dieses sei vor dem Schlußpunkt in Richtung Hannover gesprochen: Liebe sozialdemokratische Parteitagsgenossen! So gallebitter Ihr über die Qualitäten des Lebens zu streiten vorhabt, Humor ist auch eine!

Als in Chile

Das war, als der Kupferpreis stieg.
(Wo sich die Ohnmacht, dank Klimaanlage,
frischhält.)
Ich saß den Vertretern der Vereinten Nationen
im Rücken.
Neuerdings zwischen ihnen die Vertreter
der zu gründlichen Nation.
Brandt sprach seinen verkürzten Text.
Wie aus der knappen Anklage mit Hilfe der Schere
eine längliche Klage wurde.
Der ausgesparte Name, das nichtgenannte Land.
Grübelndes Deutsch voller Bedeutung und ungenau.

Es wird Vernunft beschworen,
als müsse die unbefleckte Empfängnis,
etwas, das nicht mehr bestritten wird,
immer wieder beteuert werden.
Seine Warnungen haben – er weiß es –
wie Tempotücher nur kurzen Nutzen.
Auch Hunger ist Krieg! – Ein Ausruf, so richtig,
daß ihn kurzerhand Beifall erschlägt.

Es war wie Federnblasen. (Und er hält
viele gleichzeitig
und erstaunlich in Schwebe . . .)

Zum Schluß platzen die Nähte
seiner geschriebenen Rede.
Siebenmal: Laßt uns mutig und miteinander . . .
(Stoppuhren messen Applaus.)

Auch die anderen Deutschen
– ich saß in ihrem Rücken –
klatschten kurz mit.

Draußen war anderes wirklich.
Die Glasfront am East River
spiegelte September: Watergatezeit.
Da steht ein Denkmal, sowjetische Spende:
in Bronze gegossen
schmiedet ein nackter Mann sein Schwert zum Pflug.

Später (jenseits vom Protokoll)
gingen wir abgeschirmt auf und ab.
Der Friedenspreisträger. Ich wollte ihn zum
Fischessen – Butt oder Brasse – einladen;
aber er durfte privat nicht.

Ein Jahr nach der Bundestagswahl läßt sich Bilanz ziehen: CDU und CSU haben als Opposition noch immer nicht Tritt gefaßt; SPD und FDP als Regierungsparteien sind einem schlafmützigen Trott verfallen.

Während der letzten Legislaturperiode hat die Regierung Brandt/Scheel mit knapper, schließlich bröckelnder Mehrheit intensiver und wohl auch kooperativer gearbeitet als nunmehr mit stabiler Mehrheit. Offenbar hat der sichere Wahlsieg vom Herbst des vergangenen Jahres Sozialdemokraten und Liberale zu allseits lähmender Selbstgefälligkeit verführt.

Wer wie ich mit vielen Freunden von der Sozialdemokratischen Wählerinitiative versucht hat, der SPD beim letzten Wahlgang behilflich zu sein, der beobachtet, mit Blick auf Bonn, mehr Geschäftigkeit als politische Tatkraft, mehr parteiinternen, den Wähler anödenden Streit als ernsthaften Willen, die begonnene Reformarbeit fortzusetzen. Uninspiriert wursteln beide Regierungsparteien vor sich hin, allzeit bereit, ihren verlorenen Elan mit dem Hinweis zu entschuldigen: Die Christdemokraten hätten es auch nicht besser, eher noch ein bißchen schlechter gemacht.

Das ist zu wenig, wenn man die SPD und ihren Vorsitzenden, die Regierung und den Bundeskanzler an ihren Ansprüchen mißt.

Verdrossen hat sich Willy Brandt, wieder einmal, in die Außenpolitik geflüchtet. Er hält bemerkenswerte

Reden – sei es vor der UNO, sei es vor dem Europa-parlament –, doch innenpolitisch schweigt er sich aus und unternimmt kaum noch einen merklichen Versuch, die Sprach- und Begriffsverwirrung um die Reformbereiche Mitbestimmung, Bildungsre-form, Umweltschutz, Grund und Boden klärend zu beenden. Diffus schillernd bleibt der Begriff »demo-kratischer Sozialismus« jeder Mißdeutung offen. Wen wundert es, wenn mit dem nichtsnutzen Wort »Verstaatlichung« nur vorgestrige Geister geweckt wer-den.

In den zurückliegenden Jahren hat Willy Brandt mit Energie und noch klarem Konzept die irreal gewordene Außenpolitik der Bundesrepublik endlich wieder der Wirklichkeit verpflichtet: sein Verdienst. Doch, wie versprochen, »ein Kanzler der inneren Reformen« muß er noch werden; er steht bei seinen Wählern im Wort.

Oft sieht es so aus, als hätten Erfolge und allzu viele Ehrungen Willy Brandt einsam gemacht und in einen Bereich entrückt, den Karikaturisten gerne über den Wolken ansiedeln. Es stimmt: Er läßt sich Abschir-mung durch übereifrige Berater gefallen. Begabt mit starker Ausstrahlungskraft, strahlt er zur Zeit nicht gerade Tatkraft, eher Lustlosigkeit aus. Doch da nach seinen eigenen Worten – siehe Regierungsprogramm – der »politische Alltag« begonnen hat, sollte auch er sich alltäglicher geben und weniger statuarisch geschichtsträchtig. Einen entrückten Willy Brandt kann sich die Gesellschaft der Bundesrepublik nicht leisten. Das sollte die in sich zerstrittene SPD und die abermals notorisch bremsende FDP begreifen, damit sie endlich zur Sache, das heißt zu den unaufschiebba-ren Reformen kommen.

Doch auch die eigentliche Domäne des Bundeskanzlers, der Bereich der Entspannungs- und Europapolitik, wird nicht gerade erfolgsträchtig beackert. Ich muß gestehen, daß mich die Auslegung der Entspannungspolitik nach geradezu Metternichschen Richtlinien enttäuscht. Entspannung darf gesamteuropäisch keinen faulen Burgfrieden zur Folge haben.

Zum anderen: Das beschämend kleinmütige Reagieren auf den Ölboykott der arabischen Staaten und die eher schroffe Haltung Israel gegenüber lassen sich nicht mit dem Begriff strikter Neutralität vereinbaren. Auch dann nicht, wenn der nordrhein-westfälische Ministerpräsident Heinz Kühn das versteckt proarabische Verhalten des Außenministers mit Hilfe unverbindlicher Beteuerungen in Israel auszugleichen versucht.

Neuerdings kuscht die Bundesregierung vor den übergroßen Ölkonzernen: Ungehindert dürfen sie ihren Preiswucher betreiben und die arabische durch eine urkapitalistische Erpressung verstärken. Wann wird der Bundeskanzler mit dem Werkzeug Kartellgesetz dieser preistreibenden Marktabsprache ein Ende setzen?

Zudem: Wenn in Griechenland NATO-Panzer gegen protestierende Studenten eingesetzt werden und der Terror gegen Oppositionelle chilenische Ausmaße annimmt, ist es Pflicht des Bundeskanzlers und seines Außenministers, vernehmbar Einspruch zu erheben.

Doch in allen von mir genannten Bereichen zeichnen sich Bundeskanzleramt und Auswärtiges Amt durch beklommene Sprachlosigkeit und ängstliches Wegducken aus. Wer den Zynismus blanker Machtpolitik vierzehn Jahre lang unter Adenauer miterlebt hat, der mochte zu Recht von einer sozialliberalen Regierung den Versuch eines Ausgleichs zwischen Moral und Macht erwarten.

Mit solchem Anspruch trat vor vier Jahren zum erstenmal die Regierung Brandt/Scheel an. Diesem Anspruch vertrauten viele Wähler. Gerade weil die Christdemokraten unfähig zur Alternative sind und als Opposition versagen, sollten die Anhänger der sozialliberalen Koalition ihren Abgeordneten unbequem sein.

Wer Willy Brandt freundlich gesonnen ist, wird ihn an Ansprüche erinnern müssen, die er selber gesetzt hat.

Sieben Thesen zum demokratischen Sozialismus

Rede in Bièvres bei Paris 1974

Meine Damen und Herren,
vor fünfeinhalb Jahren wurde nicht nur die Tschechoslowakei durch die Armeen der Warschauer-Pakt-
Mächte besetzt, sondern wohl auch der erste Versuch,
den sowjetischen Staatskommunismus zu reformieren, gewaltsam unterbunden.

Zwar glückte die Unterdrückung auf altbekannte
Weise, doch den Schaden hat, wie sich zeigt, nicht nur
die Tschechoslowakei zu tragen; in erster Linie
beraubte sich die Sowjetunion der einzigen Möglichkeit, die Fehlentwicklung ihres Systems grundlegend
zu ändern.

Der Versuch, die undemokratische Struktur und
die zentrale Alleinherrschaft der Parteispitze zu korri-
gieren, ist so alt wie die Sowjetunion selbst: Als erste
warnte Rosa Luxemburg mit den Austromarxisten
vor der fehlenden Toleranz dem Andersdenkenden
gegenüber, vor der Gefahr des Bürokratismus und vor
den Terrormethoden Lenins, die weiteren Terror zur
Folge haben müßten und im Gegensatz stünden zu
einem befreienden, freiheitlichen Sozialismus.

Diese Warnungen wurden überhört oder hämisch
abgetan. Als drei Jahre nach der Oktoberrevolution
die Arbeiter und Matrosen in Petrograd und Kronstadt gegen die Alleinherrschaft der Parteielite, gegen
die Entmachtung der Arbeiter- und Soldatenräte und
den zunehmenden zentralistischen Bürokratismus

rebellierten, wurde ihr Aufstand von Lenin und Trotzki, von Leuten also, denen sie drei Jahre zuvor revolutionär zur Macht verholfen hatten, blutig niedergeschlagen.

Was in Kronstadt und Petrograd parteioffiziell zur Konterrevolution verfälscht wurde, wiederholte sich nach dem Tod Stalins in mehreren Ostblockstaaten und – nach dem unterdrückten Reformversuch in der Tschechoslowakei – zum letztenmal im Dezember 1970 in den polnischen Hafenstädten.

Die Forderungen der aufständischen sozialistischen Arbeiter sind gleich geblieben: Sie wollen einen Sozialismus der Basis. Sie sind dagegen, daß man den Privatkapitalismus nur in einen genauso unkontrollierten Staatskapitalismus verwandelt hat; sie wollen ihre Konflikte mit Hilfe unabhängiger Gewerkschaften lösen; sie wollen mitbestimmen und nicht bevormundet werden.

Diese – um es deutlich zu sagen – ursozialdemokratischen Forderungen sind als Revisionismus verketzert worden: unter Berufung auf Marx, doch seit Lenin im Widerspruch zu Marx. Und weil nicht Marxsche Theorie, sondern die durch Lenin eingesetzte Parteidiktatur zwangsläufig Stalin und dessen Methoden produziert hat, ist es falsch und irreführend, den Leninismus als folgerichtige Weiterentwicklung des Marxismus zu begreifen.

Daraus ergibt sich meine

1. These: Wer den demokratischen Sozialismus anstrebt, sollte nach den gemachten Erfahrungen die verfälschende Klitterung Marxismus/Leninismus ablehnen und, der geschichtlichen Entwicklung entsprechend, vom Leninismus/Stalinismus sprechen.

Den letzten Anstoß dazu mag Alexander Solschenizyn mit seinem Buch ›Archipel Gulag‹ gegeben haben; denn Solschenizyn wurde nicht aus der Sowjetunion ausgewiesen, weil er den Stalinismus kritisiert hat, sondern weil er belegen konnte, daß es Lenin gewesen ist, der mit seinem zentralistischen System den Stalinismus möglich gemacht hat. Diese Erkenntnis dämmert mittlerweile wohl auch den westeuropäischen Kommunisten; doch scheut man die harte Konsequenz, nicht nur vom Stalinismus, sondern auch von seiner Voraussetzung, dem Leninismus, Abschied zu nehmen; der Papst soll unfehlbar bleiben. Hieraus folgert sich meine

2. These: Wer den demokratischen Sozialismus will, kann nicht mit Kommunisten zusammenarbeiten, denen nach wie vor die leninistische Parteihierarchie sakrosant und damit jederzeit der Umschlag in den Stalinismus möglich ist.

Keine Volksfrontseligkeit kann diesen unlösbaren Widerspruch aufheben. Wer bis jetzt nicht erkannt hat, daß die Theorie des Marxismus und die noch ältere Idee eines freiheitlichen Sozialismus durch Lenin zu einem autoritären Staatskapitalismus verfälscht worden ist, und wer die Tatsache ignoriert, daß das leninistisch-stalinistische System keiner Reform mehr fähig ist und, gefangen von seiner eigenen Ideologie, nur noch imperiale Ansprüche erhebt, dem ist verborgen geblieben, daß sich die Sowjetunion an den imperialen Ansprüchen der USA mißt.

Auch die zweite Weltmacht besteht auf einem rechten System; beide Weltmächte sichern ihren Bestand durch militärische Gewalt und Unterdrückung der Menschenrechte. Ob vor mehr als fünf Jahren der demokratische Sozialismus in der Tschechoslowakei niedergewalzt wurde, ob im vergangenen Jahr in

Chile die demokratisch gewählte Regierung Allende gestürzt wurde, in beiden Fällen hat die Reaktion, die staatskapitalistische und die privatkapitalistische, ihr Machtwort gesprochen. Dazu meine

3. These: Wer den demokratischen Sozialismus will, dem bedeutet der Staatskapitalismus keine Alternative zum Privatkapitalismus. Denn beide Machtgefüge entziehen sich der demokratischen Kontrolle und lehnen die Mitbestimmung der Arbeiter zwar ideologisch-spiegelverkehrt, doch, genau gelesen, aus einer Absicht ab: Sie wollen die Macht nicht teilen.

Diese doppelte Anfeindung und Gegnerschaft profiliert den demokratischen Sozialismus. Als Alternative zum überkommenen Privatkapitalismus mit seinen übermächtigen, weil jeder demokratischen Kontrolle entzogenen Konzernen und als Alternative zum in der Sowjetunion pervertierten Sozialismus mit seinen gleichfalls unkontrollierten Staatskonzernen fällt ihm die Aufgabe zu, Demokratie und Sozialismus als wechselseitige Entsprechungen zu definieren. Hierzu meine

4. These: Wer den demokratischen Sozialismus will, der toleriert seine politischen Gegner, verlangt ihnen allerdings gleichfalls Toleranz als Selbstverständnis der Demokratie ab; ihr Elixier sind nicht die zeitweilig machtausübenden, sondern die opponierenden Parteien. Eine Gesellschaft, die Opposition nicht zuläßt, verhindert alternatives Denken und verarmt schließlich unter der dogmatischen Herrschaft einer widerspruchslosen und deshalb alleinherrschenden Partei.

Doch um das Selbstbewußtsein der westeuropäischen sozialistischen, sozialdemokratischen und linksliberalen Parteien ist es schlecht bestellt. Dort, wo sie regieren, werden sie durch den altbekannten Wankelmut ihrer zumeist liberalen Koalitionspartner gehemmt; dort, wo sie sich in Opposition befinden, scheitert der Versuch, eine linke Mehrheit zu bilden, jeweils am Unvermögen gleichfalls opponierender kommunistischer Blöcke, sich von der leninistischen Zwangsjacke zu befreien.

Es mag sein, daß sich die Kommunistische Partei Italiens als erste von Lenins hierarchischer Elitestruktur emanzipieren wird; doch ob dieser emanzipatorische Vorgang auch der Kommunistischen Partei Frankreichs möglich sein wird, ist anzuzweifeln. Daraus ergibt sich meine

5. These: Der demokratische Sozialismus definiert, kontrolliert und baut sich von unten nach oben auf; deshalb lehnt er die Vorherrschaft eines Zentralkomitees ab. Sein Ziel ist eine sozial bestimmte Demokratie der Basis in allen Bereichen der Gesellschaft. Ein bloß formaler Demokratiebegriff kann ihm nicht genug sein; denn die Glanzstücke der formalen Demokratie – mögen sie Presse- und Meinungsfreiheit, mögen sie freie Marktwirtschaft heißen – haben ihre Fragwürdigkeit bewiesen und sich selbst widerlegt, indem Großkonzerne den angeblich freien Markt beherrschen und marktbeherrschende Pressekonzerne Meinung und Information zunehmend manipulieren.

Doch wie, so fragen wir uns, definiert der demokratische Sozialismus eine nicht nur freie, sondern auch soziale Marktwirtschaft? Wird sie sich nur durch zentrale, wenn auch demokratisch kontrollierte Lenkung realisieren lassen? Und weiter gefragt: Wenn, wie bewiesen ist, die Verstaatlichung von privatwirtschaftlichen Großkonzernen nur neue und unkontrollierte

Abhängigkeit schafft, welche Eigentumsform strebt dann der demokratische Sozialismus an?

Gewiß bietet die paritätische Mitbestimmung dort, wo sie Gesetz wird, zum erstenmal die Möglichkeit, privatwirtschaftliche und staatliche Großkonzerne unter Kontrolle zu bringen; und gewiß hat die Praxis gezeigt, daß die Kontrolle der Macht wichtiger ist als ihr Besitz, und dennoch bleibt die alternative Frage zu den privatkapitalistischen und staatskapitalistischen Besitzverhältnissen offen. Daraus ergibt sich meine

6. These: Der demokratische Sozialismus ist nur in Ansätzen definiert. Das Bedürfnis, ihn definiert zu sehen, wird immer größer, seitdem der moralische Bankrott und der politische Systemverfall der beiden Weltmachtblöcke offenbar sind.

Ich meine: Es sollte Aufgabe dieses Kolloquiums sein, den demokratischen Sozialismus und seine Ziele, seine Chance und Herausforderung, seine immer noch vage Hoffnung frei von dogmatischen Festlegungen zu diskutieren, damit der tschechoslowakische Versuch, dem Sozialismus ein menschliches Gesicht zu geben, nicht in Vergessenheit gerät, sondern fortgesetzt wird. Hieraus leitet sich ab meine letzte und

7. These: Der demokratische Sozialismus ist kein Dogma. Da er kein Endziel beschreibt und da die Ziele von gestern morgen schon Hemmschuh sein können, muß er sich immer wieder neu definieren. Weder blindlings-pragmatisches Wurschteln noch Ausflüge und Ausflüchte in utopisches Gelände sind ihm gemäß, sondern die Einheit von Theorie und Praxis. Mit ihm könnte sich die europäische Aufklärung und ihr Kampf gegen Dogmatismus und Intoleranz erneuern. Keine kommunistischen Kirchenheiligen

und keine kapitalistischen Ölgötzen dürfen ihm heilig sein; denn der demokratische Sozialismus verlangt die permanente Revision des Bestehenden. Dem jahrtausendealten Verlangen der Völker nach Freiheit und Gerechtigkeit entspricht die Synthese aus Demokratie und Sozialismus; an ihr zu arbeiten sollte uns Aufgabe sein.

Wer seit Mitte der sechziger Jahre an Bundestagswahlen beteiligt gewesen ist und das langsame Anwachsen der SPD, ihre Öffnung zur Volkspartei miterlebt hat, wem die nicht nur stimmungsmäßigen Unterschiede dieser Wahlen – die Enttäuschung (trotz Zuwachs) 65, der knappe Sieg 69, der zu große Erfolg 72 – erinnerlich sind, wer durch diese politisch bewegten und bewegenden Zeiten verändert wurde, der wird das Wahlergebnis der jüngsten Bundestagswahl, wenn er nicht Hoffnung als Zuflucht benutzt hat, als gerade noch möglichen Erfolg werten; es hätte auch anders kommen können: Während keiner zurückliegenden Wahl haben die Unionsparteien, aus ihrer Kenntnis irrationaler Bedürfnisse heraus, zielgerechter und deshalb erfolgreicher mit der Aufbereitung von Ängsten gearbeitet, im Süden gewinnträchtiger als im Norden. Oft hätte man meinen können, der Dreißigjährige Krieg will nicht aufhören, noch immer stellt Wallenstein Regimenter auf, die Gegenreformation nimmt abermals Anlauf.

Ich war, mehr als Bürger denn als Schriftsteller, an den genannten Wahlkämpfen beteiligt. Was 1965 (gestützt auf die Mitarbeit weniger Studenten) ein Ein-Mann-Unternehmen war, wuchs sich vier Jahre später (und nachdem die Bundesversammlung mit den Stimmen der SPD und FDP Gustav Heinemann zum Bundespräsidenten gewählt hatte) zu einer Sozialdemokratischen Wählerinitiative aus, die in etwa neunzig Wahlkreisen tätig wurde und sich das Ziel gesetzt hatte, Voraussetzungen für eine sozialliberale Koalition zu schaffen. Das war schwierig, denn noch bestand die Große Koalition; schwierig auch deshalb, weil der Wahlkampf gezeichnet war von den Nachwirkungen des Studentenprotestes: Eine Vielzahl meiner Veranstaltungen, die überwiegend in Kleinstädten stattfanden, wurde von der Außerparlamentarischen Opposition (APO) und von rechtsradikalen Gruppen, insbesondere von Anhängern der damals auf fünf Prozent hoffenden NPD, gleichzeitig gestört.

Mit zwölf Mandaten Vorsprung leiteten, sogleich in der Wahlnacht, Willy Brandt und Walter Scheel den Regierungswechsel ein. Bis heute haben die Unionsparteien den Verlust ihrer gewohnten Machtposition nicht verwinden können. Doch auch der Bestand der sozialliberalen Koalition blieb gefährdet. Die knappe Mehrheit erwies sich bald als bröcklig, weil etliche FDP-Abgeordnete eher nach rechts tendierten; später bröckelte auch der rechte Flügel der SPD, weil die fortschreitende Entspannungspolitik die politischen Kräfte immer stärker polarisierte und weil die Unionsparteien, zu keiner Alternative fähig, den Sturz der Regierung mit allen Mitteln betrieben. Koalitionsabgeordnete wurden abgeworben. Schon meinte der Oppositionsführer Rainer Barzel, über eine Mehrheit für das konstruktive Mißtrauensvotum zu verfügen. Als dieser mehr vom persönlichen Ehrgeiz bestimmte als durch politische Argumente gestützte Versuch scheiterte, trug eine Welle von Sympathie und Solidarität (in erster Linie mit dem Bundeskanzler Willy Brandt) die sozialliberale Koalition in den vorgezogenen Bundestagswahlkampf des Jahres 1972.

Die von mir mitverantwortete Sozialdemokratische Wählerinitiative verstand es, den ungewohnt offenen Zuspruch der Bürger in argumentierende Veranstaltungen zu übertragen. Gleichzeitig entstanden liberale Initiativen, auch solche der CDU, die sich aber bei näherem Hinsehen als fingiert erwiesen. Dementsprechend war der Wahlerfolg der Koalition überproportioniert groß und eher durch das Fehlverhalten der Unionsparteien als durch die Stärke von SPD und FDP begründet. Schon bald sollte sich erweisen, daß die die Wahl entscheidende Entspannungs- und Deutschlandpolitik sowie das Bündel angekündigter Reformen Hoffnungen wachsen ließen, die nicht oder nicht in kurzer Zeit und ganz gewiß nicht gegen die Obstruktionspolitik der Unionsparteien erfüllt werden konnten.

Die Stimmung schlug um. Der Alltag der Entspannungspolitik brachte zwar Erfolge, die aber, gemessen an zu großen Erwartungen, wie nichtig wirkten. Das erste Jahr der Legislaturperiode wurde von der Koalition innenpolitisch vertan. Anhaltender Richtungsstreit innerhalb der SPD beschädigte das Bild der größten Regierungspartei und verleitete den kleinen Koalitionspartner dazu, Distanz zu nehmen. Schon bereitete sich der Vorsitzende der FDP, Walter Scheel, auf das Amt des Bundespräsidenten vor. Willy Brandt wirkte, nach der Verleihung des Friedensnobelpreises, dem politisch lustlosen Geschehen wie entrückt. Erste für die Sozialdemokraten verlustreiche Landtagswahlen gaben zwar jeweils Schrecksekunden ab, konnten aber den parteiinternen Streit nicht beenden. Modische Kreationen wie »Tendenzwende« und »Nostalgie« lieferten Wortfutter und gewannen, weil unwiderlegt, auf schillernde Weise Wirklichkeit. In diese Phase des Zwiespalts und der Entscheidungslosigkeit schob sich so katastrophal wie klärend die Affäre Guillaume.

Nur wer die Entspannungspolitik nicht als nüchterne Notwendigkeit erkannt hatte, konnte vom feindseligen Verhalten der DDR überrascht werden. Im Stich gelassen vom bundesdeutschen Verfassungsschutz, sich dennoch verantwortlich fühlend, aber wohl auch enttäuscht vom anhaltenden Streit in der eigenen Partei, trat Willy Brandt als Bundeskanzler zurück; wie ich, bei allem Respekt vor seiner Entscheidung, auch heute noch meine: grundlos.

Den großen Katzenjammer danach konnte nichts schönfärben: kein trotziges Dennoch, kein heroisches Trotzdem, kein Nunerstrecht. Nach dem Rücktritt von Willy Brandt wurde die Politik der sozialliberalen Koalition glanzlos. Bei aller notwendigen Versachlichung ging ihr die Perspektive verloren. Der Überschwang rasch wechselnder utopischer Vorstellungen, die zu Beginn der siebziger Jahre allerlei Resolutionspapiere billig gemacht hatten, schlug um in pragmatische Engsicht und Sprachlosigkeit allen Problemen gegenüber, die sich nicht kurzerhand über den ökonomischen Leisten schlagen ließen. Ängste, die innerhalb der Gesellschaft, oberflächlich datiert durch die Erdölkrise (und nicht nur in der Bundesrepublik), aufkamen, Zukunftsängste, Existenzängste, Überfluß-, Überdrußängste blieben unbenannt oder wurden als irrationale Ärgernisse abgetan und der demagogischen Auslegung geradezu freigegeben.

Die Sozialdemokratische Wählerinitiative hatte diese Gefahren frühzeitig erkannt. Viele an ihrer Arbeit beteiligte Intellektuelle (nicht nur die notorischen Schriftsteller) haben vor der allzu trockenen Vernünftelei der Reformparteien und der Mißachtung emotionaler Bedürfnisse gewarnt. In Gesprächen mit führenden Sozialdemokraten und auch mit dem Bundeskanzler Helmut Schmidt wurde die Meinung vertreten: Man müsse die vorhandene Angstbereitschaft ernst nehmen und sich, ausgehend vom SPD-Orientierungsrahmen '85, dieser neuen und weltweiten Problematik stellen. Die junge Generation wachse in eine Zeit hinein, die gezeichnet sei von den Grenzen des Wachstums innerhalb der Industriegesellschaft, aber auch von der schon stattfindenden Bevölkerungsexplosion und von der Tatsache, daß über die Hälfte der Weltbevölkerung im Zustand ständiger Unterernährung vegetiere. Es komme darauf an, sich diesen berechtigten Ängsten zu stellen, sonst werde der politische Gegner – ohnehin erfahren im Geschäft mit der Angst – auf seine Weise Mißbrauch mit Ängsten betreiben.

Diese Warnungen wurden zwar angehört, doch politisch umgesetzt wurden sie kaum. Den nachdenklichen, vielschichtig besorgten Bürgern konnte solch karge Korrespondenz nicht genügen. Intellektueller Zweifel blieb als katastrophensüchtige Spinnerei abgetan. Da von sozialliberaler Seite keine Impulse gegeben wurden, konnte auch keine Initiative zünden. Was als lockeres Bindeglied zwischen der SPD und ihren aktivsten Wählern gemeint war, wurde als Wahlhilfeverein mißverstanden. Deshalb liefen die 1972 entstandenen und gewiß zu einseitig auf Willy Brandt fixierten Wählerinitiativen zu einem Gutteil auseinander. Die verbliebenen oder auch neuentstandenen Gruppen haben im jüngsten Wahlkampf nur noch pflichtschuldig arbeiten können.

So stellten sich SPD und FDP schlecht vorbereitet und – trotz aller Leistung – unterbewertet einem politischen Gegner, der inzwischen zwar keine Alternative entwickelt, aber organisatorisch aufgeholt hatte und entschlossen war, den Wahlkampf ohne Bedenken zu führen. Verschreckt reagierten die Sozialdemokraten auf die böse Nötigungsformel »Freiheit oder/statt Sozialismus«. Erst relativ spät, als die Diffamierung des demokratischen Sozialismus ihre Anfangswirkung getan hatte, sich nun aber abzunutzen begann und zudem die Freidemokraten in ein engeres Verhältnis zur SPD rückten, entschloß sich die Koalition zu kämpfen, wurde das Verhältnis von Freiheit und Sozialismus überzeugend belegt, stolperten die Unionsparteien über jenen dicken Knüppel, den zu schwingen sie ausgezogen waren.

Das Wahlergebnis der Bundestagswahl vom 3. Oktober spiegelt auf realistische Weise das politische Kräfteverhältnis in der Bundesrepublik, bestätigt historisch gewachsene Strukturen und wird, weil es realistisch ist, anhaltend Gefahr laufen, von den Regierungsparteien und der Opposition verkannt zu werden. Knapp, mit nur zehn Mandaten Mehrheit, behauptete die sozialliberale Regierung ihre Position; knapp verfehlten die Unionsparteien ihr Wahlziel: die absolute Mehrheit. Nach dem dritten mißlungenen Anlauf der CDU und CSU, für sich alleine die politische Macht zurückzugewinnen, nachdem auch der letzte linkssozialdemokratische Wunschtraum von einer möglichen SPD-Alleinregierung zerstoben ist und weil sich die FDP nach mehreren Zerreißproben von ihrer Wählerbasis her zu einer eindeutig liberalen Partei entwickelt hat, sollte feststehen, daß zur Zeit in der Bundesrepublik Deutschland einzig die sozialliberale Parteienkonstellation regierungsfähig ist; also wird der politische Begriff »sozialliberal« in Zukunft vor den konventionellen Begriffen christdemokratisch, sozialdemokratisch, freidemokratisch an Bedeutung gewinnen.

So erfolgreich (auf kurze Sicht) die Wahlkampfformel »Freiheit oder Sozialismus« gewesen ist und so eindrucksvoll diese Faustformel besonders in Süddeutschland durchschlug, so nützlich könnte (auf längere Sicht) die Fortsetzung der Diskussion den »Sozialliberalen« behilflich sein, für die kommenden Jahre den Freiheitsbegriff neu zu definieren, durch sozialliberales Recht zu festigen und dem demagogischen Mißbrauch zu entziehen.

Auf die Drohgebärde – entweder/oder – haben die Wähler regional unterschiedlich verschreckt, doch, nach genauer Auszählung ihrer Reaktionen, mehrheitlich couragiert geantwortet. Angst sollte verbreitet werden, doch die Angst schlug nicht vollends durch. Gewinnträchtig wurde schwarzweißgemalt, doch am Ende dominierten die differenzierenden Grautöne. Dieser knappe Sieg der Vernunft ist zuallererst Wählerverdienst. Weil beteiligt am Wahlkampf, kam es mir oft so vor, als seien das Selbstvertrauen und die Sachkenntnis der Bürger größer und gefestigter gewesen als das entsprechende Angebot der sozialliberalen Parteiredner.

Besonders auf sozialdemokratischer Seite herrschte Wehleidigkeit vor. Ohne Not ließ sich die SPD in die Defensive drängen. Nahezu vertrotzt baute der Bundeskanzler auf seine im Ausland anerkannten, im Inland zerredeten wirtschaftspolitischen Erfolge. Zwar kämpfte Helmut Schmidt mit zunehmender Leidenschaft, doch gelang es ihm nur unzureichend, die Mitglieder seiner Partei zur Tätigkeit anzuspornen. Bis zum Schluß des Wahlkampfes blieben die Organisationsschwächen der SPD und die Folgen anhaltender

Flügelkämpfe spürbar: Den Namen Fritz Erlers miß-
brauchende rechte Sozialdemokraten und noch
immer von Volksfrontträumen umnebelte Jungsozialisten brachten ihrer Partei abwechselnd Schaden. Die
SPD wird prüfen müssen, in welchen Fällen die Illoya-
lität rechter und linker Genossen die Toleranzgrenze
überschritten hat. Direkte Kontakte zu Franz Josef
Strauß, dem erklärten Feind und nicht etwa fairen
Gegner des demokratischen Sozialismus, und be-
schlußwidrige Aktionseinheiten mit Kommunisten
haben oft genug die Wähler mehr verunsichert, als es
durch die zu offensichtliche Angstpropaganda der
Unionsparteien geschehen konnte. Hinzu kommt,
daß solche »Randerscheinungen« die SPD seit Jahren
in ihren Flügelpositionen verhärtet und – wie der
Wahlkampf bewiesen hat – in ihrer Aktionsfähigkeit
behindert haben. Allzu ausschließlich waren die Jungsozialisten mit profilsüchtigen Resolutionen beschäftigt. Also blieb keine Zeit, sich gründlich und der veränderten Realität entsprechend mit dem Informati-
onsbedürfnis der Jungwähler zu beschäftigen.

Entsprechend formaldemokratisch verrannte sich
der rechte Flügel der SPD in die Praxis der Minister-
präsidentenerlasse, die bald Radikalenerlasse hießen.
Wenige Einzelfälle als Ergebnis einer insgesamt
törichten Politik reichten aus, um das Wort Berufsver-
bot großzuschreiben. Von den Jungsozialisten weitgehend im Stich gelassen, sahen sich viele Jungwähler
einer Politik konfrontiert, die ihre Nöte nur unzulänglich wahrnahm, zudem ihren Freiheitsraum ein-
schränkte und ihnen nach Altvätersitte mehr Leistung
und Anpassung empfahl.

Die Praxis der Radikalenerlasse und der Notstand
der Jugendarbeitslosigkeit (sowie das latente Bedürf-

nis junger Menschen, zur Opposition gehören und gegen die Regierenden stimmen zu wollen) haben das Jungwählerpotential der beiden Reformparteien zusammenschrumpfen lassen. Die vordringliche Beseitigung der Jugendarbeitslosigkeit und die Rückkehr zur liberalen Rechtspraxis sind deshalb Voraussetzungen für neuerliches Vertrauen; allerdings wird die junge Generation, so wie sie mehrheitlich immer noch wählt, mehr erwarten, als eine bloß pragmatisch orientierte Politik zu leisten vermag.

Nach der Wahl sind alle ein bißchen klüger. Werden sie es bleiben? Oder werden wieder einmal die politischen Alltagsereignisse dominieren und alle schmerzhaft gewonnenen Erkenntnisse unter Bergen eilfertiger Papiere verkommen lassen? Meine Erfahrung, die – zugegeben – die eines demokratischen Sozialisten ohne Parteibuch ist, rät mir, zumindest einige Denkzettel an die Wand zu pinnen.

Wenn es richtig ist, daß im Verlauf der nächsten vier Jahre nicht einseitig sozialdemokratische oder freidemokratische, sondern im günstigen Fall nur sozialliberale Politik gemacht werden kann, dann wird die Diskrepanz zwischen regierenden Sozialdemokraten und Parteitags-Sozialdemokraten noch größer sein als zuvor. Folglich wird die Verführung groß sein, wie eh und je die eigene Regierungsleistung, also den sozialliberalen Kompromiß, an lupenreinen Parteitagsbeschlüssen zu messen und abzuwerten. Grundsätzlich wird es deshalb notwendig sein, von der Basis der SPD her den Unterschied zwischen Absicht und Möglichkeit zu erkennen und ohne Wehleidigkeit zu akzeptieren. Solche realistische Beschränkung schließt nicht aus, vielmehr erfordert geradezu, daß die SPD, ihrer Tradition gemäß, weiter denkt, plant und vorsorgt, als es den von Tageserfordernissen und durch Sachzwänge beengten Politikern möglich ist. Der Orientierungsrahmen '85 (eine weithin unbekannte Leistung der SPD) wird der ständigen Revision bedürfen; die wäre zu leisten, denn Sozialdemokraten sind von Natur aus Revisionisten. Hier schließt mein zweiter Denkzettel an:

Es gilt, die demagogische Herausforderung »Freiheit oder/statt Sozialismus« über den Wahlkampf hinaus anzunehmen, die Freiheitsdiskussion mit Argumenten fortzusetzen und das einander bedingende Verhältnis von Demokratie und Sozialismus öffentlich bekanntzumachen.

Wenn Gegnerschaft zum Kommunismus – wie sich erwiesen hat – nicht durch ideologischen Antikommunismus nach der Methode des Kalten Krieges bewiesen werden sollte, dann wird der demokratische Sozialismus diese notwendige Aufklärung mit Argumenten leisten müssen. Besonders der linke Flügel der SPD ist aufgerufen, die in den kommunistisch regierten Ländern anhaltende Pervertierung des Begriffes Sozialismus beim Namen zu nennen und zum Beispiel den Nachweis zu bringen, daß das in der Bundesrepublik wirksame Betriebsverfassungsgesetz einen sozialen Freiraum garantiert, den es in kommunistisch regierten Ländern nicht oder nur im Ansatz gibt. Keine konservativen oder gar reaktionären Ideologien werden Westeuropa vor kommunistischem Zuwachs und alleinherrschendem Machtanspruch schützen können, wohl aber ist der demokratische Sozialismus als Alternative geeignet, die bürgerlichen und sozialen Freiheitsrechte zu schützen und auszubauen. Die nächsten Jahre legen uns den Zwang auf, im Sinne der Entspannungspolitik mit den kommunistisch regierten Ländern zu verhandeln und nicht nur wirtschaftspolitisch, sondern auch ideell den Vergleich auszuhalten. Dazu mein dritter Denkzettel:

Die Entspannungspolitik ist das bisher geschlossenste Ergebnis sozialliberaler Politik. Zwei Parteien haben mit ihr begonnen und setzen sie gegen Widerstände fort, die in der Bundesrepublik wie in der DDR ihre gleichermaßen starrsinnigen Lager haben. Es wird Aufgabe der SPD und FDP bleiben, die Entspannungspolitik als Voraussetzung für nahezu jegliche Art anderer Politik mit Vorrang zu betreiben; eine geteilte Nation hat keine andere Alternative. Mit einem vierten Denkzettel will ich mich begnügen.

Die Bundesrepublik ist ein wirtschaftlich und sozial gefestigtes Land. Sie gehört zu den reichsten Ländern der Welt. Von ihr aus gesehen, ist das Gefälle zu den Ärmsten der Armen abgrundtief. Daraus ergibt sich die berechtigte Erwartung auf gesteigerte Hilfe für die Staaten der Dritten Welt. Wenn schon nicht aus Gründen humaner Einsicht, dann doch zwecks Selbsterhaltung sollten die politisch führenden Kräfte dieses reichen Landes, in erster Linie die sozialliberale Regierung, weit mehr tun als bisher und als sich nach konventioneller Haushaltspolitik ermöglichen ließe. Zu erwägen wäre in reichen Überflußländern, also auch in der Bundesrepublik, eine zusätzliche Steuer, deren Erträge ausschließlich der Entwicklungshilfe für die Staaten der Dritten Welt zugute kommen könnten. Eine Reihe von Luxusartikeln bietet sich für höhere Besteuerung an. Aus den genannten Gründen sollten die Erbschafts- und Vermögenssteuer progressiv angehoben werden. Desgleichen müßte ein Teil der Kirchensteuer für diese wahrhaft christlichen Zwecke freigesetzt werden. Im Verlauf der nächsten

vier Jahre wird uns – wir mögen uns noch so abkap-
seln – die Notlage der Staaten der Dritten Welt näher-
und nähergerückt werden. Auf diese Herausforderung wird die sozialliberale Koalition antworten müssen. Im Wahlkampf war plakativ vom »Modell
Deutschland« die Rede. Auf dem karggedüngten Feld
der Entwicklungspolitik könnten SPD und FDP ein
modellhaftes Zeichen setzen, ein Zeichen sozialliberaler Politik.

Orwells Jahrzehnt I

Rede im Landtagswahlkampf Baden-Württemberg 1980

Mein Referat steht unter der Überschrift ›Orwells Jahrzehnt‹. Der Name des englischen Schriftstellers, dem hier, als sei er ein Schutzpatron, die achtziger Jahre überantwortet werden, ist weitbekannt. Desgleichen sein Romantitel ›1984‹, wenngleich die Zahl der Leser dieser hoffnungslos düsteren Zukunftsvision beschränkt sein mag.

Wie Markenzeichen geistern der Name des Autors und der Titel seines Buches durch unser schreckenbereites Bewußtsein. Abhöraffären werden mit dem Orwell-Zitat »Big Brother is watching you« kommentiert. Orwell verbreitet Furcht. Auf das von ihm fixierte Jahr starren wir mit vorweggenommenem Schrecken.

Dabei hatte George Orwell vor mehr als dreißig Jahren Aufklärung, wenn auch – nach Schriftstellerart – schockierende Aufklärung im Sinn, als er seinen Romanhelden Winston Smith der Zukunft auslieferte. Er wollte warnen. Doch die Politiker und Wissenschaftler, die auf ihn hätten hören sollen, haben ihn als Literaten abgetan und belächelt: Was der sich da ausgedacht hat, dieser Schriftsteller! Die seine Schreckensvisionen heute als gegenwärtig erleben, haben ihn nie gelesen.

Sein Buch ›1984‹, das in den fünfziger Jahren zwar als literarische Leistung diskutiert, doch, die Zukunft betreffend, als gruselige Unglaublichkeit abgetan wurde, geriet in Vergessenheit. Erst jetzt, seitdem wir uns dem fatalen Datum des Buchtitels nähern, gewinnt es neues Interesse. Nicht etwa, daß Orwells Roman als literarische Wiederentdeckung gefeiert wird; es ist die düstere Hellsichtigkeit des Autors, die uns immer noch oder mehr als vor drei Jahrzehnten betrifft.

Gewiß wäre es einfach, Orwells Zukunftsroman am Detail zu messen und billig zu widerlegen. Weder entspricht das von ihm beschriebene London der gegenwärtigen Wirklichkeit, noch finden fortwährend interkontinentale Kriege zwischen drei gleichartigen und gleichgewichtigen Weltmächten statt. Die wissenschaftliche Voraussicht des Schriftstellers liest sich geradezu harmlos, wollten wir sie mit dem Stand der gegenwärtigen Technik vergleichen. Und doch stockt der Leser immer wieder, weil viele von Orwell erkannte Tendenzen sich bestätigt haben und – wie wir befürchten müssen – ihrer Zukunft sicher sind.

Besonders augenfällig ist der Prozeß der Angleichung zwischen den herrschenden Ideologien unseres Jahrhunderts. Zu den Erfahrungen des Schriftstellers George Orwell gehörten: der englische Kolonialismus, er war einige Jahre lang englischer Kolonialoffizier; der Spanische Bürgerkrieg, an dem er auf seiten der Republikaner teilgenommen hat; die Brutalität des westlichen Kapitalismus, von der seine Sozialreportagen zeugen; der Hitler-Stalin-Pakt, den er als linker Schriftsteller verurteilte, weshalb er fortan eine isolierte Position einnehmen mußte; der vielfältige, vom Faschismus, Stalinismus und Kapitalismus ausgehende Terror und die Befangenheit der europäischen Linken und Liberalen angesichts dieser zukunftsträchtigen Allianz.

Heute erkennen wir, daß sich die östliche und westliche Welt, trotz der bestehenden ideologischen Gegensätze, immer mehr angleichen, daß sich die westliche und östliche Welt dem wechselseitigen Machtwillen der Sowjetunion und der USA ausgeliefert sehen. Erschreckt und zu spät begreifen wir, daß die übliche Heuchelei das nackte Interesse des einen wie anderen Machtgebildes nicht mehr verdecken kann.

Und auch die dritte, von Orwell »Ostasien« genannte Weltmacht zeichnet sich ab: China und Japan werden ihr bald Gewicht geben.

Schon finden, nach dieser Dreiteilung, sogenannte Stellvertreterkriege statt. Ob Vietnam, Kambodscha oder Afghanistan, alle drei Kriegsschauplätze waren und sind wie nach George Orwells Vorausschau lokalisiert, selbst wenn sich in seinem Roman die drei Weltmächte ihre Verschleißkriege an der indischen Malabar-Front oder in Zentralafrika liefern.

Und wenn sich im Roman ›1984‹ urplötzlich zwei soeben noch mörderisch miteinander verfeindete Weltmächte gegen die dritte verbünden, um hundert Seiten später abermals und urplötzlich, weil das Interesse es fordert, den Bündnispartner zu tauschen, sollte uns heute die noch junge Allianz der USA mit der Volksrepublik China als Drohung gegen die Sowjetunion nicht überraschen, wie auch das übermorgen schon mögliche Bündnis zwischen dem sowjetischen Staatskapitalismus und dem amerikanischen Monopolkapitalismus seine Begründung in der Sicherung von Rohstoffen fände: Diese unheilige Allianz ginge dann auf Kosten der Dritten Welt. Doch diese Dritte Welt wird sich als zukünftige dritte Weltmacht – siehe das Vorspiel Teheran – zu wehren wissen.

Drei Riesen, die einander nichts schenken. Drei Riesen, die geliebt sein wollen. Drei Riesen, die sich die Liebe ihrer Trabanten, notfalls unter Androhung von Strafe, erzwingen. Also beginnt die Welt, wie bei Orwell beschrieben, ihre neue, die zukünftige Ordnung zu finden.

Ein erschreckender Triumph der Literatur wäre zu feiern: Zu Beginn dieses Jahres – kaum hatten die Sowjets Kabul besetzt, kaum hatten die USA den Persischen Golf zu ihrem Interessengebiet erklärt – begann Orwells Jahrzehnt. Wir werden, sobald wir bereit sind, unseren Zustand zu erkennen und gegen diese Entwicklung Widerstand zu leisten, unserem Autor noch oft begegnen.

Sie werden sich fragen: Was hat Orwell mit dem gegenwärtigen Wahlkampf zu tun? Soll hier Angst verbreitet werden, wo es doch in der bundesdeutschen Politik professionelle Angstmacher genug gibt?

Ich könnte mir einen Zwischenruf etwa dieser Art denken: Wir haben hier in Ludwigsburg oder Waiblingen andere Sorgen! Und diese Sorgen, stelle ich mir vor, haben alle mit dem Wort Sicherheit zu tun. Die Sicherheit der Arbeitsplätze, die Sicherung der Altersrente, die Versicherung gegen alles und nichts bestimmen notwendigerweise die Alltagspolitik. Doch da die Sicherheit der Arbeitsplätze sich nicht von der Sicherung des Energiebedarfs trennen läßt, ist schon im zweiten Satz die Sicherung der Ölquellen mitbetroffen.

So grotesk es klingt: Alles, selbst der Bau einer Freizeitanlage mit Schwimmbad und allem Drum und Dran – er mag noch so provinziell verhandelt werden –, hat gegenwärtig und zukünftig mit Weltpolitik zu tun. Unsere Idylle ist nicht mehr zu sichern. Wir befinden uns in Orwells Jahrzehnt.

Als Heinrich Böll, Carola Stern und ich vor einigen Jahren die Zeitschrift ›L 76‹ gründeten, wollten wir mit dieser Publikation ein Forum für übergreifende Probleme schaffen. Gerade weil wir uns als eine Zeitschrift für den demokratischen Sozialismus definierten, griffen wir die Probleme der Staaten der Dritten Welt auf, zeigten wir uns als Gegner des sowjetischen Panzerkommunismus, waren uns Themen wie Menschenrechte und Datenschutz wichtig, sollten die bestehenden ideologischen Positionen einer ständigen Revision unterworfen werden. Plötzlich verkaufte der Deutsche Gewerkschaftsbund die Europäische Verlagsanstalt. Wir standen ohne Verleger da. Doch aufgeben wollten wir nicht. Also gründeten wir mit eigenen Mitteln den Verlag ›L 80‹, um unter neuem Titel unsere Arbeit fortzusetzen, nun auf das vor uns liegende Jahrzehnt bedacht.

Deshalb beteiligen wir uns auch als ›L 80‹ am Wahlkampf. Wir wollen der modischen Wehleidigkeit widersprechen, den demagogischen Angstmachern die Wirkung schmälern, aber auch die tatsächlichen Gefahren unserer Zeit beim Namen nennen.

Wenn ich zu Orwells Roman ›1984‹ ein Buch als Gegengewicht auf die Waage legen wollte, weiß ich nur den Bericht der Nord-Süd-Kommission. Als Vorsitzender dieser Kommission hat Willy Brandt unter dem Titel ›Das Überleben sichern‹ die Ergebnisse seiner mehrjährigen politischen Bestandsaufnahme vorgelegt. Dieser Bericht liest sich düster und wäre noch eher als Orwells Roman geeignet, Furcht und Schrecken zu verbreiten, wenn ihm nicht Empfehlungen beigegeben wären, die uns helfen könnten, die bereits absehbare Weltkrise zu bewältigen.

Willy Brandts Nord-Süd-Kommission fordert eine neue Weltwirtschaftsordnung, die die Ungerechtigkeiten den Staaten der Dritten Welt gegenüber abbauen soll. Diese neue Ordnung setzt allerdings west-östliches Umdenken voraus. Sie verlangt uns Verzicht ab. Sie trifft den Nerv unserer Raubbauwirtschaft, denn sie fordert uns auf, unsere Märkte den Staaten der Dritten Welt zu öffnen. Und nicht zuletzt: Sie setzt weltweite Abrüstung voraus, wenn das Überleben der Menschheit über das Jahr 2000 hinaus gesichert werden soll.

Ich zitiere aus Willy Brandts Vorwort zu diesem Bericht:

»Die jährlichen Rüstungsausgaben nähern sich der Summe von 450 Milliarden US-Dollar (das sind mehr als 2 Milliarden DM pro Tag), während die Ausgaben für staatliche Entwicklungshilfe weniger als fünf Prozent dieser Aufwendungen ausmachen. Dazu vier Beispiele:

1. Die Militärausgaben allein eines halben Tages würden ausreichen, um das gesamte Programm der Weltgesundheitsorganisation zur Ausrottung der Malaria zu finanzieren ...

2. Ein moderner Panzer kostet etwa 1 Million Dollar. Mit diesem Geld könnte man auch 1 000 Klassenräume für 30 000 Schulkinder errichten.

3. Für den Preis nur eines Kampfflugzeuges (20 Millionen US-Dollar) könnte man etwa 40 000 Dorfapotheken errichten.

4. Mit der Hälfte von ein Prozent der jährlichen Rüstungsausgaben könnte man all die landwirtschaftlichen Geräte anschaffen, die erforderlich sind, um in den armen Ländern mit Nahrungsmitteldefizit die Agrarproduktion bis 1990 zu verbessern und sogar die Selbstversorgung zu erreichen.«

Vielleicht sollte nach diesen Beispielen daran erinnert werden, daß nach Schätzungen der Unicef im

Jahre 1978 mehr als zwölf Millionen Kinder unter fünf Jahren an Hunger gestorben sind. Im Jahre 1979, das von den Vereinten Nationen zum »Jahr des Kindes« erklärt worden war, wird diese schreckliche Zahl durch das Kindersterben in Kambodscha gesteigert worden sein.

Ich sage bewußt »gesteigert«. Denn das ist der Zuwachs unserer Tage: Kindersterblichkeit. Einzig hier, unter den Vorzeichen Verelendung, Verslumung, Unterernährung, Hungertod, läßt sich noch Fortschritt errechnen. Ich bin mit Willy Brandt der Meinung, daß – wenn wir überleben wollen – hier die Hauptaufgaben der achtziger Jahre zu suchen sind. Alle Industrienationen, die westlichen und die östlichen, sind zur Abrüstung verpflichtet, so unversöhnlich sie sich ideologisch gegenüberstehen. Der gegenwärtig vernünftelnde Wahnsinn, der sich unter die Formel »Abrüstung durch Aufrüstung« bringen ließe, spricht den Staaten der Dritten Welt das Todesurteil, denn er wird weiteres weltweites Wettrüsten zur Folge haben, ohne irgend jemand Sicherheit zu geben, auch den hochgerüsteten Weltmächten nicht.

Die gegenwärtige weltpolitische Krisenlage zeigt an, daß die Großmächte USA und Sowjetunion ihrer Verantwortung nicht gewachsen sind. Ihre jeweilige innenpolitische Schwäche verführt sie, nach außen aggressiv zu wirken. Untaugliche Machtdemonstrationen, die Angst der beiden Riesen, in Kabul oder Teheran das Gesicht zu verlieren, und oft nur wahlkampfbestimmte Großsprecherei machten zu Beginn dieses Jahres deutlich, daß die Gefahr eines dritten Weltkrieges nicht mehr zu leugnen ist.

Es kann nicht verwundern, daß in dieser Situation die europäischen Staaten in Ost und West kritisch

Abstand nahmen zu ihren jeweiligen Großverbündeten. Die europäische Vorstellungskraft reichte aus, sich einen dritten, alles vernichtenden Weltkrieg vorzustellen. Deshalb handelten die west-, aber auch osteuropäischen Staaten richtig, als sie sich den jeweils ihnen verbündeten Großmächten als unbequeme Partner erwiesen. Ihnen gelang es, den sich zuspitzenden Konflikt zu entschärfen und die sich ausweitende Krise einzudämmen.

In dieser realen und nicht herbeigeredeten Krisensituation fiel und fällt weiterhin den beiden deutschen Staaten besondere Verantwortung zu. Gerade weil von Deutschland zwei Weltkriege ausgingen, weil mit und durch Deutschland Europa geteilt ist, bleibt es die Pflicht unseres Volkes, jede Kraftmeierei zu vermeiden, bündnistreu ja, aber nicht bündnisblind zu sein und nur jenen Politikern Verantwortung zu übertragen, die sich bei der Wahrung des Friedens als fähig bewiesen haben.

Um es klar zu sagen: Ich bin für Helmut Schmidt, weil er in krisengeschüttelter Zeit die Nerven behält, weil seine Sachlichkeit überzeugt, weil sich sein kritischer Mut nicht nur dem politischen Gegner, sondern auch den verbündeten Freunden gegenüber bewährt hat – und nicht zuletzt: weil, gemessen an Helmut Schmidts Leistungen, der großsprecherische Gegenkandidat bis zur Schlumpfgröße schrumpft.

Und weiter nicht nur die Dinge beim Namen genannt: Ich stehe zu Willy Brandt, der trotz zurückliegender Krisen und wohl auch persönlicher Niederlagen die Kraft gehabt hat, mit seinem Nord-Süd-Bericht den Menschen wieder ein Ziel zu setzen. Er hat uns die Alternative zu Orwells düsterer Voraussicht gezeigt. Er hat die von ihm begonnene Entspannungspolitik um Einsichten vermehrt, die uns lehren könnten, das kommende Jahrzehnt zu bestehen. Mir jedenfalls hat Willy Brandt immer wieder Grund geboten, nicht nachzulassen, nicht zu resignieren, sondern den politischen Alltag notfalls auch kämpferisch zu bestehen.

Und einem weiteren Politiker gilt mein Dank. Er ist ein Brocken, der uns querliegt. An seiner unverrückbaren Beharrlichkeit haben sich schon viele Schnellstarter das Knie aufgeschlagen. Wenn er schweigt, braut sich etwas zusammen. Wenn er spricht, scheucht seine Rede uns auf. Doch muß es diesem einen und einzigen alten Mann, der unter aller politischen Last dennoch aufrecht steht, muß es einzig Herbert Wehner überlassen bleiben, uns unbequeme Wahrheiten zu sagen! Warum verweigern ihm die stets den Frieden im Munde führenden Kirchen ihre Unterstützung? Er, der letzte und erste Patriot, wird tagtäglich als Verräter diffamiert. Wann wird es endlich soweit sein, daß die Leistungen dieses Mannes, der mehr für Deutschland getan hat, als der Sonthofener Angstbrauer jemals begreifen wird, jene Achtung, jenen, ich sage es, liebevollen Respekt finden, den alle Deutschen ihm schulden.

So sehr auch mich seine komplizierten Sätze herausfordern, ich stehe zu Herbert Wehner und zu seinen unbequemen Wahrheiten. Allen, die kopfhängerisch nur noch schwarzsehen, die aussteigen wollen, die sich in grüne Idyllen verkriechen, die ein bißchen Titanic und Untergang spielen wollen, ihnen allen rufe ich zu: Es ist ein Glück, daß es Herbert Wehner und Willy Brandt gibt und daß mit Helmut Schmidt ein Politiker als Bundeskanzler Verantwortung trägt, der den gegenwärtigen Krisen gewachsen ist.

Schlimm stünde es um uns, wären wir auf Politiker angewiesen, die die Krise herbeigehofft haben, die die Krise herbeireden wollten, die, kämen sie an die Macht, die Krise in Person wären.

Sie schrecken vor nichts zurück. Sie haben keine Bedenken. Alten Menschen, die zwei Inflationen erlebt haben, jagen sie Furcht ein, indem sie eine neuerliche Geldentwertung beschwören. Mal unterschwellig, mal offen diffamieren sie ihre Gegner, ordnen sie der »Moskau-Fraktion« zu, reden von Betrug und Betrügern. Dabei sind sie es, die sich und die Demokratie um eine ernstzunehmende Alternative betrügen. Über zehn Jahre hatten die Christdemokraten Zeit, als Oppositionspartei wieder regierungsfähig zu werden. Doch außer Obstruktion und Mißbrauch des Bundesrates fiel ihnen nichts ein. Nacheinander haben sie Kiesinger, Barzel, dann Kohl verschlissen. Schließlich blieb einer übrig, der die zuvor Genannten nacheinander aufs Kreuz gelegt hatte.

Doch eigentlich sollte, wenn von den achtziger Jahren und ihren Aufgaben die Rede ist, nicht über einen Mann gesprochen werden, der ein Produkt der fünfziger Jahre ist. Aber er hat sich nun mal den Christdemokraten als Kanzlerkandidat aufgezwungen. Es wäre gefährlich, ihn hier, womöglich aus schöngeistigen Gründen, auszusparen.

Wie immer man zu ihm steht: Strauß verkörpert das den Deutschen notwendige Gruseln. Lange wühlte er im Kostümverleih nach ihm passenden Möglichkeiten, nach einer ihm passenden Rolle. Er probierte an, verwarf, beschimpfte den Garderobenspiegel und wollte sich schlanker tragen, als ihm kleidsam ist. Denn immer, auch bei erfolgreichen Auftritten, hängt ihm der Makel an, eine begabte Fehlbesetzung zu sein. Eine Zeitlang kopierte er den Kanzler Schmidt, was schwieriger war, als man vermuten mochte. So lief er Rollen hinterdrein und wurde immer unkenntlicher.

Dabei gibt es ihn: so treuherzig wie brutal. Man sehe ihn rückblickend in Chile wie in Griechenland zuvor: allzeit den Militärdiktaturen vertraut. Man sehe ihn in Portugal und Spanien: den Resten der Falange gewogen. Wo immer er unterwegs war und ist, sieht man ihn Arm in Arm mit der Reaktion.

Man lese seine Sonthofener Rede, die er am 19. November 1974, unserem Gedächtnis zur Probe, gehalten hat. Man lese diesen Entwurf zur Gewinnung der Macht, damit er wieder erkennbar wird, damit uns erinnerlich bleibt, wie wirr und präzise sein Terror nach Ausdruck sucht. Und doch wollte ihm keine der Krisen, die er herbeiwünschte, die zu fördern er seine Parteigänger aufrief, gefällig werden. So düster er in Sonthofen auftrug, keine der biblischen Plagen hat ihn zum Retter aus Krisennot gemacht. Was mit Kalkül geheckt wurde, die große Angst, hat sich durch seinen Redefluß nicht ins Gemüt der Deutschen schwemmen lassen, so gastlich es sonst allen Ängsten offensteht; weshalb er sogar auf eigenem Feld ein minderer Prophet geblieben ist.

Weder bricht der Staat unter Verschuldungen zusammen, noch ist die Zahl der Arbeitslosen in seine Wunschhöhe geklettert. Trotz dümmster Gesetze flaute der Terrorismus ab. Die Industrie, bisher seinesgleichen mit Geldern gefällig, tat ihm den ganz großen Gefallen nicht, wollte keinen alles mitreißenden Zusammenbruch, sondern nutzte die Konjunktur und investierte, selbstredend steuerbegünstigt. Selbst die weltweiten Krisen, auf die in Sonthofen ruinöse Hoffnung verschwendet wurde, trafen die Bundesrepublik nur abgeschwächt, weil die sozialliberale Koalition ihnen standhielt; der Kanzler notfalls die Nachbarn belehrend.

Kein Massenelend half. Kein bundesweites Heulen und Zähneklappern, keine gebündelten Schreie nach dem Erlöser ließen den Namen des Angstbrauers laut werden. Ungerufen zwang er sich seiner Partei auf. Nun steht er hinter den Kulissen bereit. ›Die Räuber‹ stehen auf dem Programm. Zwei Hauptrollen will er verkörpern, will Franz und Karl Moor zugleich sein. Aber das Stichwort kommt nicht. Es darf nicht kommen. Sorgen wir alle dafür, daß am 5. Oktober das Stichwort für seinen Auftritt nicht kommt.

Doch schon merke ich, daß Strauß meiner Rede die Zeit stiehlt. Wir sollten uns wichtigeren Themen zuwenden, den Problemen der achtziger Jahre. Was muß getan werden, damit diese achtziger Jahre nicht schrecklich, das heißt zu Orwells Jahrzehnt werden?

Bei George Orwell wird die sogenannte Neusprache gesprochen. Wörter wie »Unperson« und »Gutdenken« stehen erstmals bei ihm. Das Gedächtnis wird der »Wirklichkeitskontrolle« unterworfen. In der Neusprache heißt das: »Zwiedenken«. Da das »Friedensministerium« alle Kriegsangelegenheiten behandelt, heißt jenes Ministerium, das mit Hilfe der »Gedankenpolizei« Recht und Ordnung aufrechterhält, »Ministerium für Liebe«. Und weil das für Propaganda zuständige Ministerium folgerichtig »Wahrheitsministerium« heißt, steht auf weithin sichtbaren Spruchbändern: »Krieg bedeutet Frieden. Freiheit ist Sklaverei. Unwissenheit ist Stärke.«

Und wir? Ist uns nicht auch Orwells Neusprache mittlerweile geläufig? Wie heimelig klingt das Wört-

chen »Lauschaktion«. Durch Rationalisierungsmaß-
nahmen arbeitslos gewordene Facharbeiter nennen
wir »freigestellte Arbeitskräfte«. Einen Ort, an dem
der anfallende Atommüll gelagert und gegebenenfalls wieder aufbereitet werden soll, nennen wir, als
hätte Orwell unsere Feder geführt: »Entsorgungspark«. Sind wir weit weg von der »Gedankenpolizei«?
Ist uns das »Zwiedenken« nicht schon geläufig? Findet bei der Produktion sogenannter »ausgewogener«
Fernsehprogramme nicht schon jene hier zitierte
»Wirklichkeitskontrolle« statt? Ja, sind unsere auf
»Erkenntnisse« erpichten Technologien nicht heute
schon jenen Apparaten überlegen, die bei Orwell
erkenntnisdienstliche Wahrheitsfindung betreiben?

»Also ganz so schlimm ist es nicht!« höre ich rufen.
»Aber anders schlimm!« hält jemand dagegen. »Und
in Teilbereichen ein wenig schlimmer sogar!« ließe
sich sagen.

Zum Beispiel die täglich einander löschenden
Nachrichtenschübe. Wir wissen und vergessen alles,
bis zu den Stellen hinterm Komma genau. Mit altbe-
kannter Fistelstimme lehrt uns die Vernunft, den
neuesten Wahnsinn als relativen Fortschritt zu begreifen. Es muß uns einleuchten, daß nur Aufrüstung die
allseits ersehnte Abrüstung einleiten kann. Um unserer Demokratie Erkenntnisse zu vermitteln, wird
jedermann an Rastersysteme verfüttert. Und dem
Energiemangel begegnen wir mit gesteigerter Produktion. Wir schlucken Tabletten gegen Tablettenschä-
den. Unsere Feiertage sind Anlässe für Konsum,
unsere Jahreszeiten enden in Schlußverkäufen. Und
schlau sind wir: Um die Lebensmittelpreise in dieser
regional überfressenen, doch weithin unterernährten
Welt weiterhin stabil zu halten, türmen wir Butter-

und Schweinefleischberge. Weil wir für jeden Schrekken passende Wörter finden, deckt das Wort »Versorgungslücke« auch den vielstelligen Tod ab.

Doch haben wir einen neuen, einen polnischen Papst, der so unfehlbar wie der persische Khomeini ist. Allgemein mangelt es nicht an großen Führerfiguren, die sich in Orwells Big-Brother-Rolle üben: Ein bigotter Prediger in Washington und ein Biedermann in Moskau lassen entscheiden, was sie der Welt als ihre Entscheidung kundtun. Natürlich gibt es als Markenzeichen des Heils noch immer den guten alten Kapitalismus und den guten alten Kommunismus: Nur werden die beiden, dank ihrer altbewährten Feindschaft – was Orwell vorausgesagt hat – einander immer ähnlicher. Zwei böse Greise, die wir lieben müssen, weil ihre uns angetragene Liebe unabweisbar ist. Big Brother hat einen Zwilling. Allenfalls läßt sich darüber streiten, ob die Big-Brother-Zwillinge eineiig oder zweieiig über uns wachen.

So jammern wir uns in das neue Jahrzehnt. Es ist schon so: Seitdem die Aufklärung als heilige Kuh trokkensteht, ist dem Fortschritt kein Saft mehr abzumelken. Aussteigen wollen unsere Streichelkinder, sobald ihnen die Fahrkosten ihrer Umwege zugesichert sind. Wehleidig flüchten die Revolutionäre von gestern – unter Protest! – ins Beamtenrecht. Und jeder behauptet, als gehöre sich das, Angst zu haben.

Dagegen will ich hier ansprechen. Noch können wir sagen, was uns bedrückt, was uns das Fürchten lehren will. Noch sind wir handlungsfähig, wenn wir nur wollen. Ich nannte zu Beginn meiner Rede den von Willy Brandt vorgelegten Bericht der Nord-Süd-Kommission, unter dem Titel ›Das Überleben sichern‹. Willy Brandt ruft uns zum Handeln auf. So ungeschminkt sein Bericht unsere Gefährdungen aufzeigt, steht er doch alternativ zu Orwells Schreckensvision. Wie jämmerlich liest sich dagegen jenes Sonthofener Gebräu, das die Angstmacherei zum Mittel der Politik erheben wollte.

In Willy Brandts Bericht wird uns, wenn wir überleben wollen, konsequentes Umdenken, die Überprüfung unserer Bedürfnisse und folgerichtig eine zeitgemäße Askese empfohlen.

Das heißt: nein sagen zu den Angeboten. Die erstaunlichen Erfindungen ausschlagen, sich zur technischen Entwicklung, in deren Verlauf alles Machbare auch gemacht wurde, bewußt fehlverhalten. Das heißt: das Machbare über den Prüfstein der Notwendigkeit stolpern lassen. Alltäglich konkret wird das bedeuten müssen: nein sagen zum Kabelfernsehen und zum privatwirtschaftlichen Fernsehen, weil wir dieser Errungenschaften nicht bedürfen. Konkret alltäglich muß das bedeuten: die rigorose Geschwindigkeitsbegrenzung, die schon lange überfällig ist. Wir sind auf selbstmörderische Weise ohnehin zu schnell.

Aber auch die Erhebung einer progressiven Steuer zur Entwicklung der Dritten Welt wird die Konsequenz dieser notwendigen Askese sein.

Und dringend empfohlen ist diese Askese den christlichen Kirchen, die wieder glaubwürdig, das heißt arm werden sollten, wie Jesus Christus arm gewesen ist. Mit anderen Worten: Die in der Bundesrepublik erhobene Kirchensteuer sollte nicht mehr kirchlichem Selbstzweck, sondern ausschließlich der Sozialarbeit und den Staaten der Dritten Welt zugute kommen.

Es ließe sich die Liste dieser Notwendigkeiten fortsetzen, denn ob wir wollen oder nicht: Weil die Welt an unserer Verschwendungssucht leidet, werden uns die achtziger Jahre jene Askese auferlegen, die uns – um auch etwas Positives zu sagen – allesamt schlanker und schöner machen wird.

Ich möchte zum Schluß in eigener Sache sprechen und als Schriftsteller eine Aufgabe definieren, die sich im Verlauf der achtziger Jahre den beiden deutschen Staaten stellen wird. So krisenanfällig die Weltpolitik ist, nichts kann uns von der Pflicht befreien, das Verhältnis zwischen den beiden deutschen Staaten weiterhin zu entspannen und uns zu einem nationalen Selbstverständnis zu verhelfen, das den Deutschen in beiden Staaten angemessen sein sollte und das unsere Nachbarn nicht fürchten müssen.

Als Schriftsteller habe ich erfahren, wie tragfähig sich besonders die Literatur zwischen den beiden deutschen Staaten bewiesen hat. Ausgerechnet sie, die vielgeschmähte, die angeblich so zersetzende, die hier verlachte, dort auf das Wort Zensur gereimte Literatur hat sich durch keine Mauer aus- oder einsperren lassen: Sie ist gesamtdeutsch geblieben. Mehr noch: Die Wechselbeziehung zwischen den beiden deutschen Literaturen hat in drei Jahrzehnten anfangs unmerklich, wie gegen eigene Absicht, später dennoch ein gesamtdeutsches Dach entstehen lassen, unter dem sich leben ließe. In zwei deutschen Staaten einer Kulturnation.

Diese meine These, die schließlich, im Sinne der Deutschlandpolitik, zur Forderung wird, fußt auf eigener Erfahrung. Im Verlauf der siebziger Jahre besuchten einige Westberliner Autoren, darunter ich, in regelmäßigen Abständen, etwa alle acht Wochen, Ostberliner Autorenkollegen in ihren Privatwohnungen. Wir lasen uns aus unseren Manuskripten vor, kritisierten einander und teilten obendrein den unter Tapeten oder sonstwo eingebauten Wanzen einiges über die deutsche Literatur, ihre Tradition und ihre Entwicklung mit. Ob der Staatssicherheitsdienst der DDR daraus lehrreichen Nutzen gezogen und seine Erkenntnisse, im gesamtdeutschen Sinn, mit den Erkenntnissen des bundesdeutschen Verfassungsschutzes verglichen hat, läßt sich nur erahnen.

Doch soviel ist sicher: Diese ost-westlichen Literaturgespräche folgten der Tradition der europäischen Aufklärung und ihrer deutschen Entsprechung. Wir ließen uns Logau und Lessing, Büchner und Heine nicht halbieren. So deutlich besonders uns die politische Teilung bewußt war, so gewiß und notwendig blieb uns das Überdauern der weitgefächerten, tief wurzelnden, deshalb nicht zu teilenden deutschen Kultur. Wir waren uns näher, als wir vermutet hatten. Und selbst die widersprüchlichen Erfahrungen – dort mit der Zensur, hier mit einer kulturbetriebsamen Barbarei – entsprachen einer deutschen Tradition. Die Lügen in der Staatszeitung ›Neues Deutschland‹ halten Schritt mit den Lügen in Springers Zeitungen. Und die Bereitschaft, Schriftsteller »Ratten und Schmeißfliegen« zu nennen, ist gleichfalls in beiden deutschen Staaten variationsreicher Sprachgebrauch. Denn selbst in ihrer Verneinung ist unsere Kultur gesamtdeutsch geblieben.

Man mag es als gewagt und ungesichert bezeichnen, wenn ich dennoch versuche, den Begriff der deutschen Nation aus unserer Kultur zu beziehen, zumal es schwerfallen wird, diese bisher nur literarische Formel ins Politische zu übersetzen. Deshalb will ich mich in einigen Thesen erklären:

1. Die politische, wirtschaftliche und ideologische Teilung Deutschlands, als Folge des Zweiten Weltkrieges, ist vollzogen und nicht aufzuheben.

2. Einer Wiedervereinigung Deutschlands steht nicht nur die weltpolitische Blockteilung im Wege, sondern auch die Ablehnung einer abermaligen Machtballung in der Mitte Europas durch unsere östlichen und westlichen Nachbarn.

3. Dennoch muß das Verhältnis der beiden deutschen Staaten zueinander als ein besonderes angesehen werden: Ihre geschichtliche und kulturelle Entwicklung legt ihnen auf, sich als zwei Staaten einer Nation zu begreifen.

4. Sollten sich die beiden deutschen Staaten dieser gemeinsamen Aufgabe entziehen, entstünde die Gefahr eines nationalen Vakuums, das in absehbarer Zeit, wie schon oft in der deutschen Geschichte, von Demagogen angefüllt werden würde.

5. Da unter der Regierung der sozialliberalen Koalition das Gespräch zwischen den beiden deutschen Staaten begonnen wurde, stellt sich zuallererst ihr die Aufgabe, im Verlauf der achtziger Jahre diese Politik fortzusetzen und ein Kulturabkommen zu verhandeln, das beiden Staaten den Fortbestand der Nation als Kulturnation sichert.

6. Dieses Kulturabkommen soll sich beweisen, indem es die Nationalstiftung deutscher Kultur zur gemeinsamen Aufgabe beider Staaten erklärt.

7. Die Nationalstiftung deutscher Kultur soll von der Deutschen Demokratischen Republik und der Bundesrepublik Deutschland gleichberechtigt gegründet, getragen und verwaltet werden; diese kulturelle Gemeinsamkeit sichert und definiert die Existenz zweier deutscher Staaten einer Kulturnation

und schließt die politische Vereinigung der beiden Staaten aus.

Mit diesen sieben Thesen habe ich eine weitere Aufgabe für die achtziger Jahre umrissen. Nur wenn es uns gelingt, uns im eigenen Bereich zu erklären und zu begreifen, werden wir auch unseren Nachbarn begreifbar werden und nicht mehr – wie man immer noch hört – unheimlich sein.

In diesen Wochen hat uns das polnische Volk ein Beispiel gegeben. In einem System, das Orwellsche Machtverhältnisse anstrebte, haben die polnischen Arbeiter dennoch Veränderungen erkämpft. Wir haben kein Recht, den Polen Ratschläge zu erteilen. Eher könnten uns der Mut, die Ausdauer und die politische Vernunft des polnischen Volkes zum Ansporn werden, hier bei uns und nach unseren Möglichkeiten dafür zu sorgen, daß die achtziger Jahre nicht Orwells Jahrzehnt werden.

Orwells Jahrzehnt II

Rede im Bundestagswahlkampf 1983

Meine Damen und Herren,
aus welchen Gründen könnte ein Schriftsteller bereit
sein, sein Manuskript drei Wochen lang liegenzulas-
sen und sich auf Wahlkampfreise zu begeben? Da ich
mich seit 1961 immer wieder in Wahlkämpfe einge-
mischt und mich mit der Bundesrepublik bis in ihre
schwärzesten Winkel hinein vertraut gemacht habe,
ist mir diese Frage oft gestellt worden. Und auch ich
habe mich oft fragen müssen: Warum eigentlich?

Gegenwärtig böte sich eine so simple wie ichbezo-
gene Antwort an: Weil es mir unerträglich wäre, vier
Jahre lang Kohl als Kanzler in Wort und Bild zu ertragen. Natürlich reicht diese Antwort nicht aus. Wem
ginge es nicht so! Selbst seinen Anhängern wird Kohl,
vier Jahre lang aufgewärmt, kaum noch schmackhaft
sein.

Als weitere Antwort auf die Frage nach den Gründen für mein anhaltendes Engagement ließe sich ein
Bekenntnis zum demokratischen Sozialismus verwenden, nicht nur, weil ich seit sechs Monaten Mitglied
der SPD bin. Doch diese Antwort fällt mir seit einigen
Jahren schwer, weil wir Sozialdemokraten unsere Leistungen mit allzu vielen Fehlern und Versäumnissen
verdeckt haben. Leichter fällt es mir zu sagen: Ich will
dazu beitragen, daß diese Fehler korrigiert werden,
daß das Versäumte nachgeholt wird.

Doch schon meldet sich meine Skepsis: Ist es dafür
nicht schon zu spät? Wird uns nicht täglich deutlich,

wie unkorrigierbar das Gefälle zur Katastrophe hin vorgezeichnet ist? Sind wir Menschen imstande, uns und unsere eingewöhnten Bedürfnisse zu ändern? Haben wir noch die Kraft, nach soviel Krieg und stöhnend unter der Last unserer Rüstung, uns zu entrüsten und einander mit aller Macht den Frieden zu erklären? Konkret gesprochen: Kann es gelingen, das drohende Verhängnis der atomaren Selbstvernichtung durch einen Lebenswillen abzuwenden, der auf Abschreckung verzichtet? Können wir zukünftig den Frieden sichern, indem wir zuallererst der anderen Seite, dem Gegner die Angst nehmen, damit auch wir frei von Angst sein können?

Und weiter gefragt und gezweifelt: Haben wir noch die Kraft, die schleichende Umwandlung des demokratischen Verfassungsstaates in einen technokratischen Überwachungsstaat aufzuhalten? Sind wir fähig oder überhaupt gewillt, den Zerfall kultureller Substanz, die fortschreitende Zerstörung der Natur, die Vernichtung des Waldes mit wirksamen Maßnahmen zu beenden? Kümmert uns noch die sogenannte »Dritte Welt«, für deren Verelendung auch wir verantwortlich sind?

Diese Fragen lassen sich nicht mit Ja oder Nein beantworten. Gewiß ist nur, daß diese Fragen existentiell sind. Sie überschreiten den Entscheidungsspielraum dieses Wahlkampfes, belasten ihn aber notwendigerweise. Literarisch begründet, ließe sich sagen: Es geht in diesem Wahlkampf nicht nur um Bafög, Mieterschutz und Arbeitsbeschaffungsprogramme, sondern auch – und so wichtig die genannten Probleme sind – um die Frage, ob George Orwells Schreckensvision, der Roman ›1984‹, von der Wirklichkeit eingeholt oder sogar überboten wird.

Zuallererst deshalb mische ich mich in diesen Wahl-kampf. Denn noch – so hoffe ich – haben wir es in der Hand, Orwells Vision zu widerlegen. Noch – so hoffe ich – lassen sich die angezeigten Katastrophen ab-wenden. Ich weiß es nicht, aber ich hoffe, daß die Fähigkeit der Menschen, sich selbst zu vernichten, umgepolt werden könnte in die andere menschliche Fähigkeit: Frieden zu stiften, Lasten gerecht zu vertei-len und Zukunft wieder möglich zu machen.

Deshalb habe ich die Überschrift meiner Rede ›Orwells Jahrzehnt‹ ohne Fragezeichen in die Maschine getippt. Das Fragezeichen, das Fraglichma-chen der Orwellschen Schreckensvision, müßte wohl noch geleistet werden.

Ich erinnere mich genau: Vierundzwanzig Jahre war ich alt, als zu Beginn der fünfziger Jahre der Ro-man ›1984‹ in deutscher Übersetzung erschien. Kurz zuvor und wenig später las ich Camus' ›Mythos von Sisyphos‹ und das erschreckend erhellende Buch eines polnischen Autors: Miłocz' ›Verführtes Den-ken‹. Alle drei Bücher und ihre Autoren haben mich entscheidend literarisch wie politisch geprägt. Diese drei Bücher sind gezeichnet von der ideologisch-tota-litären Belastung des zwanzigsten Jahrhunderts. Der Stalinismus und der Faschismus sind die Grunderfah-rungen der drei genannten Schriftsteller.

Während Miłocz eine Vielzahl von Personen – Intel-lektuelle zumeist – unter der zweifachen Belastung scheitern läßt, gelingt es Camus, den Gedanken des Widerstandes philosophisch zu entwickeln, indem er den Sisyphos unserer Zeit definiert: Wissentlich und aus freiem Willen wälzt er den Stein, der nie zur Ruhe kommt.

Orwell jedoch sah voraus, wie sich die herrschenden Ideologien verschmelzen und sich die Herrschaftsform Technokratie dienstbar machen könnten. Er sah den Überwachungsstaat, den wir heute befürchten müssen. Er sah drei Großmächte, die, gleichermaßen totalitär, einander anhaltend mit Krieg und Stellvertreterkriegen überziehen. Er sah eine »Neusprache« voraus, die jedem Ding, jedem Wert den Sinn nehmen, die Lüge zur Wahrheit verformen und die Wahrheit in Lüge ummünzen könnte.

Unsere Gegenwart ist geprägt von dieser »Neusprache«. Ob sich die Sowjetunion »als Friedenslager« feiert, ob der Präsident der USA die von ihm gewünschten MX-Raketen »Friedensbringer« tauft: Jeweils wird Orwells »Neusprache« bereichert. In Vietnam vor Jahren, in Afghanistan heute: Als Aggressoren führen die Großmächte nicht etwa Krieg gegen das eine, das andere Volk; nein, sie sehen sich zu »Befriedungsaktionen« veranlaßt, sie sind bestrebt, »die Lage zu normalisieren«. Wo immer das Wort »Normalisierung« verwendet wird, ist jeweils Unterdrückung gemeint!

Auch bei uns zu Hause wird Orwells Neusprache gesprochen: Wie freundlich einladend – und schrecklich sinnentstellend – klingt das Wörtchen »Entsorgungspark«! Wir haben lange, zu lange gebraucht, um zu begreifen, daß die so vernünftig klingende »Rationalisierung am Arbeitsplatz« nur eines zur Folge hatte: den Verlust von Arbeitsplätzen, die programmierte Arbeitslosigkeit.

Zudem ist jeder eingeladen, an seinem Ort – ob Stadt, Kleinstadt oder Dorf – zu prüfen, inwieweit das Orwellsche Neusprachenwort »Sanierung« Zerstörung und Abbruch, die kulturvernichtende Barbarei zur Folge gehabt hat.

Wir sind von Verlusten umgeben, die uns der Glaube an ein ewiges Wachstum wie unvermeidliche Folgeschäden hinterlassen hat. Was zum Himmel stinkt wie die Elbe, was den vielbesungenen deutschen Wald zum Gespensterwald machen wird, was an Giften freigesetzt wurde, nun schwebt, sich senkt, in Erde, Luft und Wasser wirksam bleibt, all das soll den Preis ausmachen, der für Fortschritt, Wohlstand, Wachstum gezahlt werden muß. Diese Rechnung ging jahrelang auf. Doch neuerdings zögern viele, die lange gutgläubig waren. Sie machen die Gegenrechnung auf. Sie wollen die Folgekosten wissen, bevor es zu Folgen kommt. Zum Beispiel, wenn es darum gehen soll, die Bundesrepublik zu verkabeln und nun das Kabelfernsehen als die große Beglückung zu begreifen.

Ich sage nein zu diesem Wahnsinn mit Folgen: Schon jetzt steht fest, daß am Ende Zehntausende von Arbeitsplätzen, vor allem im Dienstleistungsbereich, auf gut Orwellsch gesagt, wegrationalisiert sein werden. Ich sage aber auch nein zum Kabelfernsehen, weil es nicht unseren Bedürfnissen entspricht. Wir haben drei Fernsehprogramme, die sind schlecht und recht und könnten verbessert werden. Ein weiteres, zudem privatwirtschaftliches, die Glotze zum Götzen erhebendes Programm ist nicht vonnöten. Nicht alles, was technisch machbar ist, muß, weil es machbar ist, auch gemacht werden.

Annähernd zweihundert Milliarden DM würde die Verkabelung der Bundesrepublik kosten. Zwar wissen wir, daß der derzeitige Postminister Schwarz-Schilling ein privates Interesse an diesem Geschäft hat; doch meine ich, daß es sinnvoller wäre, mit diesen Mitteln die industrielle Abwärme zu nutzen. Fernheizung anstelle von Kabelfernsehen heißt die vernünftige Alternative!

Sie wird mit besonderem Nachdruck von den Sozialdemokraten in Schleswig-Holstein vertreten. Ob am 6. oder 13. März, bei beiden Wahlgängen wird unter anderem darüber entschieden, ob Schwarz-Schillings bundesweite wie private Verkabelungsrechnung aufgeht oder ob unter der Verantwortung von Vogel als Kanzler und Engholm als Ministerpräsident endlich die Nutzung der industriellen Abwärme umweltfreundliche Wirklichkeit wird.

Ich vergaß bei meinem Vergleich, den Übergangskanzler Kohl zu erwähnen. Das kann mir noch öfter passieren, weil diesem Mann die Fähigkeit eignet, mit vielen Worten dennoch keinen einzigen Gedanken zu äußern. Und wo es nicht blitzt, da bleibt der Donner aus; sogar in »diesem unserem Lande«.

Mit anderen Worten: Wir sollten uns keinen Bundeskanzler leisten, dessen treuherziges Zwinkern nicht darüber hinwegtäuschen kann, daß er sich außerstande sieht, die deutschen Interessen mit Nachdruck und gedanklicher Schärfe zu vertreten. Ob als Gast beim Präsidenten der Vereinigten Staaten, ob dem Präsidenten der Republik Frankreich zur Seite gestellt, es kam jeweils nur eines zum Ausdruck: Kohls servile Beflissenheit, Kohls allzu guter Wille, es beiden Präsidenten recht zu machen.

Das reicht aber nicht. Das ist, um es auf Schuldeutsch zu sagen: ungenügend. Im Interesse der Bundesrepublik, nein, im Interesse der Menschen in beiden deutschen Staaten ist ein Bundeskanzler vonnöten, der nicht nur der Sowjetunion, der auch der verbündeten Großmacht USA gegenüber deutlich macht, was dem deutschen Interesse widerspricht:

Wir wollen kein Arsenal für Mittelstreckenraketen werden. Wir lehnen es ab, der Kriegsschauplatz für atomare Erstschläge der einen wie der anderen Seite zu sein. Auch sind wir nicht Frankreichs Vorfeld und Zielobjekt für den Ernstfall, sondern – wenn das schöne Wort seinen Sinn behalten soll – Frankreichs Nachbar.

Schon jetzt ist die Bundesrepublik vollgestopft mit taktischen Atomwaffen. Zum Beispiel sind hierzulande einhundertachtzig Raketen vom Typ Pershing I A stationiert, deren Reichweite bei siebenhundertzwanzig Kilometern liegt und deren atomare Gefechtsköpfe die vier- bis fünfundzwanzigfache Sprengkraft der Hiroshima-Bombe haben. Die Befehlsgewalt über dieses Vernichtungspotential, das taktisch planend unsere Landsleute in der DDR und dem westlichen Polen zugedacht ist, liegt ausschließlich bei unserem Großverbündeten, dessen Pläne, zum Schutz der USA, Mitteleuropa als atomaren Kriegsschauplatz vorgesehen haben; und zwar mit dem Vorrecht des atomaren Erstschlages.

Das kann nicht europäischem und also auch nicht deutschem Interesse entsprechen. Schon das vorhandene Potential, geschweige denn die zusätzlichen Mittelstreckenraketen, ist eine tägliche Einladung zum atomaren Selbstmord. Bei immer kürzerer Vorwarnzeit steigt die Gefahr der Kurzschlußhandlung auf beiden Seiten. Deshalb bietet das in Mitteleuropa konzentrierte Vernichtungspotential auch keinen Schutz, sondern liefert uns einem Wahnsinn aus, dessen Urheber weit weg sitzen.

Wir wollen aber kein Satellit der USA sein, wie die DDR ein Satellit der Sowjetunion ist. Ich empfinde es als beschämend, wenn Kohl in seiner Übergangsrolle als Kanzler die Alles-oder-nichts-Forderungen des US-Präsidenten nachplappert und so die personalisierte Schwäche des Westens verstärkt. Ohne eigenes Konzept und ungetrübt von Sachkenntnissen gefällt sich dieser Mann in von Würde geblähten Bratenrocksprüchen. So spricht und handelt kein Kanzler; so handelt und spricht allenfalls ein Kanzlist.

Wer einen Investitionsstreik herbeizureden versucht, also Arbeiter und Angestellte in Furcht setzen will, der handelt verantwortungslos und erbärmlich zugleich. Wer dann noch behauptet, er verstehe sich als Adenauers Enkel, würde von Konrad Adenauer – gäbe es den Alten noch – als fleischgewordene Nullösung verspottet werden.

Ich bin sicher, daß genügend Bundesbürger das Gewicht der anstehenden Entscheidungen spüren und auf die Politik eines Mannes setzen werden, bei dem sich Helmut Schmidts sachbezogene Standfestigkeit mit Willy Brandts politischem Weitblick verbindet. Ich bin stolz darauf, daß meine Partei Politiker von diesem Format hervorbringt. In kurzer Zeit ist es Hans-Jochen Vogel gelungen, die SPD aus ihren mit Kleinmut und Selbstmitleid gepolsterten Schmollwinkeln herauszuführen. Jetzt kämpfen sie wieder für die allerorts angeschlagene Gerechtigkeit; für die Wiederherstellung der vom Bundeszimmermann um Schwurhandlänge verkürzten Bürgerrechte. Jetzt kämpfen sie wieder, die Sozis, wie sie es von August Bebel, Otto Wels und Kurt Schumacher gelernt haben.

Denn es muß gekämpft werden für die Rückgewinnung der Chancengleichheit der Schüler und Auszubildenden. Es muß um jede Stimme gekämpft werden, damit das neue Mietunrecht außer Kraft gesetzt werden kann. Es muß, wenn Ende April die sogenannte Volkszählung stattfinden soll, der Schutz unserer Daten gesichert sein.

Es muß der Graben zwischen Wehrdienstleistenden und Ersatzdienstleistenden wieder zugeschüttet werden; denn der Ersatzdienst ist gleichwertig und darf nicht durch Verlängerung zum Strafdienst deklassiert werden – wie es Herr Geißler gerne möchte, dem die Gleichsetzung von sozialdemokratischen Wählern und »unanständigen Deutschen« so lange um die Ohren geschlagen werden muß, bis ihm in etwa dämmert, was Anstand ist und bleiben soll.

Da nun von Arbeit und Arbeitslosigkeit gesprochen werden muß, kann uns nicht erspart werden, über jenen Mann zu sprechen, der immer noch ungetrübt glaubt, er sei dafür zuständig. Norbert Blüm heißt das Maskottchen der CDU und der Kasperl der CSU. Eins muß man ihm lassen: Ob Strauß oder Lambsdorff ihn ohrfeigt – oder beide kurz nacheinander –, nie vergeht ihm das Feixen. Doch daß dieser Mann fähig ist, die Interessen der Arbeiter und Angestellten zu vertreten, das glauben ihm nicht einmal mehr die Sozialausschüsse der CDU. Wie konnte man dieses wichtige Amt einem Büttenredner überlassen.

Die wachsende Arbeitslosigkeit in der Bundesrepublik ist ein Problem und eine Belastung, die von der gesamten Gesellschaft erkannt und mitgetragen werden muß. Von jeder Gesellschaftsgruppe: von den Arbeitern und Angestellten, die noch Arbeit haben, von den gleichfalls gefährdeten Freiberuflichen, aber auch von den Beamten, denen das Risiko Arbeitslosigkeit nicht droht, und von den Unternehmern, die begreifen sollten, daß sie ohne Arbeiter und Angestellte nichts sind.

Als Solidargemeinschaft die Belastung der Arbeitslosigkeit zu ertragen, heißt, die Lasten gerecht zu verteilen. Davon kann zur Zeit in der Bundesrepublik nicht die Rede sein. Vielmehr sind wir dabei, den in England und in den USA praktizierten Weg der Verelendung durch Dauerarbeitslosigkeit zu beschreiten: und das wohlgemut und unverfroren, als habe die »Eiserne Lady« dem Norbert Blüm ein lehrreiches Teestündchen gewährt.

Über dreißig Prozent der Bevölkerung Nordamerikas ist verarmt und lebt dürftig von Almosen. Wenn wir jener im reichsten Land der Welt zynisch hingenommenen Verelendung nicht angepaßt werden wollen, muß dem Übergangskanzler Kohl am 6. März durch Wählerwillen die Regierungsbank entzogen werden. Damit uns nicht mehr mit dem Knüppel »Investitionsstreik« gedroht werden kann. Damit nicht Strauß und sein Vollstrecker Zimmermann über uns kommen. Damit wieder, wie es im Grundgesetz heißt, alle Macht vom Volke ausgeht – und nicht etwa von Flick und Söhnen.

Die Sozialdemokraten und die Gewerkschaften sind aufgefordert, einen »Neuen Gesellschaftsvertrag« zu erarbeiten, damit das Wort Solidarität wieder Sinn bekommt. Dieser Gesellschaftsvertrag muß den althergebrachten, nicht mehr tragenden Begriff von Arbeit neu definieren. Ich glaube nicht, daß auch in Zukunft nur das als Arbeit gelten kann, was sich im Bruttosozialprodukt niederschlägt. Ich halte es für richtig, daß jeder Rationalisierungsvorgang, der Arbeitsplätze vernichtet, sozialpflichtig gemacht wird. Ich bin sicher, daß ein konsequenter Umweltschutz wirtschaftlich ist und neue Arbeitsplätze schaffen wird.

Durch Arbeitszeitverkürzung und durch die Herabsetzung des Rentenalters müssen die vorhandenen Arbeitsplätze besser genutzt werden. Und schließlich:

Ein neuer und sozialer Begriff von Arbeit muß der Kultur und ihren vielfältigen Möglichkeiten Raum geben, damit die immer geräumiger werdende Freizeit einen Sinn bekommt und auch der jungen Generation wieder Zukunft eröffnet wird.

Am 30. Januar 1933, als Hitler an die Macht kam, gab es über sechs Millionen Arbeitslose in Deutschland. Wehe uns allen, wenn wir diese Lektion nicht begreifen. Die Zeit des unbegrenzten Wachstums ist vorbei. Jetzt kommt es darauf an, daß sich die zu lange unbedenkliche Wohlstandsgesellschaft als eine Solidargesellschaft begreift, damit sie den Krisen von heute und den kommenden Krisen gewachsen sein kann.

Denn diese Belastungen stehen uns noch bevor: Das Elend der Dritten Welt wird sich nicht mit Almosen vor unserer Tür abspeisen lassen. Die täglich stattfindende Bevölkerungsexplosion ist zwar lautloser Art; sie wird uns dennoch einholen: dann nicht mehr lautlos. Noch kürzlich hat Willy Brandt in seinem zweiten Nord-Süd-Bericht auf die Notwendigkeit einer gerechteren Weltwirtschaftsordnung hingewiesen. Wo Mangel an Nahrung herrscht, ist oft nur wachsender Wassermangel gewiß. Auf vielfältige Art und Weise sind die Menschen dabei, sich um ihre Zukunft zu bringen.

Deshalb mische ich mich in diesen Wahlkampf. Noch haben wir die Chance, zu wählen und abzuwählen. Orwells Jahrzehnt verlangt von uns, daß wir nicht wehleidig dem Hang zur Katastrophe nachgeben, sondern uns gegen das Abwärtsgefälle stemmen. Deshalb bin ich auf der Seite von Björn Engholm und Hans-Jochen Vogel. – Wie sagte Sisyphos, als er den Stein bergauf gewälzt hatte, doch der Stein sogleich wieder bergab rollte? Er rief: Keine Angst, Stein! Bald bin auch ich wieder unten. Du gehörst zu mir. Gleich geht es wieder bergauf! Jede politische Anstrengung, die das Unrecht schmälern, den Frieden sicherer machen, die Freiheit erhalten oder gar erweitern und die Natur vor der zerstörenden Anmaßung der Menschen schützen will, ich sage, jede dieser Anstrengungen ist immer auch ein Stück Sisyphosarbeit. Weil der Stein nie oben liegen bleiben wird. Weil dieses vergeblich anmutende Steinewälzen zum Menschen gehört. Erst wenn wir aufgeben, den Stein am Fuße des Berges liegen lassen und nicht mehr Sisyphos sein wollten, erst dann wären wir ganz verloren.

Die Zukunft des demokratischen Sozialismus
Plädoyer für eine Revision des Godesberger Programms

Rede auf der Tagung ›Die Zukunft des demokratischen Sozialismus‹ 1983 in Saarbrücken

Im dunklen Wald, solange es ihn noch gibt, laut pfeifen: Sich so Mut zu machen, ist als Methode überliefert. Hierzulande bedarf es des Mutes nicht, wohl aber des besonderen Saftes Humor, um ohne nachgestelltes Fragezeichen zum Thema ›Die Zukunft des demokratischen Sozialismus‹ zu sprechen.

In einer Zeit, die ihre Ängste der Pflege der Angstmacher überläßt und ahnungslos bemüht ist, des Dichters Beckett ›Endspiel‹ nachzuspielen, in einer Zeit des Rückfalls in finstere Reaktion, will ich diesen Humor für mich beanspruchen, weil ja das Wortpaar – Humor und Sozialismus – an sich schon komisch wirkt: Es verblüfft die hartgesottenen Genossen; es spottet dem Materialismus; es verkürzt den Gott Marx – was ihm gegönnt sei – auf Menschenmaß; es verkleinert allgemein alles Großgedruckte, weil ein des Humors fähiger, vom Humor durchtränkter, also utopischer Sozialismus auf gestanzte Appelle verzichtet und – gäbe es ihn heute schon – gebrechlich daherkommen könnte: komisch und rührend zugleich in seinem zerzausten Zustand, denn arg ist ihm mitgespielt worden.

Sein neuerlicher Auftritt zwischen den zeitgenössischen Kulissen ließe ihn sagen: Schaut her, wie man mich zugerichtet hat. Seht nur, wie ich mich eigenhändig verschlissen habe. Doch kann ich immer noch

Hoffnung machen; und sei es, indem ich progressiv mit den Ohren wackle. Schon hätte er die Lacher auf seiner Seite und wäre, weil er endlich Spaß mit sich treiben kann, nahezu volkstümlich und deshalb als demokratischer Sozialismus kenntlich.

Aus diesem Entwurf eines Auftritts ergibt sich meine erste Überlegung: Da jede Idee, die mit absolutem Anspruch einhergeht, mit sich keinen Spaß zuläßt, auch keinen Spaß erträgt, demnach sogar den Humor verordnen muß, wird sie sich, sobald ihr Praxis zuwächst, mit tödlichem Ernst auswirken; weshalb der demokratische Sozialismus eine Idee ist, über die Gegner und Anhänger, weil ihr das Absolute fehlt, ungestraft lachen dürfen. Sie hält das aus. Sie provoziert Gelächter. Es wirkt ja auch lustig, wenn sich unser komischer Held, der demokratische Sozialist, immer wieder und ganz bewußt zwischen die Stühle setzt.

Nur zur Erläuterung dieser grundsätzlichen Überlegung, die keine These sein soll, will ich, um anschaulich zu bleiben, einige bekannte Politiker der Lachprobe unterwerfen: Wer wollte es wagen, innerhalb seines Machtbereiches, über Herrn Andropow zu lachen. Über Ronald Reagan darf ich zwar lachen, doch bleibt mir das Lachen über ihn, sobald ich es versuche, im Halse stecken. Über Mitterrand zu lachen, sehe ich – was schlimm für ihn sein muß – keinen Anlaß. Über Kohl, obgleich er lächerlich ist, kann ich nicht lachen. Gerne und herzlich habe ich über einen Politiker gelacht, der uns – ernst wie Buster Keaton – leider nur wenige Jahre lang als Präsident unbequem gewesen ist: Gustav Heinemann. Wenn auch nicht in seiner unmittelbaren Nähe, ließ Herbert Wehner, per Distanz, dennoch ein befreiendes Lachen über sich zu. Am schönsten und liebsten lache ich über Bruno Kreisky. Er steht am Ende meiner der Gelächterprobe preisgegebenen Politiker, weil er für mich das verkörpert, was demokratischer Sozialismus sein könnte: eine nicht nur politisch bestimmte Lebensart, die man bejaht, indem man ihr gelegentlich – und lachend der eigenen Schwäche bewußt – zuwiderhandelt.

Diese mangelnde Linientreue läßt sich historisch beweisen: Die Geschichte des demokratischen Sozialismus ist die des Revisionismus. Die deutschen Sozialdemokraten haben sich seit Bebels Zeiten Zerreißproben unterworfen, indem sie vorgefaßte Programme der veränderten Wirklichkeit anpaßten, das heißt Revision betrieben. In diesem Sinne ist das Godesberger Programm ein revisionistisches, das mittlerweile, also nach fünfundzwanzig Jahren Bestand, der gründlichen Revision bedarf.

Diese neue Anstrengung muß sich die SPD abfordern, wenn sie ihre hundertzwanzig Jahre lang währende Geschichte nicht als in sich gekehrte Traditionsvereinigung beenden, sondern als eine politische Kraft fortsetzen will, die verändernd wirkt, indem sie bereit ist, sich zu verändern.

Die Fähigkeit, ohne Rücksicht auf Spott und Hohngelächter der politischen Gegner die eigenen Zielsetzungen in Frage zu stellen, hat sich bisher als Elixier des demokratischen Sozialismus bewiesen: So oft er totgesagt wurde, lebte er auf; so brutal man ihn dort, wo der Sozialismus totalitär herrscht, unterdrückt und seine Anhänger verfolgt, bleibt er dennoch als Alternative deutlich und wiederholt seine ketzerischen, dem herrschenden Dogma gefährlichen Forderungen. Die sind, vom Aufstand der Arbeiterräte in Kronstadt und Petrograd über den Prager Frühling bis hin zur derzeit unterdrückten Solidarność-Bewegung, konstant geblieben, weil sie nie eingelöst wurden; weshalb das Verlangen nach Mitbestimmung, Basisdemokratie und Machtkontrolle dem demokratischen Sozialismus zuallererst eigen ist, gleich, ob er sich dem Staatskapitalismus leninistischer Prägung oder dem westlichen Privat- und Monopolkapitalismus konfrontiert sieht.

Deshalb müßte ein der Revision unterworfenes Godesberger Programm die in ihm nur vage angedeutete Forderung nach Mitbestimmung und Machtkontrolle zum Grundsatz erheben und zentral stellen; denn sie ist die Voraussetzung für jede weitere gesellschaftliche Veränderung. Ohne Entscheidungsgewalt über die Produktionsmittel bliebe der demokratische Sozialismus der ewige Lückenbüßer kapitalistischer Konkurse – siehe AEG, die Stahlindustrie und die Werften.

Zur Erläuterung weise ich darauf hin, wie irreführend beliebig nach wie vor die Begriffe »Vergesellschaftung« und »Verstaatlichung« in Gebrauch sind, obgleich beide Begriffe gegeneinander stehen. Die Arroganz staatlicher Macht ist nicht geringer als die Arroganz privatkapitalistischer Konzerne. Beider Art Machtzentren verstehen sich als der Gesellschaft enthoben und bedürfen deshalb der demokratischen, ihren Machtgebrauch hemmenden Kontrolle.

Dieser mitbestimmende Eingriff in Produktions- und Verwaltungsvorgänge müßte gegenwärtig von veränderten und neuen Prioritäten ausgehen, denn die Zerstörung der Umwelt und die fortwirkende Vernichtung von Arbeitsplätzen fordern der gesamten Gesellschaft radikale Einsichten und entsprechende Entschlüsse ab.

Deshalb will ich versuchen, einen Bereich abzustekken, der eigentlich nicht zu begrenzen ist und dessen hergebrachte Ordnungen von Krisen gezeichnet sind, die allesamt das Gefälle zur Katastrophe hin deutlich und für den, der sehen will, unübersehbar machen.

In diesem Bereich sind Arbeit und Umwelt die dominierenden Gegensätze. Solange sie fremd zueinander stehen, wird Arbeit Umwelt zerstören. Doch eine zerstörte Umwelt wird auch die Arbeit und deren Sinn aufheben, weil keine Kraft mehr geeignet wäre, die Schäden wiedergutzumachen. Hinzu kommt, daß das nach wie vor herrschende Verständnis von Fortschritt im ökonomischen Bereich zwar Arbeitskräfte einspart, doch die Ausbeutung und Zerstörung der Natur – als Umwelt – verschwenderisch betreibt. Diese Art Fortschritt in katastrophale Richtung ist Praxis in Ost und West, desgleichen in der Dritten Welt. Er einigt die sonst gegensätzlichen Ideologien kraft übergreifender Selbstzerstörung; und kein Gedanke weit und breit, der sinnfällig und überzeugend genug wäre, den kollektiven Wahnsinn der gegenwärtig schlüssigen Logik aufzuheben.

Hier stellt sich eine Aufgabe, der sich die Anhänger des demokratischen Sozialismus nicht verweigern können, es sei denn, sie sind der Revision ihres mittlerweile unzulänglichen Programms nicht mehr fähig.

Nur wenn es gelingt, jedem ökonomischen Entschluß den ökologischen Vorbehalt beizuordnen, wenn der Begriff von Ökonomie ökologisch durchsetzt wird und der Gegensatz von Arbeit und Umwelt zugunsten der Natur versöhnt werden kann, könnte sich jene Zukunft eröffnen, die unsere Tagung vorerst nur plakativ anspricht.

Dazu erläuternd: Wir alle, die wir angstbeschwert und halbverzagt den Ausweg mitten im Labyrinth der

Sachzwänge, Engpässe und querliegenden Gegebenheiten suchen, wir alle, denen vor lauter Sachkenntnis
der Überblick verlorenging – was uns nicht hindert,
die Welt von Zeit zu Zeit vollmundig als Einheit zu
beschwören –, wir alle sind der europäischen Aufklärung mißratene Kinder, die alles, auch das, was sie
nicht wissen, besser wissen, die ihren Fehlprognosen
leichthin Erklärungen nachliefern, die eingeübt
vorschnell immer zur Sache kommen. Gelegentlich,
mitten im Leerlauf, ahnen wir, daß die Vernunft,
unser vornehmstes Werkzeug, auch jenen handlich ist,
die den Katastrophen unserer Zeit zuarbeiten und
den herrschenden Wahnsinn durchaus logisch auf-
rüsten.

Wohin haben sich unsere Hoffnungen, die vorgestern noch prinzipiell auftraten, verlaufen? Was
machte uns blind Entwicklungen gegenüber, die von
Anbeginn die uns heute erschreckende Zerstörung
der Umwelt, den Verlust von Arbeitsplätzen, den
nuklearen Selbstmord als drohende Folge zur Schau
trugen? Gab es nicht, lange bevor es die Grünen und
die Friedensbewegung gab, Warner und streitbar
unbequeme Vorausdenker genug, auf die zu hören rat-
sam gewesen wäre?

Um nur einen und den wichtigsten zu nennen: Ich
spreche von Erhard Eppler und füge sogleich hinzu:
Wenn hierzulande der demokratische Sozialismus
Zukunft für sich beanspruchen will, müssen die frühen und bis heute unerhörten Einsichten dieses Mannes Anstoß, wenn nicht Grundlage sein für eine neue,
und das heißt in Konsequenz, radikale Politik.

Zum damals noch rechten Zeitpunkt hat Eppler seiner Partei eine Vielzahl von Hinweisen gegeben: auf
das Ende des Wachstums, auf die Notwendigkeit eines

neuen Begriffes von Arbeit, auf die Raubbaupraxis des nur noch materiell bestimmten Fortschritts, auf die Verelendung der Dritten Welt und auf den Zusammenhang von Rüstung und Verelendung. Eppler wurde nicht ernstgenommen. Die damals vorherrschende Pragmatismus-Ideologie der – so sah es aus – tüchtigen Macher und Krisenmanager ließ das Vorausdenken nicht zu und degradierte den demokratischen Sozialismus zur unverbindlichen Floskel. Eppler wurde an den Rand gedrängt. Auch der fundierte Appell des Vorsitzenden der SPD, Willy Brandts »Nord-Süd-Bericht«, war den regierenden Sozialdemokraten eher lästig.

Nur vordergründig haben die Wirtschaftslage und das opportunistische Wechselspiel der Freidemokraten den Machtverlust der SPD herbeigeführt; entscheidend geschwächt haben sich die Sozialdemokraten, indem sie ihre eigene Substanz verkümmern ließen, sich im Alltagsgeschäft verzettelten und den Eduard Bernstein unserer Zeit, den Revisionisten Erhard Eppler, entweder nur lau unterstützten oder – was schließlich den Ausschlag gab – im bierärschigen Jargon der Kanalarbeiter abfertigten.

Die Teilnehmer dieser Tagung sollten sich unter anderem die Aufgabe stellen, Erhard Eppler wieder Mut zu machen. Die notwendige Revision des Godesberger Programms ist ohne ihn, der lange vor uns die Krisen von heute vorbedacht hat, nicht denkbar. Ihn wieder als führende Kraft der SPD zu begreifen, sind Willy Brandt und Hans-Jochen Vogel aufgerufen. Die Zeit wird uns knapp. Nur noch zögernd spricht sich das Wort Zukunft aus. Nicht übermorgen, gegenwärtig sind wir gefordert. Wir können uns nicht mehr vertagen.

Wenn also – wie es die Überschrift meiner Rede ohne Fragezeichen behauptet – der demokratische Sozialismus Zukunft haben soll, muß er sich der vielfältigen Fragwürdigkeit dieses Zeitbegriffes stellen. Vielen Menschen ist der Verlust des Futurums nur noch halblaute Klage wert. Ich warne davor, einzig den modischen Anteil der Weltuntergangsstimmung wahrzunehmen, um ihn, was allzu leicht fiele, anhand von Zitaten aus dem Schatz täglich neuer Wegwerf-lyrik lächerlich zu machen; schließlich ist die uns vorgezeichnete Apokalypse sachlicher Art, weil sie von Menschenhand entworfen wurde und gegenwärtig von Menschenhand betriebstüchtig gemacht wird.

Keine Zeichen am Himmel, keine sieben Siegel, keine göttliche Offenbarung kündet den Untergang an, vielmehr ist es das in Ost und West bis zur Unzählbarkeit angereicherte Vernichtungspotential, das die Menschheit vorerst nur um den Verstand gebracht hat. Aber es ist auch die ungehemmte Marktwirtschaft des Westens mit ihren offenbar sakrosankten Gesetzen, die, als Nebenprodukt des Überflusses, die Verelendung der Dritten Welt, den einzigen Zuwachs unserer Tage produziert: wachsende Slums, sich überbietende Armut, Unterernährte und Verhungernde in Rekordhöhe. Wo die Nahrung fehlt, wird nun auch das Wasser knapp. Doch füttert der wachsende Mangel unsere Statistiken: Mortalitätsmuster nennen wir das, unsere Hochrechnungen – oh Zukunft! – wissen das Jahr 2000 voraus. Doch die Frage, ob es sechseinhalb oder sieben Milliarden Menschen sein werden, die nicht zu ernähren sind, ist mittlerweile einzig Expertenstreit.

Ja, wir wissen das alles. Doch haben wir – so heißt

es – andere Sorgen. Dieser Willy Brandt mit seiner unermüdlichen Forderung nach einer neuen, für die Dritte Welt gerechteren Wirtschaftsordnung habe ja im Grunde recht, aber zuerst müsse – und das sagt man seit Jahren – zu Hause Ordnung geschaffen werden.

Dann wird aufgezählt, was unsere Zukunft verdüstert: die immer noch nicht genug geköderte Bereitschaft der Unternehmer, zu investieren. Sie könnten abhauen eines Tages, uns samt Vermögen verlorengehen. Oder die Arbeitslosigkeit, vornehmer ausgedrückt, die strukturbedingte Sockelarbeitslosigkeit, mit der wir zukünftig werden leben müssen, man weiß noch nicht, wie. Und nicht zuletzt: der drohende Zusammenbruch des Rentensystems, der Altersversorgung, das Ende des sozialen Friedens.

Das sind die Sorgen eines reichen Landes, dessen vom Interesse gelenkte Gruppen und vom Gruppeninteresse gelenkte Politiker nicht oder nicht mehr fähig sind, solidarisch zu handeln. Zwar weiß man, daß das Kabelfernsehen, sobald die Bundesrepublik verkabelt ist, Hunderttausende von Arbeitsplätzen vernichten wird, zwar ist die Klassenkluft zwischen den gefährdeten Renten und der tabuisierten Versorgung der Beamten, dieses altbewährte Unrecht, nicht mehr zu übersehen; und dennoch wird, wider jede Vernunft, mit der Verkabelung der Bundesrepublik begonnen; und dennoch wagt es keine Partei, den Beitrag der Beamten zur allgemeinen Altersversorgung zu fordern und die Voraussetzungen für eine Grundrente zu ermöglichen, die für Arbeiter und Angestellte, für Beamte und Freiberufliche gleichermaßen gesichert wäre.

Und schon höre ich den Vorwurf: Das ist sozialistische Gleichmacherei! Ja doch. Im Sinne von Freiheit, Gleichheit, Brüderlichkeit wäre eine so geartete Altersversorgung gleichmachend und aus Respekt vor dem Alter eines jeden Menschen, der seine Arbeit getan hat, folglich gerecht.

Ich meine: Wenn wir Zukunft im Sinn haben, wenn dem Gefälle zur Katastrophe hin Einhalt geboten werden soll, dann müssen radikale, im Wortsinn an die Wurzel gehende Entscheidungen getroffen werden. Wer dem demokratischen Sozialismus Zukunft zuspricht, wird ihm die Forderung der Nord-Süd-Kommission nach einer für die Dritte Welt gerechten Weltwirtschaftsordnung ins Programm schreiben müssen; er wird, um die Vernichtung von Arbeitsplätzen zu drosseln, nein sagen müssen zur Verkabelung und zu ähnlichen Großprojekten, die nicht dem menschlichen Bedürfnis notwendig sind, sondern allenfalls dem beschränkten Gruppeninteresse Gewinn bringen; er wird, um Kraft für die große Rentenreform zu haben, aufhören müssen mit jener Reförmchenbäckerei, die immer nur altes Unrecht durch neues Unrecht auszugleichen versucht, indem er radikal – und nur für deutsche Ohren revolutionär – die Privilegienauswüchse des Beamtenrechts beschneidet und eine der Gleichheit verpflichtete Grundrente für jeden Bürger sichert; er wird nein sagen müssen zum Rüstungswettlauf, wird ohne Einschränkung nein sagen müssen zur atomaren Rüstung, zu chemischen und biologischen Waffen und ja sagen müssen zur Abrüstung, indem er nicht unverbindlich bleibt, sondern bereit ist zum einseitigen, zum ersten Schritt.

Wer sich helfen will, muß abrüsten. Wer der Dritten Welt helfen will, muß abrüsten. Wer der drohenden Vernichtung der Menschheit zuwiderhandeln will, muß zum Widerspruch und zum Widerstand bereit sein.

Immer mehr Menschen, die vor Jahr und Tag noch glaubten, es könne das Gleichgewicht des Schreckens den Frieden sichern, sind in Zweifel geraten und haben erkannt, daß das angehäufte Vernichtungspotential keine der ihm zugesprochenen Aufgaben erfüllen kann: Weil nicht mehr als Waffe zu definieren, taugt es auch nicht zur Verteidigung; weil nicht mehr zählbar, zudem in Wirkung und Nachwirkung nicht einzuschätzen, wird es auch nicht als Schrecken ins Gleichgewicht gebracht werden können; weil die bekanntgewordenen Planspiele für den Einsatz des Vernichtungspotentials, je nach Spielart, mit achtzig, zweihundertfünfzig Millionen, mit einer Milliarde Toten rechnen und diesem kalkulierten Wahnsinn nur noch Schwachsinnige folgen können; und nicht zuletzt: weil Zufälle, wie das sogenannte menschliche Versagen, aber auch technische Fehlanzeigen, die Vernichtung des Lebens auf dem Planeten Erde einleiten könnten.

Hinzu kommt, daß das weltweite Wettrüsten alle Mittel verschlingt, die notwendig wären, um der zunehmenden Arbeitslosigkeit wirksam zu begegnen und den Hunger und die Verelendung in weiten Teilen der Welt durch Hilfe zur Selbsthilfe aufzuheben. Deshalb haben die Bischöfe der USA ihr deutliches Wort, ihr klares Nein zur Atomrüstung, ausgesprochen. Deshalb haben Ärzte und Wissenschaftler, Schriftsteller und die Gewerkschaften zum Rüstungsstopp und zur Abrüstung aufgerufen. Deshalb wächst die Friedensbewegung. Deshalb wird – das muß befürchtet werden – demnächst Widerstand geboten sein.

Denn allen Ermahnungen und jedem Argument zum Trotz, über allen Protest hinweg, gegen jedes sittliche Gebot sollen im westlichen Teil Mitteleuropas zusätzliche Atomwaffen stationiert werden. Deutlich wurde zudem, daß die gegenwärtige Regierung der USA nuklear geführte Kriege für gewinnbar hält, das Recht des atomaren Erstschlags für sich beansprucht und den Frieden, falls er anhalten sollte, nutzen will, den Gegner als Feind zu Tode zu rüsten.

Aus diesen Gründen können die Genfer Verhandlungen zu keinem Ergebnis kommen. Schon jetzt ist deshalb der NATO-Doppelbeschluß hinfällig. Es kann nicht Aufgabe des westlichen Bündnisses sein, die Hybris der gegenwärtigen US-Regierung hinzunehmen, als sei sie schicksalhaft. Jetzt käme es darauf an, Bündnistreue durch Widerspruch zu beweisen. Die Regierung und die Opposition sind den Bürgern der Bundesrepublik diesen Beweis gleichermaßen schuldig, denn Deutschland wäre das erste Opfer des angebahnten Völkermordes.

Die SPD hat lange, und wie die Mehrheit ihrer Mitglieder glaubte, aus guten Gründen den NATO-Doppelbeschluß getragen, schließlich ertragen. Ich will nicht rechten, ob diese Geduld, dieses Maß an Vertrauen, begründet gewesen ist. Inzwischen jedoch müßte wohl diese Geduld erschöpft, dieses Vertrauen ernüchtert sein. Es ist zu erwarten, daß sich die SPD im Herbst dieses Jahres mit Mehrheit gegen den NATO-Doppelbeschluß aussprechen wird.

Doch reicht das? Kann das, nach so folgenreichen Beschlüssen und Trugschlüssen, genug sein? Ich meine: Der gesamte Bereich Verteidigung, Rüstung, militärische Bündnispolitik muß revidiert werden. Wer erkannt hat, daß unsere Wirklichkeit vom

Freund-Feind-Denken entstellt, unser Alltag nicht etwa dem Frieden und seinen Aufgaben, sondern dem jederzeit möglichen Ernstfall untergeordnet ist, wem bewußt wird, wie lähmend wir alle – auch die Gegner der Rüstungspolitik – dem militärischen Denken verpflichtet und deshalb auch nicht mehr in der Lage sind, dem Gegner jene Angst zu nehmen, die auch er uns angstgetrieben vermittelt, wem also im Zustand der Erschöpfung oder in immer kürzeren Denkpausen erschreckend deutlich wird, daß wir unseres Denkens, Handelns und Fühlens nicht mehr eigenmächtig sind, vielmehr fremdbestimmt denken, handeln und sogar fühlen, der sollte sich bis zur politischen Konsequenz den Ausweg aus dieser vernagelten Wirklichkeit suchen, damit eine Gegenwirklichkeit mit neubestimmten Werten entstehen kann.

Mit anderen Worten: Dem demokratischen Sozialismus fällt die Aufgabe zu, seine Stärke abseits jeder militärischen Anstrengung zu suchen und zu beweisen. Diese Stärke setzt den Willen zur militärischen Schwäche und die Einsicht voraus, daß die Zukunft nur ohne Waffen zu sichern ist. Diese Stärke will nicht mehr die Natur beherrschen; vielmehr will sie deren Gesetzen verpflichtet sein. Diese Stärke vergeudet sich nicht, indem sie sich in zunehmend sinnloser Produktion erschöpft, sondern belebt sich, indem sie den übergeordneten Wert der Kultur erkennt. Und: Diese Stärke wird sich durch Solidarität beweisen müssen.

In Polen ist uns ein Beispiel gegeben worden, wie stark dieses alte, der Nächstenliebe verwandte, in vielen Appellen vernutzte, zum bloßen Lippenbekenntnis verkommene und doch immer noch tragfähige Wort ist, sobald es sich eine soziale Wirklichkeit schafft. Selbst dann, wenn sie sich militärischer Gegenmacht konfrontiert sieht, wächst der Solidarität jene Stärke zu, die einzig noch Hoffnung macht.

In einer Zeit der zynisch hingenommenen Verelendung und des aufgefrischten, doch altbekannten Ellbogenkapitalismus sollte das polnische Beispiel ansteckend sein. Überall zu Hause, den Arbeitslosen und Gastarbeitern gegenüber, aber auch außerhalb unserer Grenzen ist unsere Solidarität gefragt. Ob in Polen oder Nicaragua, jeweils ist es die allzu nahestehende Großmacht, die gewalttätig ihren Schatten wirft und den Wunsch der Völker nach ihnen gemäßer Freiheit mißachtet. Die Wörter US-Imperialismus und Sowjetimperialismus sind nicht nur Schlagwörter, vielmehr benennen sie das Elend einer durch Machtmißbrauch und politische Zwänge deformierten Wirklichkeit.

Zwei Großmächte, die nicht fähig sind, ihrer hauseigenen Mißstände Herr zu werden, die – jeweils Opfer ihrer abgewirtschafteten Ideologie – nun den Konflikt außer sich, in weltweiter Konfrontation suchen, wobei sie ihre Verbündeten jeweils als Satelliten mißbrauchen. Und sie finden auch dienstwillige Schleppenträger und kleine Meister der Liebedienerei. Bundeskanzler und Staatsratsvorsitzender sind sie dort, wo die Abhängigkeit von der jeweiligen Großmacht besonders verkettet ist. Da die beiden deutschen Staaten Nachlaß des Großdeutschen Reiches sind, müssen die Gründe für die unheilbringende Teilung der Welt in zwei weithin dominierende Machtbereiche zuallererst und noch immer in Deutschland gesucht werden.

Hier begann vor fünfzig Jahren, was bis heute folgenreich ist. Hier wurde die Barbarei besiegt und machte dennoch, als zeuge sie fort, aus den bald nach dem Sieg zerstrittenen Siegern sich wechselseitig bedrohende Barbaren. Hier ist der Herd jener Krankheit, an der bis heute die Welt leidet. Es ist, als könne die deutsche Hybris nicht aufhören, anmaßend maßlos zu sein. Es ist, als wolle Hitler ein später Triumph zuwachsen. Müßte nicht deshalb von Deutschland, dem Ursprung des immer noch vitalen Unheils, auch die gegenwirkende Kraft ausgehen?

Zwar sah es ein Jahrzehnt lang so aus, als könne die Politik der beiden deutschen Staaten entscheidend zur Entspannung zwischen den Blocksystemen beitragen und eine Periode der Friedenssicherung durch Abrüstung vorbereiten, doch steht das Erreichte – und das war nicht wenig – gegenwärtig auf dem Spiel. Insbesondere ist es die derzeitige Bundesregierung, die den ohnehin mühsamen Entspannungsprozeß mutwillig gefährdet. Ihre »Politik der Wende« hält sich den Rückzug in die fünfziger Jahre, in die Positionen des Kalten Krieges, offen. Ihre bereits ausgesprochene Bereitschaft, auf dem Boden der Bundesrepublik US-Mittelstreckenraketen mit atomaren Gefechtsköpfen zu stationieren, die ihre Ziele in der Sowjetunion in sieben bis acht Minuten erreichen können und sich bei dergestalt verkürzter Vorwarnzeit für den atomaren Erstschlag eignen, diese Bereitschaft stimmt einer Politik zu, deren Ankündigung gemeingefährlich ist und deren Konsequenz verbrecherisch wäre. Mit dieser Politik kann niemand verbündet bleiben, der den Frieden als einen Zustand begreift, in dem das Recht auf Leben allen anderen Ansprüchen vorgeordnet ist.

Also wird sich der demokratische Sozialismus, sollte es ihn zukünftig geben, auch außenpolitisch zwischen die Stühle setzen müssen. Ich gebe zu, daß es nur wenige sozialistische und sozialdemokratische Parteien gibt, die dieser Folgerung mit Mehrheit zustimmen würden. Ich bin auch nicht sicher, ob der demokratische Sozialismus Zukunft haben wird, so groß und einladend sein Platz zwischen den krisenzerfressenen Großideologien wäre. Sicher bin ich jedoch, daß ich mich weiterhin, trotz aller grünen Verlockungen, als Revisionist begreifen werde.

Dieser Ausdauer ist mein Humor fähig, von dem ich anfangs sprach. Freilich könnte einem das Lachen vergehen, wenn man den Rückblick auf August Bebel, die Zeit der Sozialistengesetze wagt und dann die vielen sozialdemokratischen Durststrecken addiert. Steht uns abermals die Mühsal einer Durststrecke bevor? Wie lange wird die SPD brauchen, um in die Rolle der Opposition zu finden, um das Minister- und Staatssekretärgehabe etlicher Genossen auszuschwitzen und ein Programm zu erarbeiten, das den Rest dieses Jahrhunderts zu prägen verspricht?

Und, liebe Freunde, werden wir noch Zeit haben für langwierige sozialdemokratische Selbstfindungsprozesse? Sieht es nicht eher so aus, als müsse in Eile und dennoch mit durchdachter Konsequenz die Revision des Godesberger Programms beschlossen werden, damit wir politisch da sind, wenn sich demnächst die Vielzahl der Krisen bündelt?

Ich traue uns diese Anstrengung zu. Wir sollten uns wieder die alten, die ketzerischen, die revisionistischen Tugenden aus den Anfängen der europäischen Arbeiterbewegung einüben, damit wir gegenwärtig bestehen können. Im Grunde ist es einfach und schwer zugleich: Stellen wir uns tätig auf die Seite der Abhängigen und Behinderten, der Verfolgten und Unterdrückten, auch auf die Seite der Jungen, die wie ohne Zukunft sind, und auf die Seite der Alten, deren Leben Mühe und Arbeit gewesen ist, seien wir demokratisch und sozialistisch, indem wir solidarisch handeln; die Mehrheit wird dann mit uns sein.

Rede von der Verantwortung

Rede im Landtagswahlkampf Schleswig-Holstein 1987

Meine Damen und Herren,
Wunschdenken diktiert neuerdings immer wieder meinen politischen Gegnern den Satz: »Die Sozialdemokratie hat sich überlebt.« Richtig an dieser unverblümten Behauptung ist die unbestreitbare Tatsache, daß die Sozialdemokratische Partei Deutschland alt, gut hundertzwanzig Jahre alt ist. Richtig ist aber auch, daß diese Partei, trotz aller Widersprüche, der zuverlässigste Garant demokratischer Verhältnisse und deren Weiterentwicklung geblieben ist. Neben anderen Gründen motiviert mich die historische Kontinuität der SPD, für sie politisch tätig zu bleiben; zudem bietet sich Gelegenheit, den verregneten Sommer dieses Jahres durch ein produktives Wahlergebnis wettzumachen.

Dazu will ich gerne einige Stichworte geben, die, so meine ich, zuverlässiger sind als die alltäglichen Wettervoraussagen. Da ich schon oft in Schleswig-Holstein in Sachen Wahlkampf unterwegs gewesen bin und dieses so schöne wie allseits angekränkelte Land zuallererst redend und argumentierend kennengelernt habe, will ich mit einem Rückblick beginnen, der auf persönlichen Erfahrungen beruht.

Vor zwanzig Jahren, im Herbst 1967, als unsere gegenwärtigen Erstwähler gewiß nicht ahnen konnten, was ihnen an beschränkter Zukunft bevorstehen würde, sprachen der Schriftsteller Siegfried Lenz, der Historiker Eberhard Jäckel und ich als Wahlkämpfer zwischen Küste und Küste vor damals noch staunendem Publikum. Denn das war neu und ungewöhnlich, daß sich Schriftsteller und Intellektuelle, Außenseiter also, in die Politik einmischten.

Und auch die von uns kritisch geförderte SPD sah unseren Auftritten vorerst noch halb mit Grausen, halb mit Bewunderung, also mit gemischten Gefühlen zu. Der Oppositionsführer hieß Jochen Steffen, ein so brillanter wie kämpferischer Querkopf, der den schleswig-holsteinischen Landwirten zwar unbequeme, doch bis heute gültige Wahrheiten sagte. Es mögen vielen älteren Bauern, angesichts der gegenwärtigen Misere der Landwirtschaft, die Prognosen des »Roten Steffen« noch immer oder wieder im Ohr klingen.

1967: Die politischen Zeitläufte kündigten damals Wechsel und Veränderung an. Der »Prager Frühling«, das heißt der Versuch vieler tschechoslowakischer Intellektueller und einer Gruppe reformwilliger Parteifunktionäre, dem Kommunismus, so hieß es: »ein menschliches Gesicht« zu geben, beunruhigte den Ostblock und führte ein Jahr später, am 20. August 1968, zur Okkupation der Tschechoslowakei durch die Armeen der Warschauer-Pakt-Mächte. Zwar siegte vorerst der Panzerkommunismus, doch erleben wir gegenwärtig, daß die Thesen des »Prager Frühlings« und die Ideen eines Alexander Dubček in der Sowjetunion verwirklicht und damit – vorerst noch uneingestanden – rehabilitiert werden; es sein denn, es wollten die kleineren Warschauer-Pakt-Mächte nunmehr die Sowjetunion okkupieren.

Und gleichfalls 1967: Die USA führten ihren erbarmungslosen Krieg in Vietnam. Und von Amerika aus sprang der Funke des Protestes gegen den Vietnamkrieg auf Europa über: zuerst in Berlin, dann in vielen Städten der Bundesrepublik, später in Paris und in Warschau. Überall, wenn auch verschieden motiviert, bildeten sich Protestbewegungen der Studenten, fand sich ein Teil der Nachkriegsgeneration im Protest, gewiß in der Hoffnung, daß dieses Aufbegehren einer Minderheit auf breitere Bevölkerungskreise übergreifen würde. Diese Hoffnung trog. Die revolutionär eingetönte Sprache der Studenten war nicht die Sprache der Arbeiter. Die Springer-Presse, insbesondere die ›Bild‹-Zeitung, trug überdies hetzend und verketzernd dazu bei, daß es nicht zum Dialog zwischen Arbeitern und Studenten kommen konnte. Und dennoch hat vor zwanzig Jahren der Studentenprotest die Gesellschaft der Bundesrepublik bis heute spürbar verändert.

Siegfried Lenz, Eberhard Jäckel und ich gehörten als damals Vierzigjährige einer anderen Generation an. Zwar sahen wir den Studentenprotest mit Sympathie, doch verbot uns unsere skeptische Grundhaltung jeden revolutionären Überschwang. Wir sahen die Chance von Veränderungen durch Reformen. Wir wußten, daß mit Politikern wie Willy Brandt und Gustav Heinemann die längst überfällige Entspannungspolitik zwischen Ost und West eingeleitet und eine realistische Deutschlandpolitik ermöglicht werden konnte. Zwar hatte sich die Adenauer-Erhard-Ära überlebt, doch wollte das Kalte-Kriegs-Geschrei nicht aufhören; dem mußte mit Argumenten widersprochen werden. Deshalb engagierten wir uns. Deshalb verließen wir auf Zeit unsere windgeschützten Schreibtische und sprachen in Schleswig-Holsteins Wirtshaussälen vor einem Publikum, das damals, vor zwanzig Jahren, noch nicht gewohnt war, anschließend mit den Rednern zu diskutieren. Kurzum: Wir fanden Gehör, mehr noch, während dieser Wahlkampfreise entwickelten Siegfried Lenz, Eberhard Jäkkel und ich jeweils nach den Veranstaltungen und an wechselnden Wirtshaustischen die Idee von einer bundesweiten »Sozialdemokratischen Wählerinitiative«. Von hier aus sprang der Gedanke über, und im Verlauf der nächsten zwei Jahre entstanden in Bayern und im Saarland, in Baden-Württemberg und in Niedersachsen, in Groß- und Kleinstädten »Sozialdemokratische Wählerinitiativen«, die, so glaube ich, kräftig dazu beigetragen haben, daß die Bundestagswahl im Herbst 1969 knapp, aber dennoch gewonnen werden konnte.

Ein neuer, offener Ton machte sich in der Politik bemerkbar. Die Realität des existierenden anderen deutschen Staates wurde erkannt. Verhandlungen mit der Sowjetunion, der Volksrepublik Polen und mit Vertretern der Deutschen Demokratischen Republik führten zu Verträgen, die bis heute ihre Gültigkeit haben, wenngleich die Gegner der Entspannungspolitik von damals bis ins Jahr 87 hinein nicht müde wurden, diese Erfolge zu verhindern, zu schmälern oder ins Gegenteil zu verkehren. Und wenn in den nächsten Tagen der Staatsratsvorsitzende der DDR, Erich Honecker, offiziell die Bundesrepublik besuchen wird, dann möge man sich fairerweise daran erinnern, daß es zuallererst Sozialdemokraten gewesen sind, die den Weg zu Gesprächen und möglicher Verständigung geebnet haben.

Herbst 1967: Wahlkampf in Schleswig-Holstein – es war eine Zeit des Umbruchs, der verstiegenen und der vorsichtigen Hoffnung, der Illusion und des vorausschauenden politischen Kalküls; es war die Zeit der beginnenden politischen Wende nach vorne.

Wenig später hieß eine der Parolen jener Zeit: »Mehr Demokratie wagen!« Vom »mündigen Bürger« war die Rede. Soziale Freiräume sollten gesichert und ausgebaut werden. Dem vielfältigen Begriff Gesellschaft wuchs mehr Gewicht zu als der abstrakten Formel Staat. Es sah so aus, als seien die Deutschen in der Bundesrepublik fähig, aus unserer unheilvollen Vergangenheit Lehren zu ziehen und die Demokratie bis in den demokratischen Alltag hinein als permanente, als gestalterische Aufgabe zu begreifen. Aus den Wählerinitiativen wurden Bürgerinitiativen. Lange bevor es die Grünen gab, haben sozialdemokratische Politiker wie Erhard Eppler und Oskar Lafontaine die Zerstörungsprozesse unserer Umwelt erkannt, vor industriellem Raubbau gewarnt und jene ökologischen Fragen gestellt, die bis heute keine Antwort gefunden haben. Es war eine Zeit fruchtbarer Denkansätze und des geradezu hektischen Wetteiferns von Ideen. Kein Thema, das nicht sein Forum forderte. Etwas in Deutschland Seltenes geschah: Wenige Jahre lang gab es hierzulande eine politische Öffentlichkeit – bis in die Rundfunk- und Fernsehanstalten, bis in die Schulen und Universitäten, bis in die Kirchen hinein.

Was ist davon geblieben? Wer wie ich zwei Jahrzehnte später Bilanz zieht, kommt zu zwiespältigen Ergebnissen. Wirkungsvoll und ausbaufähig sind die Ergebnisse der Ost- und Deutschlandpolitik geblieben. Kein Strauß und kein Dregger haben verhindern können, daß dieser von Willy Brandt eingeleitete Prozeß bis heute Bestand und tagtäglich seine Notwendigkeit beweist. Der bevorstehende Honecker-Besuch ist – ich sagte es bereits – ein Beweis mehr für die Richtigkeit dieser Politik.

Innenpolitisch jedoch ist vieles von dem, was während der Zeit der sozialliberalen Koalition zwar von Kompromissen bestimmt, aber dennoch aufgebaut und gesetzlich verankert wurde, wieder zerstört oder erheblich beschädigt worden. Die unter dem Kanzler Kohl eingeleitete Politik der Wende zurück hat den mühsam erkämpften sozialen Frieden gebrochen: Mehr als zwei Millionen Arbeitslose und deren Angehörige leben seit Jahren sozial ausgegrenzt. Nach dem Vorbild der vom amerikanischen Präsidenten geprägten Ellenbogenpolitik leistet sich die doch so offensichtlich reiche Bundesrepublik Deutschland im Schatten der anhaltenden, ja wachsenden Arbeitslosigkeit Verelendung als Dauerzustand. In der Regel trifft es ältere Arbeiter, Frauen und Jugendliche, deren Zukunftsmöglichkeiten schon beschnitten werden, bevor sie sich aufgetan haben. So früh beginnende soziale Entwurzelung hat Folgen. Wer will von jungen Menschen, die jahrelang vergeblich nach einem Ausbildungsplatz suchen oder die nach abgeschlossener Lehre sogleich arbeitslos sind, erwarten, daß sie sich engagieren, das heißt zu mündigen Demokraten entwickeln. Willy Brandts Forderung der frühen siebziger Jahre – »Mehr Demokratie wagen!« – muß ihnen heute wie Hohn klingen. Oder die sogenannte Steuerreform des Herrn Stoltenberg hoch Bangemann: Selten ist schamloser versucht worden, auf Kosten der arbeitenden Bevölkerung die Reichen noch reicher zu machen!

Doch auch die damals, zu Beginn der siebziger Jahre zumindest zeitweilig intakte politische Öffentlichkeit ist nur noch in kümmerlichen Resten zu erkennen. Es ist alles auf Kohlsches Maß, das heißt aufs Mittelmaß getrimmt worden. Keine politischen Ideen sind Inhalt dieser Scheinöffentlichkeit, sondern nichts-sagende Verlautbarungen vom Wolfgangsee. Oder es langweilen uns die lähmenden Querelen zwischen Kohls Küchen- und Vorzimmerkabinett einerseits und der Gauweilerei im Lande Strauß. Oft habe ich das Gefühl, als solle in dieser Scheinöffentlichkeit mit Hilfe zweier erfolgreicher Jung-Tennisspieler die glanzlose Mittelmäßigkeit der Kohlschen Aussitzerei bemäntelt werden. Doch eines ist diesem Kanzler gewiß gelungen: Jenes während der Regierungszeit der sozialdemokratischen Kanzler Brandt und Schmidt in West und Ost ständig gewachsene Ansehen der Bundesrepublik hat er auf sein Niveau gebracht; so kümmerlich wie gegenwärtig sind wohl noch nie die Richtlinien der bundesdeutschen Politik bestimmt worden.

Als Beispiel für den Zerfall außenpolitischen Ansehens nenne ich das Verhalten der Bundesregierung im Verlauf der gegenwärtigen Abrüstungsverhandlungen. Alle Welt ist sich einig, daß mit den Vorschlägen des sowjetischen Generalsekretärs Michail Gorbatschow zum erstenmal Möglichkeiten geboten sind, im atomaren Mittelstrecken- und Kurzstreckenbereich zu Ergebnissen zu kommen, die ein atomwaffenfreies Mitteleuropa zur Folge haben können. Sogar in den Vereinigten Staaten ist der Glaube an die gewohnten Feindbilder ins Wanken geraten; in Genf wird ernsthaft verhandelt. Wenig bis nichts stünde einem Abrüstungsabkommen im Wege, das wegweisend auch für weitere Abkommen sein könnte, gäbe es nicht als Störfaktor die Bundesregierung unter dem Kanzler Kohl. Auf das Wort »Abrüstung« fällt ihr nur Nachrüstung ein. Bis zum Aberwitz klammerte sie sich wochenlang an zweiundsiebzig Pershing-I-A-Raketen, deren atomare Sprengköpfe unter amerikanischer Verfügungsgewalt lagern. Haarspalterisch wurde dieser Scheinbesitz verteidigt. Und erst seitdem die SPD-Fraktion eine Sondersitzung des Bundestages durchgesetzt hat, bequemt sich der Kanzler zum verschwommenen Verzicht, wobei er gleichzeitig verschwommene Vorbehalte anmeldet. Anstelle eigener, konstruktiver Abrüstungsvorschläge fallen Wörner und Dregger – stellvertretend für Kohl – immer neue Verhinderungstaktiken ein. Das Ergebnis: Als Stolperstein im Abrüstungsprozeß isoliert sich die Bundesrepublik zusehends; denn sollte es der Regierung Kohl gelingen, die Genfer Verhandlungen zu blockieren, schlimmer noch, sollte ein mögliches Genfer Scheitern den Rückfall in selbstmörderischen Rüstungswahn zur Folge haben, läge die Schuld wieder einmal bei den Deutschen. Alle Welt könnte uns nur noch als unverbesserlichen Störenfried begreifen. Zur Bürde unserer unheilvollen Vergangenheit kämen neue Verschuldungen hinzu. Und die Verantwortung läge nicht etwa nur bei der Regierung Kohl, nein, sie fiele uns allen zur Last; denn schließlich ist diese Regierung, trotz ihrer überdeutlich erkennbaren Schwächen und Mißerfolge, bei der letzten Bundestagswahl durch den Wähler bestätigt worden.

Also haben wir den Kanzler, den wir verdienen. Also ist die Größe Kohl offenbar das einzige Pfund, mit dem wir wuchern können. Also fällt uns wie zu Helmut Kohl in Bonn, so hierzulande zu Uwe Barschel, womöglich nichts Besseres ein?

Wie schon vor zwanzig Jahren mit Siegfried Lenz und Eberhard Jäckel bin ich auch heute anderer Meinung. Besonders hier in Schleswig-Holstein hat es der Oppositionsführer Björn Engholm verstanden, die sozialdemokratische Alternative aufrechtzuerhalten.

Seine Kabinettsliste hält allen Kritteleien stand. Das Wahlkampfprogramm der SPD spricht sich klar und frei von windigen Versprechungen aus. Abermals wird es am Wähler liegen, denn einzig ihm fällt die Aufgabe und Verantwortung zu, den demokratischen Machtwechsel zu ermöglichen.

Wer wie ich neben seiner schriftstellerischen Arbeit, die in epischen Phasen oft länger als eine parlamentarische Legislaturperiode andauert, während zwanzig Jahren auch politisch tätig gewesen ist, der ist mit Erfolgen und Niederlagen vertraut. Resignation ist mir nicht fremd. Mit Skepsis betrachte ich schon mein Frühstücksei. Ich könnte also hundert Gründe aufzählen, die gegen mein erneutes Engagement für die Sozialdemokraten sprechen. Und dennoch gibt es ein einziges Wort, das sich sehr preußisch anhört, weil es gesalzt ist mit den Nüchternheiten des Philosophen Immanuel Kant; es ist das Wort Verantwortung, das mich tätig bleiben läßt; Verantwortung, die mir niemand nehmen, abnehmen kann, Verantwortung, die unsere deutsche Geschichte mir auflädt, Verantwortung für alles, das ich politisch bis in die Gegenwart mitzutragen versucht habe, Verantwortung auch für eine Zukunft, die meinen Kindern und Kindeskindern zur unerträglichen Last erwächst.

Mag sein, daß Siegfried Lenz, Eberhard Jäckel und ich vor zwanzig Jahren hoffnungsvoller unsere Ziele abgesteckt haben. Die Zeit, so sah es aus, war für uns. Heute ist für viele die Hoffnung zur unscheinbaren Größe geschrumpft. Ich habe mich außerhalb unseres reichen und doch so hoffnungslos anmutenden Landes anstiften lassen müssen: Auf Reisen nach Indien und anderswo hin erhielt ich Anstöße, die mich ermuntert haben, weiterhin tätig und verantwortlich zu bleiben. Ein halbes Jahr lang lebte ich mit meiner Frau in Calcutta, der Hauptstadt Westbengalens. Wir erlebten, wie Reichtum und Korruption, Armut und Elend einander bedingen und provozieren. Und wie auch an anderen Orten der Dritten Welt wurde wieder einmal und bis zur Unerträglichkeit deutlich, in welchem Maße der Wohlstand der reichen Industrieländer in Calcutta und anderswo bezahlt wird. Wer die kümmerlichen Bedürfnisse der vier bis fünf Millionen, die in Calcuttas Slums leben, in Rechnung stellt und sie mit den Kosten unseres Sicherheitswahns, sprich: der Überrüstung vergleicht, der begreift, daß der Nord-Süd-Gegensatz bald die gewohnten Ost-West-Konflikte überrollen und in ein weltweites Chaos führen wird.

Sie mögen mich fragen: Was hat das Elend in Calcuttas Slums mit dem gegenwärtigen Wahlkampf in Schleswig-Holstein zu tun?

Für mich sehr viel. Jener stumme, alltägliche Überlebenskampf, den Millionen Slumbewohner jenseits unserer europäischen Kategorien, Hoffnung und Verzweiflung, führen, dieser auf nichts begründete Überlebenswille hat mich angestoßen, nach meiner Rückkehr auch wieder politisch tätig zu werden.

Als ich zurückkam, fand ich ein Land vor, dessen Bewohner dazu neigen, nichts außer sich selbst wichtig zu nehmen. Zudem kam es mir vor, als habe ein alles betäubender Festspieltaumel die Deutschen erfaßt. Mit aberwitzigen Kosten und im ehrgeizigen Verhältnis zueinander feiern Ost- und Westberlin die Zahl 750. Koste es, was es wolle, wird das Land und werden die Länder, nein, nicht mit Kultur, wohl aber mit emsigem Kulturbetrieb berieselt. Immerzu muß was laufen, damit wir ja nicht zum Nachdenken kommen. Ich jedoch möchte – und sei es, solange diese Veranstaltung dauert – dieser kulturellen Betriebsamkeit widersprechen, denn diese Betriebsamkeit macht bewußtlos und vergeßlich. Vor gar nicht so langer Zeit wurde durch die Flick-Affäre deutlich, in welchem Ausmaß Politik in der Bundesrepublik käuflich ist und Korruption als Kavaliersdelikt bewertet wird. Wer spricht heute noch davon?

Vor etwas mehr als einem Jahr erschütterte uns wenige Wochen lang der folgenreiche Atomreaktorunfall von Tschernobyl. Wie schnell ließen wir uns beschwichtigen. Wie rasch gelang es den professionellen Beschwichtigern mit Ersatzereignissen und Kohlschen Sprechblasen das verschreckte Bewußtsein einer ausreichenden Mehrheit wieder in den Zustand festspielfreudiger Bewußtlosigkeit zu lenken. Wie viele Warnungen dürfen wir noch in den Wind schlagen?

Als Siegfried Lenz, Eberhard Jäckel und ich vor zwanzig Jahren zwischen Küste und Küste in Schleswig-Holstein unterwegs waren, weil eine Landtagswahl bevorstand, wurde das Weltgeschehen vom »Prager Frühling« und von den mörderischen Alltäglichkeiten des Vietnamkrieges bestimmt. Der »Prager Frühling« erlebt heute seine von vielen Hoffnungen und Hemmnissen begleitete Wiedergeburt; der Vietnamkrieg jeoch hat nie aufgehört; er setzt sich andernorts fort und fort. Damals erzählte man uns das ungeheuerliche Märchen, die Freiheit des Westens werde in Vietnam verteidigt. Nachdem dieser und manch anderer Schwindel inzwischen aufgeflogen ist, sollte so viel gewiß sein: Die Landtagswahlen in Schleswig-Holstein werden am 13. September nicht im Persischen Golf, sondern von mündigen Bürgern in Schleswig-Holstein entschieden.

Der Beginn meiner politischen Aktivität hängt zusammen mit meiner Rückkehr von Paris 1960. 1961 gibt es von mir erste Reaktionen: den Brief an Anna Seghers wegen des Mauerbaus. Dann einen gemeinsamen Brief mit Schnurre an die Schriftsteller der DDR. Mauerbau und Wahlkampf fielen zusammen im August. Auslösendes Moment für mich war die Rede Adenauers in Regensburg, die Frahm-Rede. Sie wurde hingenommen wie ein Fauxpax des alten Herrn, dabei war es eine einzige Diffamierung. Hans Werner Richter besuchte mich und erzählte mir, daß einige Autoren der Gruppe 47 bei Willy Brandt eingeladen seien. Auf die Frage, warum er nicht auch mich auf die Liste gesetzt hätte, sagte er: »Du bist doch ein Anarchist!« Ich erklärte ihm: »Das magst du so sehen, aber mich interessiert das, ich komme mit.«

Bei diesem Treffen schilderte Brandt die Situation, in der er sich befand: auf der einen Seite die komplizierte Lage in Berlin durch den Mauerbau. Auf der anderen Seite aber das tägliche Wegfliegen aus Berlin und Wahlkampf machen, die täglichen Diffamierungen, der Verschleiß der Sprache. Und er fragte höflich die anwesenden Herren und Damen, wer von uns bereit wäre, ihm Formulierungshilfe anzubieten. Die Reaktion war, daß die anwesenden Schriftsteller sich sehr kritisch, genau geguckt, scharf formuliert und die schwachen Stellen treffend geäußert haben. Brandt ging darauf ein. Bei der Frage aber, von wem er nun Hilfe zu erwarten hätte, blieb ich als einziger. Ich fuhr in der Folgezeit häufig zum Rathaus, habe Texte redigiert. Und dann dachte ich mir: »Jetzt will ich mal mit-fliegen.« Es gibt einen Einakter, in dem ich die Situation schildere: Brandt im Flugzeug, dauernd beschäftigt mit diesen Diffamierungskampagnen, Passauer Neue Presse, Kapfinger... Wir redeten über den Spanischen Bürgerkrieg, was richtig und was falsch war. Dann landete das Flugzeug in Heilbronn, und es empfing uns ein Kinderchor, der sang ›Kein schöner Land in dieser Zeit‹. Diese Erlebnisse haben mich dazu gebracht, 1965 nicht mehr nur Texte zu redigieren, sondern direkt einzugreifen.

Die Gründung des Wahlkontors ist meine Initiative gewesen, allerdings war ich nicht darin tätig, weil ich unterwegs war. Die treibende Kraft innerhalb der SPD war Schiller, er machte praktische Vorschläge, machte es überhaupt möglich, kümmerte sich auch nicht um Widerstände innerhalb der SPD. Er hatte erkannt, daß die SPD über die Schriftsteller und Intellektuellen Teile der Bevölkerung ansprach, an die sie sonst nicht herankam.

Bis dahin reduzierte sich die politische Betätigung der Schriftsteller darauf, Resolutionen und Proteste zu unterschreiben. Das empfand ich als unzureichend, zu bequem. Es gab bei mir Reflexionen: Warum ist das in der Weimarer Republik so gelaufen? Ich dachte an Tucholskys späte Einsicht, eigentlich erst in der Emigration, daß man einiges anders hätte machen müssen. Dann, vermittelt über meine damalige Schweizer Frau, das Wissen über andere Demokratieformen, wo die Leute als Bürger frei heraus ihre Meinung sagen. Es mußte zunächst diese Schamschwelle überwunden werden: Es galt als unfein. Man nahm für sich in Anspruch, politisch zu sein, aber es erschöpfte sich in den meist moralisch sehr hoch angesetzten Protesten, und darunter wurden dann die Namen gesetzt. Alles völlig richtig, alles berechtigt, aber das hob sich auf nach einer gewissen Weile, hatte keine Wirkung. Hier mußte ständig geschrieben, mußte Kleinarbeit geleistet werden.

Ich habe Themen angesprochen, zum Beispiel die Oder-Neiße-Grenze, wofür es noch keinen SPD-Beschluß gab. Da gab es dann auch Schwierigkeiten mit zwei, drei Kandidaten. Brandt hat sich mit meinen Reden öffentlich einverstanden erklärt, er wurde natürlich sofort dafür kritisiert.

Ich schrieb fünf Reden, eine davon heißt ›Des Kaisers neue Kleider‹. Inhalt ist der § 218. Die Rede habe ich nach dem dritten Mal einpacken müssen. Da hieß es überall: »Grass für Abtreibung!« Ich habe diese Themen sehr früh aufgegriffen, und keines der Themen war mit der SPD abgesprochen. Aber ich wußte, daß Brandt sie tolerieren würde. Und für Schiller sprach: Er konnte als Intellektueller mit Intellektuellen umgehen. Ich wurde anfangs, auch später noch mal, von ihm begleitet bei meinen Wahlreisen, auch von Heinz Kühn. Er war dabei, als ich in Düsseldorf die Rede von ›Des Kaisers neue Kleider‹ auspackte. »Mann o Mann«, sagte er, »da kommt sicher was auf uns zu.«

Ich war immer der Meinung, daß man ein paar gesellschaftliche Erfahrungen, die auch politische Erfahrungen sind, mit einfließen läßt. Das war auch Brandts Ansicht. Er wollte nicht nur die Wiederholung der professionellen Politikersicht, sondern eine Assistenz durch Dreinreden.

Bei meinen Wahlreisen begleiteten mich einmal Max von der Grün und Paul Schallück. Die waren im Gegensatz zu Böll bereit gewesen, mitzumachen. Max

Frisch fand die Initiative von außen her gut und richtig, diese neue, direkte Form der Demokratie. Im Zusammenhang mit dem Wahlkontor gab es einen Empfang in Bayreuth mit Ingeborg Bachmann, Kortner, Wicki, Henze und anderen.

Meine Wahlreise wurde von zwei Studentenorganisationen getragen: dem Sozialdemokratischen Hochschulbund und dem Liberalen Studentenbund, die ausgeschieden waren aus der FDP unter ihrem Parteivorsitzenden Mende. Die Sozialdemokraten sahen mit Staunen, daß ein Publikum angesprochen wurde, das sonst zu keiner Veranstaltung gekommen war. Insgesamt wurde mir von der SPD nicht dreingeredet. Es gab ein paar, die sich von manchen meiner Äußerungen, beispielsweise zur Anerkennung der Oder-Neiße-Grenze, distanziert haben, und es gab Willy Brandt, der mich unterstützt hat.

Meine Wahlreisen führten mich auch in die Provinz, in die tiefste sozialdemokratische Diaspora, und es war erstaunlich, wie voll die Säle waren. Meine letzte Wahlrede hielt ich in Cloppenburg. Die CDU hatte damals 81 Prozent der Stimmen dort, meine Rede wurde von Gegröle und Gejohle begleitet, ich war danach vollkommen mit Eiern bekleckert, und als ich nach Hause kam, brannte meine Haustür.

Sicher, es gab vorsichtige oder direkte Distanzierungen. Die Lokalpresse fragte immer: »Wie stehen Sie zu den Bemerkungen von Grass zur Anerkennung der Oder-Neiße-Grenze?«, und wenn es kleine Unstimmigkeiten gab, wurden die von der Presse oder der CDU reichlich aufgebauscht. Von Schriftstellerkollegen wurde mein Verhalten, mich in die Niederungen der Politik zu begeben, zum Teil wie ein Verrat angesehen.

Wer meine Reden hören wollte, mußte Eintritt zahlen. Meine Überzeugung war immer: Wer zahlen muß, hört besser zu. So erzielten wir einen Überschuß. Von Anfang an war geplant, damit Bibliotheken bei der Bundeswehr und für die Wehrdienstverweigerer auszustatten. Die Zusammenstellung für diese Bibliothek besorgte Uwe Johnson. Ich wollte natürlich im Wahlkampf die Bibliotheken direkt übergeben. Das gelang mir nur einmal, in Heidelberg bei den Wehrdienstverweigerern. Dann hatten wir immer noch Überschuß und haben einen Schulbuchpreis ausgeschrieben, den gewannen Glotz und Langenbucher mit ›Versäumte Lektionen‹.

Die Wahl brachte der SPD drei Prozent mehr, aber CDU und FDP bildeten weiter die Regierung. Ein Jahr später kam die Große Koalition. Als taktische Überlegung war die Entscheidung richtig. 1968/69 wurde dann von mir und anderen die Wählerinitiative gegründet – mit dem Ziel einer sozialliberalen Koalition.

Viele sind einen anderen Weg gegangen. Auch ich habe mich erst wieder engagiert, als sich absehen ließ, daß für 1969 mit der Entscheidung für Heinemann als Kandidat für das Amt des Bundespräsidenten die Chance bestand, die Große Koalition durch die sozialliberale abzulösen. Das kam mir als realistische Zielsetzung vor, und ich habe in der Zwischenzeit nur einmal Wahlkampf gemacht, und zwar 1967 für Steffen in Schleswig-Holstein. Ich war drei Wochen unterwegs mit Eberhard Jäckel und Siegfried Lenz.

Für den Wahlkampf 1969 hatte ich mir überlegt, wie man herauskommt aus dem bloßen Intellektuellen- und Schriftstellerkreis. Schon ab Herbst 1968 versammelte ich Leute in der Friedenauer Niedstraße,

Baring, Jäckel, Gaus, Sontheimer, Lenz. Dann luden wir gezielt Leute von der SPD dazu, Eppler, Schiller, und haben das Konzept besprochen. Unser Kontaktmann, der einzige, der mit Wehner und Brandt gleichzeitig auskommen konnte, war Leo Bauer. Er sagte mir eines Tages, ich müßte mit Wehner reden, so kämen wir nicht weiter. Zu dem Zeitpunkt hatte ich eine ganze Reihe Artikel gegen Wehner wegen der Großen Koalition verfaßt. Ich fuhr nach Bonn, und die Leute erzählten mir, Wehner ließe seit Tagen alles sammeln, was ich jemals gegen ihn geschrieben hätte. Ich kam gerade von der Buchmesse, die 1968 sehr turbulent gewesen war. Bei Wehner gab's schwedischen Heringssalat, und er wandte den bauernschlauen Trick an: Wer zuerst vom Thema anfängt, hat verloren. Er erzählte lange Geschichten aus der Emigration, und ich dachte mir, Geschichten erzählen kannst du auch. Leo Bauer wurde schon ganz unruhig und baute schließlich eine Brücke: »Sie kommen doch gerade von der Buchmesse, was war denn da los, und wie schätzen Sie das ein?« Ich berichtete von der Lage, wie sie war, gab meine Einschätzung und schlug dann die Wählerinitiative vor. Wehner brüllte mich an: »Geben Sie doch zu, Sie haben etwas gegen mich.« Da dachte ich mir, brüllen kann ich auch: »Entweder, wir brüllen jetzt hier weiter, daß wir gegeneinander waren, oder wir machen etwas zusammen.« Wehner hörte sich alles an bis Mitternacht und sagte dann: »Das leuchtet mir ein, das machen wir. Das ist Leninsche Bündnispolitik.« Er hatte nichts begriffen und ich die Wahl, ihn in seinem Mißverständnis zu belassen oder noch mal drei Stunden alles zu erklären. Ich verzichtete darauf. Das Ergebnis war, daß Wehner mit dem Parteipräsidium telefonierte und alles lief: Wir konnten Räume mieten und die Wählerinitiative aufbauen. Bei den Wählerinitiativen machten Schriftsteller mit, aber auch Architekten, Staatsanwälte, alle möglichen Berufsgruppen.

Ich bin nicht nur Schriftsteller, ich bin auch Bürger, Citoyen. Dieses direkte Eingreifen von Bürgern hat in Deutschland kaum Tradition. Der Staat wird entweder bewundert oder als Machtfaktor angesehen.

Es gibt ein paar ganz frühe Erlebnisse. 1946 habe ich ein dreiviertel Jahr lang in einem Bergwerk gearbeitet. Es gab damals noch sehr häufig Stromsperrungen, die Arbeiter saßen herum, alle älter als ich. Von ihrer politischen Haltung waren es Kommunisten, Sozialdemokraten und Nazis. Häufig kam es zum Streik, und ich erlebte jedesmal, daß sich im Verlauf eines Streiks die Kommunisten mit den Nazis gegen die Sozialdemokraten verbündet haben. Es war wie ein Nachhilfeunterricht über die Weimarer Republik. In derselben Zeit hörte ich Kurt Schumacher in Hannover. Er schrie. Was er sagte, überzeugte mich, aber wie er es sagte, stieß mich ab. In diesen Erlebnissen liegen die Wurzeln meiner Entscheidung für die Sozialdemokraten.

In der Bundesrepublik ist die aktive Einmischung der Bürger, nicht nur der Schriftsteller, inzwischen Tradition geworden. Die Wählerinitiativen lösten sich nach 1969 langsam auf, manche traten in die SPD ein, andere gründeten Bürgerinitiativen.

In der DDR gab es solche Bewegungen nicht bis zum Beginn der Friedensbewegung. Innerhalb der evangelischen Kirche wurde die Initiative »Schwerter zu Pflugscharen« gegründet. Das war mit ein Anlaß für das, was später in Leipzig passierte.

Ich habe in meinen Wahlkämpfen nie etwas bejaht, was ich nicht vertreten konnte, habe auch meine Kritik an der SPD geäußert. Das wurde akzeptiert, es gab deshalb nie ernsthafte Auseinandersetzungen. Ich habe mich auch geäußert zu Fragen beispielsweise der Wehrdienstverweigerung. Dabei gab es innerhalb der SPD Leute, die mich angegriffen haben, aber es gab nie eine Maßregelung oder ähnliches. Natürlich geht man, wenn man mit einer Partei Wahlkampf macht, taktisch vor, sagt zum Beispiel, jetzt, drei Wochen vor Wahlkampfende, ist es nicht der Zeitpunkt, in diesem Detail, so wichtig es sein mag, eine Fehde auszufechten.

An eine Wahlkampfveranstaltung 1965 in Würzburg kann ich mich noch sehr gut erinnern. Das war ein tobender Kessel, da saßen die Studenten mit ihren Bierzipfeln und brüllten. Ich sagte: »Ich will doch Eure Fragen beantworten. Draußen steht auf einem Transparent ›Was sucht der Atheist in der Stadt des Heiligen Kilian?‹ Meine Antwort: Ich suche Tilman Riemenschneider.« Es gab großes Gelächter, und ich konnte reden. Mir hat das Spaß gemacht. Ich mußte meine geschriebenen Reden zur Seite schieben und dagegenfeuern.

Ich war nicht gegen die Studentenproteste 1968. Ich habe vorausgesehen, daß auch hier der deutsche Idealismus in den Köpfen spukt. Daß man mit dem Erreichten nicht zufrieden sein wird – obwohl sie eine Menge erreicht haben –, dann die Enttäuschung und dann die Wende, entweder ins total Apolitische oder in die Radikalisierung. Das war nicht mein Weg.

So skizzierte ich Willy Brandt im ›Tagebuch einer Schnecke‹. Ich versuchte, ihn als jemanden zu portraitieren, »der nur zögernd ich sagt und dennoch von sich nicht absehen kann«. Mit ihm befreundet zu sein hieß immer wieder, Distanz überwinden zu müssen: »Seit Jahren (zwischen Pausen) rede ich mit ihm, schreibe ich ihm, hören wir einander zu, bilden wir Sätze gemeinsam, nehmen wir uns knapp Zeit. Ich weiß nicht, ob er mehr von mir weiß, als ich mitteile. Bevor wir zu uns kommen, kommen wir immer zur Sache. Weil wir so verschieden sind, brauchen wir eine Sache, die wir unsere nennen...«

Ich verdanke Willy Brandt viel. Durch ihn bekam ich Einblick in die realen und irrealen Abläufe der Politik. Er stieß mich an, August Bebcls ›Aus meinem Leben‹ zu lesen und später Eduard Bernsteins revisionistische Thesen. Von jener Literatur, die mich bewegt und gleichwohl zur Seßhaftigkeit zwingt, war selten die Rede. Wir lernten uns wenige Tage nach dem Mauerbau in einer Zeit kennen, die bald darauf vom Wahlkampf bestimmt war: Willy Brandts erster Anlauf als Kandidat für das Amt des Bundeskanzlers. Damals hielt Konrad Adenauer eine Rede, die seinen politischen Gegner zum Feind stempelte, ihn als uneheliches Kind namens Frahm und obendrein Emigranten denunzierte, eine schändliche Rede, die nicht wiedergutzumachen war, denn sie riß Gräben auf, die bis heute kenntlich geblieben sind.

Mich hat diese gezielte und leider wirkungsvolle

Diffamierung angestiftet, Partei zu ergreifen und öffentlich für den Diffamierten einzutreten. Während eines Fluges mit einer Chartermaschine von Berlin-Tempelhof nach Heilbronn wurde mir deutlich, wie beharrlich der Verletzte auf Wahrheit bestand. Während des gesamten Fluges in der Propellermaschine diktierte er seiner Sekretärin Antworten auf die fortgesetzte Schmutzkampagne: Die Arbeitsgemeinschaft Kapfinger/Strauß war tätig geworden. Es ging um seine Zeit als Emigrant, um seine Tätigkeit als Journalist während des Spanischen Bürgerkrieges in Barcelona, es ging um seinen Ruf. Indem er diktierte, wurde mir der Zerfall, dann das Ende der Weimarer Republik deutlich. Nicht nur wurden die Frontlinien zwischen der Falange und den Republikanern gezogen, vielmehr lernte ich auch, in welchem Ausmaß die Kommunisten durch blutige Säuberungsaktionen das republikanische Lager geschwächt haben, indem sie Anarchisten, Trotzkisten und Sozialisten liquidierten. Natürlich ist Willy Brandts Versuch der mühsamen Wiederherstellung von Wahrheit vergeblich gewesen: Die damals angezettelte Rufmordkampagne hat ihn ein Jahrzehnt lang und länger begleitet. Als das Flugzeug in Heilbronn landete, regnete es. Draußen standen Abgeordnete des SPD-Ortsvereins. Unter Regenschirmen sang ein Kinderchor zur Begrüßung: ›Kein schöner Land in dieser Zeit . . .‹ Ein Wechselbad. Aus der Vergangenheit heraus begann die Wahlkampfreise in deutsche Gegenwart.

Vier Jahre später wollte ich nicht mehr nur indirekt helfen. Mit Hilfe einiger Studenten vom Sozialdemokratischen Hochschulbund und vom Liberalen Studentenbund organisierte ich, sozusagen als Vor-

wegnahme der sozialliberalen Koalition, zwei Wahl-
kampffreisen, die mich vom Frühsommer bis Frühherbst 65 von Flensburg bis Passau, durch fünfundvierzig bundesdeutsche Städte führte. Eine meiner
Reden hieß ›Loblied auf Willy‹. Indem ich diesen
abgelagerten Text durchblättere, finde ich einige Zei-
len, die ich auch heute, dem toten Freund nachrufend,
stehenlassen will: »Mich bewegt Willy Brandts lange
Reise von Lübeck über die Stationen der Emigration
nach Berlin, weil sich in ihr ein Teil jener Geschichte
Deutschlands widerspiegelt, auf den ich, ohne Anteil
gehabt zu haben, stolz bin ...«

Erst vier Jahre später, beim dritten Anlauf, wurde
er Bundeskanzler. Damals habe ich gemeinsam mit
Freunden die Sozialdemokratische Wählerinitiative
aufgebaut und das linksliberale Vorfeld zu motivieren
versuchen. Damals und in den Jahren danach bewies
sich immer wieder Willy Brandts Fähigkeit zum
Gespräch mit Intellektuellen, sein unter Politikern seltenes Vermögen, zuhören zu können, seine Geduld
mit uns, den notorischen Besserwissern, und seine
Begabung, Erfahrungen und Kenntnisse zu vermitteln, ohne belehrend zu wirken. Kritik nahm er auf als
Beweis sachlich angetragener Freundschaft.

Die Politik des Bundeskanzlers Willy Brandt war in
ihren Grundzügen, lange über seinen Rücktritt hinaus, erfolgreich und setzt deshalb heute noch, in einer
Phase des Verfalls der politischen Kultur, Maßstäbe.
Ihm gelang es, die vom Studentenprotest geformte
Generation weitgehend als Staatsbürger zu integrie-
ren, ohne daß sie ihrer die Gesellschaft aufstörenden
Unruhe abschwören mußte. Seine Politik hat durch
die Anerkennung der polnischen Westgrenze mit
erstem Schritt die deutsch-polnische Verständigung

eröffnet. Ohne seinen Weg nach Moskau hätte sich das Verhältnis zwischen beiden deutschen Staaten nicht entkrampfen lassen. Die Konsequenz seiner Politik war die Helsinki-Konferenz, mithin die Anerkennung der Menschenrechte durch die Sowjetunion. Wer diese Leistung der deutschen Sozialdemokratie heute in Frage stellt oder die SPD gar bezichtigt, durch Verhandlungspolitik das kommunistische System stabilisiert zu haben, hat nicht begriffen, daß die mögliche Einheit Deutschlands durch Einigung ein weiteres, der Politik Willy Brandts abzuleitendes Ergebnis sein könnte.

Sein Rücktritt erlaubte den Hauptverantwortlichen an der den Spionagefall Guillaume ausweitenden Affäre, zum Beispiel dem Innenminister, im Amt zu bleiben. Damals schrieb ich unter dem Titel ›Federn blasen‹ ein Gedicht, das ich diesem Nachruf einfügen möchte:

> Das war im Mai, als Willy zurücktrat.
> Ich hatte mit Möwenfedern den sechsten
> > tagsüber
> mich gezeichnet: ältlich schon und gebraucht,
> doch immer noch Federn blasend,
> wie ich als Junge (zur Luftschiffzeit)
> und auch zuvor,
> soweit ich mich denke
> (vorchristlich steinzeitlich)
> Federn, drei vier zugleich,
> den Flaum, Wünsche, das Glück
> liegend laufend geblasen
> und in Schwebe (ein Menschenalter)
> > gehalten habe.

Willy auch.

Sein bestaunt langer Atem.

Woher er ihn holte.

Seit dem Lübecker Pausenhof.

Meine Federn – einige waren seine – ermatten.

Zufällig liegen sie, wie gewöhnlich.

Draußen, ich weiß, bläht die Macht ihre
                                            Backen;
doch keine Feder,
kein Traum wird ihr tanzen.

Von diesem Tiefpunkt an zählen sich Willy Brandts
weitere Erfolge, aber auch Leistungen, die ohne Folge
blieben. Er war ein Parteivorsitzender ohne Beispiel,
und beispiellos ist auch die Loyalität seinem Nachfolger gegenüber gewesen. Durch ihn, den Vorsitzenden,
wurde die Sozialistische Internationale zu politischer
Aktivität motiviert. Seiner Initiative ist es zu verdanken, daß Portugal nach der Revolution von Henry Kis-
singers in Chile erprobtem Rezept verschont blieb.
Durch ihn wurde die Sozialistische Internationale hilfreich tätig, als nach dem Tod Francos die spanische
Demokratie vor ihren Anfängen stand. Unserer über-
völkerten, von Verelendung und fortgesetzter Unge-
rechtigkeit gezeichneten Welt wäre zu helfen gewesen,
wenn die verantwortlichen Politiker des Westens den
Bericht des Vorsitzenden der Nord-Süd-Kommission
handelnd zur Kenntnis genommen hätten. Willy
Brandt forderte eine neue und gerechte Weltwirtschaftsordnung zugunsten der Dritten Welt. Er bewies
die Zusammenhänge zwischen westlichem Überfluß
und der Hochrüstungspolitik der beiden Weltmächte
auf der einen Seite und der zunehmenden Verelen-

dung und Verschuldung der sogenannten Entwick-
lungsländer.

Als ich im September 1973 in New York Willy
Brandts Antrittsrede vor den Vertretern der Vereinten
Nationen zuhörte, notierte ich Eindrücke, die später
verknappt zum Gedicht wurden:

. . .
Es wird Vernunft beschworen,
als müsse die unbefleckte Empfängnis,
etwas, das nicht mehr bestritten wird,
immer wieder beteuert werden.
Seine Warnungen haben – er weiß es –
wie Tempotücher nur kurzen Nutzen.
Auch Hunger ist Krieg! – Ein Ausruf, so richtig,
daß ihn kurzerhand Beifall erschlägt.
. . .

Diese vor annähernd zwanzig Jahren kurzgefaßte
Erkenntnis hat uns heute eingeholt und verschreckt,
ohne ein politisches Echo zu finden.

Willy Brandt hat uns verlassen. Mir hinterläßt sein
Tod das nicht zu beschwichtigende Gefühl des Verlas-
senseins. Als die Mauer fiel und uns Deutschen die
Möglichkeit der Einigung geschenkt wurde, mag er
mit dem Satz »Jetzt wächst zusammen, was zusam-
mengehört« die Bestätigung seiner Politik gewünscht
haben. Doch es wuchert nur und wächst nicht zusammen. Abermals gespalten sind sich die Deutschen
fremd. Haß kommt auf. Und jene Barbarei, vor der
der junge Willy Brandt in die Emigration flüchten
mußte, beginnt sich zu erneuern. Ich rufe mir ein Bild
zurück, das ich im ›Tagebuch einer Schnecke‹ von
ihm entworfen habe: »Sobald er Schritte macht,

bewegt er Vergangenheit, seine, unsere: die nationalen Wackersteine. Ein Packpferd, das nur läuft, wenn
ihm Übergewicht aufgetragen wird. (In seinen Knien
sitzt, knirscht etwas, das gebeugt werden will; und im
Jahr drauf ging er in Warschau auf die Knie, anstelle
von Worten.)«

Was an die Substanz geht

Rede auf dem Empfang zu Grass' 65. Geburtstag in Lübeck 1992

Liebe Freunde,
in meinen epischen Schwellkörpern, auch Romane genannt, habe ich gerne und gelegentlich Zahlenspiele betrieben, sei es, um Durststrecken zu überwinden, sei es aus Lust und Laune, auf jeden Fall mit dem Ergebnis später nachfolgender Verwirrung bei etlichen Germanisten. Ich erinnere mich nicht, mit der Zahl fünfundsechzig ein solches Spiel betrieben zu haben, vielmehr habe ich sie mir zwangsläufig selbst eingebrockt, und nun treibt sie ihr Spiel mit mir; dabei geht es erfreulich und manchmal auch anstrengend zu.

Ich danke Peter Rühmkorf, ich danke Volker Neuhaus, ich danke Björn Engholm. Ihr habt mich erhoben, eingekreist, annähernd durchsichtig gemacht. Ich fühle mich ertappt und ein wenig beschämt: so viel der Ehre. Gründe genug also, mich zu bedanken, und zwar in Form einer kurzen Lesung: vier Gedichte aus vier Jahrzehnten. Denen wird, in Gedenken an Willy Brandt, der Versuch eines Portraits, eine Prosapassage aus dem ›Tagebuch einer Schnecke‹, folgen.

Doch zuvor will ich – ohne eine Diskussion entfesseln zu wollen – einige Anmerkungen zu jenem Thema machen, das uns alle bewegt und in Frage stellt: zum Thema Asyl.

Ich muß Dir, lieber Björn, nicht erklären, wie sehr

und entscheidend das Emigrantenschicksal, das hier verweigerte, dort gewährte Asyl, die Geschichte der deutschen Sozialdemokratie gezeichnet hat. Diese Erfahrungen haben mit dazu beigetragen, daß die sogenannten Verfassungsväter das Grundgesetz mit einer tragenden Säule, dem individuellen Grundrecht auf Asyl für politisch, religiös und rassisch Verfolgte, gesichert haben. Es wird Dir bewußt sein, lieber Björn, daß jede Änderung an diesem Grundrecht dem Artikel 16 an die Substanz geht. Die bisherige Diskussion beweist, daß die Meinungen der Sozialdemokraten gespalten sind; am Ende könnte nicht nur die Verfassung durch Schmälerung, sondern auch die SPD durch Spaltung Schaden nehmen.

Wir haben uns dieses Thema aufdrängen lassen. Bundesweit lagern über 400 000 unerledigte Asylanträge. Es ist nicht mehr auszuschließen, daß diese Schlamperei auf Absicht fußt: Mit Horrorzahlen läßt sich fahrlässig leicht einschüchternde Politik machen. Sicher ist, daß die westeuropäischen Länder und mit ihnen besonders die Bundesrepublik künftig einem zunehmenden Einwanderungsdruck ausgesetzt sein werden. Die Versäumnisse gegenüber den Staaten der Dritten Welt und ihren der Verelendung ausgelieferten Menschen kommen auf uns zurück, holen uns ein und stellen uns vor Probleme, die nicht mit Hilfe neuer Paragraphen und Verordnungen gelöst werden können. Der während Zeiten der sozialliberalen Koalition auf 0,7 Prozent Entwicklungshilfe gehobene Satz – man hielt das damals für eine Leistung – ist mittlerweile auf 0,45 Prozent und weniger gesenkt worden. Es wäre also Aufgabe der SPD, eine Anhebung dieses Satzes auf weit mehr als zwei Prozent zu fordern, zumal sich diese Mehrausgaben durch nun endlich mögliche Abstriche im Verteidigungshaushalt finanzieren ließen.

Im Verbund mit solch einer nach außen wirkenden Hilfe könnte ein Einwanderungsgesetz – die Bundesrepublik ist ein Einwanderungsland! – dem Zustrom der Wirtschaftsflüchtlinge auf zivilisierte Weise begegnen; Beispiele dafür gibt es genug.

In Europa herrscht Krieg. Bei der Verhinderung dieses Krieges hat das sich vereinigende Europa versagt. Um so mehr Grund besteht, Kriegsflüchtlingen menschenwürdigen Aufenthalt zu gewähren, solange der Krieg dauert.

Diese drei Maßnahmen könnten deutlich machen, daß der Artikel 16 im Grundgesetz einzig den politisch Verfolgten gilt, weshalb auch kein Anlaß besteht, ihn zu ändern; allenfalls könnte man ihn erklärend ergänzen, ohne allerdings seine Substanz zu beschädigen.

Nie jedoch dürfen wir zulassen, daß uns rechtsradikaler Terrorismus und populistische Parolen unter Druck setzen. Die Fähigkeit zum Kompromiß schließt nicht Standfestigkeit in der Sache aus!

Deshalb bitte ich Dich, lieber Björn, uns nicht in den jederzeit handhabbaren Kästchen – hier Gesinnungsethik, dort Verantwortungsethik – zu sortieren. Zum Beispiel fußt meine Gesinnung auf Verantwortung.

Auch nach dem bevorstehenden Parteitag möchte ich mich weiterhin als Sozialdemokrat begreifen können. Nimm diesen Wunsch, lieber Björn, bitte mit nach Bonn; es steht auf der Kippe.

GÜNTER GRASS: Es ist gut, daß wir uns treffen. Der Fall, in dem wir wahrscheinlich verschiedener Meinung sind, ist der sogenannte Asylkompromiß. Er ist aus meiner Sicht eine Verhöhnung des SPD-Partei-tages; denn das Bündel von Beschlüssen des SPD-Parteitages, das hatte ich noch gerade akzeptieren können; was aber dann Klose mit Einwilligung von Engholm daraus gemacht hat, liegt ganz auf der CSU-Linie und wird das Problem nicht lösen und wird andererseits unsere östlichen Nachbarn, in erster Linie Polen, die Tschechische Republik, die Slowakische Republik, in große Bedrängnis brin-gen. Und am Ende wird es, das befürchte ich, mit deutscher Wirtschaftshilfe und mit deutschem Druck dazu kommen, daß diese europäischen Län-der gezwungen sein werden, abermals einen Eiser-nen Vorhang, jeweils an ihrer Ostgrenze, aufzuzie-hen. Und das ist ein schreckliches Ergebnis. Es führt auch dazu, daß das Ansehen Deutschlands geschmälert wird, so wie es die vorgefaßten und zum Teil auch begründeten Ängste vor einer Vor-machtstellung nähren wird.

Deshalb war dies für mich auch der Grund, zu mei-nem großen Bedauern und unter vielen Schmerzen aus der SPD auszutreten. Da sind Sie vielleicht anderer Meinung oder sogar sicher, weil Sie natür-lich anders mit den Problemen konfrontiert sind. Ich will nur eins dazu sagen: Ich habe es immer für falsch angesehen, daß man nach irgendeinem Schlüssel, den man für gerecht hält, einer Quotenregelung, die neuen Bundesländer, die ohnehin mit Riesenproblemen zu kämpfen haben, mit genauso vielen Asylsuchenden bedacht hat, ohne daß vorbereitend etwas geschehen ist wie in den alten Bundesländern.

REGINE HILDEBRANDT: Ja, Sie haben recht. Es wäre sehr sinnvoll gewesen, wenn die Bundesregierung den Ostländern nicht sofort nach der Vereinigung die volle Quote zugemutet hätte, zumal keinerlei Voraussetzungen im Osten gegeben waren. Und außerdem haben die neuen Bundesländer durch ihre Lage im Osten Deutschlands lange Grenzen zu den osteuropäischen Nachbarn. Von hier kommen die meisten Asylsuchenden, bei uns kommen deshalb also die meisten an! Das Ergebnis ist, daß trotz einer Quote von 17 000 für Brandenburg 1992 40 000 Asylbewerber hier im Lande unterzubringen und zu versorgen waren. Da können Sie sich ungefähr vorstellen, wie sich das gestaltet: Dazu kam als besonders belastend, in der ersten Zeit nach der Wende, daß nach Brandenburg entsprechend dem Schlüssel der Bundesregierung extrem viele Sinti und Roma kamen. Die Vorbehalte der Bevölkerung gegen Sinti und Roma sind aus der Zeit der Ostreisen noch relativ groß – uns wurde geholfen durch Festlegung einer Quote von Asylbewerbern verschiedener Nationalitäten. Das hat geklappt. Aber das große Problem ist, daß wir in den neuen Bundesländern überhaupt erst einmal lernen mußten, mit dem für uns gänzlich ungewohnten Phänomen Zuflucht suchender Menschen umzugehen. Wir hatten keine Heime, kein spezialisiertes Personal, keine Erfahrungen oder nur schlechte soziale Infrastruktur für diese Situation. Die Menschen hier sind weitgehend überfordert. Nehmen wir zum Beispiel Rostock, den Neubaublock, der für Asylsuchende benutzt wurde. Nach den Krawallen fragt die Öffentlichkeit: Wie ist so was möglich, haben die keine vernünftigen, geeigneten Einrichtungen? Nein, hatten wir nicht! Also mußte etwas aus dem Boden gestampft werden – und das für diese vielen Menschen, diese große Zahl! Hinzu kam natürlich die Frage der Betreuung von Asylbewerbern. Sozialarbeiter wie im Westen gab's hier überhaupt nicht. Wir hatten statt dessen Fürsorger, die im wesentlichen im gesundheitlichen Bereich – mit sozialer Komponente – tätig waren, nie aber mit Ausländern befaßt. Große Anzahl und praktische Schwierigkeiten führten zu einer Überforderungssituation der Menschen im Osten. Und da sage ich mir natürlich, als praktisch tätige Politikerin hier im Osten: Das kann nicht sein – wir müssen versuchen, mit Ausländern vernünftig umzugehen, und versuchen, politisches Asyl zu gewähren. Aber es darf nicht so sein, daß die Bevölkerung das überhaupt nicht nachvollziehen kann und es deswegen nicht mitträgt! Der Kompromiß ist deswegen nötig gewesen. Es ist richtig, daß nicht alle Parteitagsbeschlüsse umgesetzt worden sind, und das ist gewiß traurig. Aber wichtig ist, daß wir zu diesem Kompromiß, daß wir überhaupt zu einem Kompromiß gekommen sind, der erträglich ist.

G. G.: Erträglich für wen? In einer Zeit, in der wir vor der auch sehr schwierigen Aufgabe stehen, das Verhältnis zu Polen zu normalisieren oder doch ein vernünftiges Verhältnis zu Polen zu schaffen, da erfährt Polen als einen der ersten Staatsakte diese, wie ich meine, ungehörige Forderung. Sie bedeutet die Verschleppung des Problems aus dem deutschen in den polnischen Bereich hinein, in ein wirtschaftlich schwaches Land, das damit noch weniger fertig werden kann als die doch insgesamt vermögendere Bundesrepublik. Am Ende bleibt Polen doch nur die Lösung des Eisernen Vorhangs.

R.H.: Das sagen Sie immer wieder. Aber es ist doch auch eine andere Interpretationsart möglich. Wir wollen unbedingt das Recht auf politisches Asyl aufrechterhalten, aber wir können nicht allen Wirtschaftsflüchtlingen hier bei uns eine neue Perspektive eröffnen. Wir dürfen sie, wenn ich das mal so böse sagen darf, nicht mehr anlocken. Wenn ich weiß, ich komme nicht mehr in die reiche Bundesrepublik, sondern muß mich in Polen aufhalten, solange mein Asylverfahren läuft, dann wird das für einen politisch verfolgten Menschen nie ein Hindernis sein. Für einen Wirtschaftsflüchtling dagegen wird es ganz entscheidend sein, ob er mehrere Jahre Asylverfahren in Polen unter den dortigen Verhältnissen abwarten muß oder in Deutschland, und ich denke, auf diese Art und Weise wirkt man der großen Versuchung entgegen, die darin liegt, aus wirtschaftlich armen Ländern in die Bundesrepublik zu kommen, um zumindest so lange, wie das Asylverfahren läuft, gut versorgt zu sein, Sozialhilfe zu erhalten, die man ansparen kann. Wenn man weiß, was eine Westmark in Osteuropa für einen Wert hat, ist das wirklich eine enorme Versuchung.

G.G.: Es wird in erster Linie vor den Massen, die aus dem Osten kommen sollen, gewarnt. Konkret hat man in den letzten zwei Jahren in erster Linie zu tun gehabt mit Flüchtlingen aus Rumänien, darunter überwiegend mit Roma. Wie ist es denn nun mit unserem Verständnis vom Asylparagraphen? Er betrifft ja nicht nur politisch Verfolgte, sondern auch religiös und aus rassistischen Gründen Verfolgte. Ich habe mich da inzwischen kundig gemacht, und die Situation der Roma in erster Linie in Rumänien ist grauenhaft. Das führt doch zu Brandstiftungen...

R. H.: Mein Schwiegersohn ist aus Rumänien. Ich bin selbst in der letzten Zeit in Rumänien gewesen. Wie ist die Situation der Roma? Nicht so, daß sie »von Staats wegen« verfolgt werden. Übergriffe passieren partiell. Das ist aber in diesem Staat gegenüber allen Menschen möglich. In Rumänien gibt es nicht eine einzige Bevölkerungsgruppe, nicht einmal die Rumänen selbst, die vor Übergriffen dieser Art sicher ist.

Und die Frage der Definition der Verfolgung müßte man in diesem Zusammenhang noch einmal neu diskutieren... Übrigens: Anerkennungsquote der rumänischen Asylbewerber in Deutschland in den letzten Jahren zwischen 0,01 und 0,1 Prozent!

G. G.: Also, hier steht Meinung gegen Meinung, und ich glaube nicht, daß man das ausräumen kann.

R. H.: Mir liegt daran, eine Variante zu finden, mit der auch die Menschen hier klarkommen können. Wie soll die aussehen?

G. G.: Na gut, da gab es zum Beispiel eine ganze Reihe von Beschlüssen des SPD-Parteitages, die nicht zum Tragen gekommen sind, als dann von Hans-Ulrich Klose der Kompromiß mit CDU/CSU ausgehandelt wurde. Dazu gehört, daß die Bundesrepublik ein Einwanderungsland ist, dazu gehört, daß man den hier lebenden Ausländern nach einer gewissen Zeit die doppelte Staatsangehörigkeit ermöglichen sollte, dazu gehört aus meiner Sicht sicher auch, daß man im Grundgesetz die Definition: Wer ist ein Deutscher? auf eine zivilisierte, unserem Jahrhundert angepaßte Art und Weise formuliert, wie man es zum Beispiel in Frankreich und vielen anderen europäischen Ländern getan hat.

Und es gehört dazu – das hat jetzt nichts mit dem SPD-Parteitag zu tun –, was ich meiner Meinung nach für dringend erforderlich halte, nicht nur für die Bundesrepublik, sondern auch für alle westlichen Industrieländer, daß die Entwicklungshilfe enorm aufgestockt wird. Wir müssen an Ort und Stelle helfen. In den Ländern der Dritten Welt wie auch in den mittel- und osteuropäischen Ländern. Wir haben in der Zeit der sozialliberalen Koalition, als Eppler Entwicklungsminister war, 0,7 Prozent vom Bruttosozialprodukt gegeben. Das ist damals eine Leistung der Sozialdemokraten und der Liberalen gewesen. In der Ära Kohl, wenn wir sie so nennen wollen, wurde die Hilfe auf weniger als 0,4 Prozent heruntergefahren; und obwohl der Kanzler auf der Konferenz in Rio lauthals versprochen hat, sie werde wieder auf 0,7 Prozent angehoben, ist das Gegenteil der Fall, sie sinkt weiter.

Meiner Meinung nach müßte die Entwicklungshilfe – und das klingt sicher sehr hart und für manchen wie eine Utopie – auf drei bis vier Prozent angehoben werden, um einerseits an Ort und Stelle wirkungsvoll helfen zu können, damit die Menschen, die ja gern bleiben würden, wo sie zu Hause sind, die dort ihren Kulturkreis haben, ihre Sprache, auch dort bleiben können, und damit wir andererseits dann auch die Berechtigung haben, zu sagen: Das und das tun wir, und jetzt können wir aus guten Gründen, weil wir voll sind, weil kein Bedarf mehr ist, weil wir diesen Menschen hier keine soziale Sicherheit bieten können, hier und da zumachen. Aber die Vorleistungen müssen erbracht werden.

Es ist doch nun wirklich ein Allgemeinplatz und bekannt, daß die Verelendung in den Staaten der Dritten Welt weitgehend, wenn auch nicht ausschließlich, mit den Verschuldungen der Industrienationen und früheren beiden Blocksysteme zu tun hat. Was heute auf uns zukommt, sind Folgeerscheinungen, denen wir nicht ausweichen können.

Das andere, was Sie erwähnt haben, die Frage der Quoten, dafür brauchen wir keine Änderung des Asylparagraphen, sondern nur eine genauere und gerechtere Verteilung der anwesenden Asylsuchenden, wobei die wirtschaftliche und soziale Lage in den neuen Bundesländern natürlich eine Rolle spielen muß. Genau das hat man bisher versäumt. Aber die Alternativen sind da. Und sie sind alle leider nicht zum Zuge gekommen. Deswegen wird auch der jetzt beschlossene sogenannte Kompromiß in der Sache nichts helfen. Er wird die Bundesrepublik zu einer Festung machen, und wer eine Festung baut... nun, hier, in den neuen Bundesländern, weiß man, was in einer Festung geschieht. Die Festungsmentalität jedenfalls ist nicht zuträglich für eine demokratische Entwicklung. Das sind die Dinge, vor denen ich warnen möchte, die mich auch zu meinem harten Nein gebracht haben.

Ich habe da eine Frage an Sie. Bei mir ist es ja ein langsamer Weg gewesen, der Weg zur Sozialdemokratie. Bei Ihnen...

R. H.: Bei mir war es ein schneller!

G. G.: Ich war bei Kriegsende siebzehn, habe in den ersten Jahren eine Zeitlang, ein Jahr lang, als Koppeljunge in einem Kalibergwerk gearbeitet, neunhundert Meter unter der Erde, und da gab es oft Stromsperre, so daß man nicht arbeiten konnte; es gab nur die Grubenlampen, und sofort begannen die Arbeiter, sich zu streiten. Es waren Blöcke: Die Altkommunisten, dann die kleinen Nazis, die dort als Arbeiter untergeschlüpft waren, und die Sozialdemokraten. Und nach kürzester Zeit kam es immer zu Konstellationen wie in der Weimarer Republik. Nazis und Kommunisten gegen die Sozialdemokraten, wie in der Schlußphase der Weimarer Republik. Das war meine erste Lektion in Sachen politischer Vorgeschichte. Wie war es dazu gekommen, wie war das möglich, daß meine Generation so verblödet werden konnte unter dem Naziregime? Wie stand ich da mit meinen siebzehn Jahren? Dann habe ich in der Zeit, im völlig zerbombten Hannover, Kurt Schumacher sprechen hören. Was er inhaltlich sagte, hat mich völlig überzeugt, aber das Geschrei, die Stimme – das war die Stimme der Politiker der zwanziger Jahre, unterschied sich in der Tonlage nicht von Goebbels, entsetzlich, abstoßend. Es brauchte also einige Zeit. Den Anstoß gab dann die von Konrad Adenauer ausgesprochene Diffamierung Willy Brandts: 1961, kurz nach dem Mauerbau, hat er in Regensburg in seiner berüchtigten Frahm-Rede Brandt als Emigrant und uneheliches Kind schlechtgemacht, und mir kam die Reaktion der Öffentlichkeit äußerst mau vor; man tat es als Kavaliersdelikt ab. Ich war der Meinung, da muß etwas geschehen.

Das war der Grund für meine Parteinahme. Es fing damit an, daß ich an Wahlkampfreden mitarbeitete und dann, 1965, also vier Jahre später, mit Studenten gemeinsam für die SPD Wahlkampf betrieb, oft mit Themen, die der Partei gar nicht paßten. Zu dem Zeitpunkt trat ich für die Anerkennung der Oder-Neiße-Grenze ein, aber die SPD war noch nicht soweit. Dann folgte, wieder vier Jahre später und wieder mit anderen zusammen, der Aufbau von sozialdemokratischen Wählerinitiativen. Aber alles als Nichtmitglied, weil ich der Meinung war und nach wie vor bin, daß die SPD nicht einen Mangel an Mitgliedern hat, sie braucht ein engagiertes Vorfeld.

Ich habe dann den Fehler begangen und bin in die SPD eingetreten, als die sozialliberale Koalition zu Ende ging, Schmidt nicht mehr Kanzler war und ich dachte, jetzt könnte sich innerhalb der SPD wieder etwas entwickeln, was nicht im Schmidtschen Pragmatismus steckenblieb. Es war ein Irrtum, das anzunehmen. Und es hat ein Jahrzehnt gebraucht, bis ich das gemerkt habe. Das war, wie gesagt, ein langer Weg. Ich bin zwar jetzt nicht mehr Mitglied der Partei, aber ich bin weiterhin Sozialdemokrat, nein, genauer gesagt, auch wenn ich weiß, daß das Wort im Osten verpönt ist: Ich verstehe mich als demokratischer Sozialist...

Bibliographischer Nachweis

Bei den Texten, die in die Grass-Werkausgabe (WA) von 1987 aufgenommen wurden, sei auf die Kommentierung dort verwiesen.

Wer wird dieses Bändchen kaufen? In: Martin Walser (Hg.): ›Die Alternative oder Brauchen wir eine neue Regierung?‹ Reinbek 1961, S. 76 ff. Vorabdruck in: ›Die Zeit‹, Hamburg, 23. 6. 1961. WA IX, S. 30–32.

Frommes Wahllied für Katholiken, Schildbürger und Unentschiedene. In: ›konkret‹, Hamburg, September 1961, S. 8. WA I, S. 252 f.

Mit halblauter Stimmlage. Brief an Willy Brandt vom 3. 4. 1965. In: ›Das Wahlkontor deutscher Schriftsteller in Berlin 1965. Versuch einer Parteinahme‹, hg. von Klaus Roehler und Rainer Nitsche, Berlin 1990, S. 21 f.

POUM oder Die Vergangenheit fliegt mit. Ein Spiel in einem Akt. In: ›Der Monat‹, H. 201, 1965, S. 33–38 und gleichzeitig in: ›Plädoyer für eine neue Regierung oder Keine Alternative‹, hg. von Hans Werner Richter, Reinbek, Juni 1965. Dort steht vor den Regieanweisungen ein weiterer Absatz: »Weil der Anlaß vier Jahre zurückliegt, weil alles und nichts im Flugzeug passierte, weil schnelle Vorwärtsbewegung und fleißiges Rückblicken im Widerstreit lag. – Stillstand in zweitausend Meter Höhe – obgleich wir nicht abstürzten, sondern am soundsovielten September 1961 auf dem Flugplatz Stuttgart glatt aufsetzten, auch weil ich nicht anders kann, wird das Portrait des Regierenden Bürgermeisters von Berlin, Willy Brandt, zum Einakter werden.« WA VIII, S. 381–396.

Gesamtdeutscher März. In: ›Plädoyer für eine neue Regierung oder Keine Alternative‹, hg. von Hans Werner Richter, Reinbek, Juni 1965, S. 18 f. WA I, S. 197 f.

Es steht zur Wahl. Rede im Bundestagswahlkampf, Juli 1965. Einzeldruck Neuwied/Berlin 1965. WA IX, S. 76–87.

Loblied auf Willy. Rede im Bundestagswahlkampf, Juli 1965. Einzeldruck Neuwied/Berlin 1965. WA IX, S. 88–98.

Des Kaisers neue Kleider. Rede im Bundestagswahlkampf, September 1965. Einzeldruck Neuwied/Berlin 1965. WA IX, S. 110–125.

Rede an einen jungen Wähler, der sich versucht fühlt, die NPD zu wählen. Rede zur Bayrischen Landtagswahl in München, November 1966. In: ›Abendzeitung‹, München, 17.11.1966. WA IX, S. 162–167.

Offener Briefwechsel mit Willy Brandt. In: ›Frankfurter Rundschau‹, 30.11.1966. WA IX, S. 168–170.

Die melancholische Koalition. In: ›Der Monat‹, H. 220, Berlin, Januar 1967, S. 9 ff. WA IX, S. 176–181.

Rede über die Parteien. Rede im Bundestagswahlkampf, September 1969. Unveröffentlicht.

Was Erfurt außerdem bedeutet. Rede zum 1. Mai 1970 in Baden-Baden. In: ›Vorwärts‹, Bonn, 11.5.1970. WA IX, S. 419–428.

Der Wähler und seine Stimme. Rede auf dem Parteitag der SPD in Saarbrücken am 12.5.1970. In: ›Fuldaer Zeitung‹, 16.5.1970. WA IX, S. 440–446.

Politisches Tagebuch. Betroffen sein. In: ›Süddeutsche Zeitung‹, München, 12./13.12.1970. WA IX, S. 487–489.

Ich bin Sozialdemokrat, weil ich ohne Furcht leben will. Günter Grass im Gespräch mit Leo Bauer. In: ›Die Neue Gesellschaft‹, Bonn, Nr. 2, Februar 1971, S. 87–99. Das Gespräch wurde am 31.12.1970 in Gordevio, Schweiz, geführt. WA X, S. 88–105.

Sozialdemokratie zwischen Kommunismus und Kapitalismus. Rede auf dem außerordentlichen Parteitag der Sozialdemokratischen Partei der Schweiz in Fribourg am 15.5.1971. In: ›Berner Tagblatt‹, 18.5.1971. Auch in: Günter Grass, Hans Peter Tschudi, Arthur Schmid: ›Demokratie und Sozialismus 1971‹. Neue Schriftenreihe der SPS, Nr. 6, St. Gallen 1971, S. 7–14.

Die Argumente hat die SPD. In: ›Stuttgarter Nachrichten‹, 16.11.1972.

Der Schriftsteller als Bürger – eine Siebenjahresbilanz. Rede in Wien auf Einladung des Dr.-Karl-Renner-Instituts der SPÖ am 23.2.1973. In: ›Vorwärts‹, Bonn, 1.3.1973. Dokumentation der Rede und der Diskussion als Einzeldruck, Wien 1973. WA IX, S. 577–593.

Rede vor der Sozialdemokratischen Wählerinitiative. Am 24.3.1973 in Bonn. In: ›Vorwärts‹, Bonn, 12.4.1973 (leicht gekürzt). WA IX, S. 594–602.

Als in Chile. In: Günter Grass: ›Vier Jahrzehnte. Ein Werkstattbericht‹. Göttingen 1991, S. 179–181.

Koalition im Schlafmützen-Trott. Verlesen im NDR-Magazin ›Panorama‹ am 26.11.1973. In: ›Vorwärts‹, Bonn, 29.11.1973.

Sieben Thesen zum demokratischen Sozialismus. Rede in Bièvres bei Paris am 24. 2. 1974 auf einem internationalen Kolloquium über das »tschechoslowakische Experiment«. In: Günter Grass: ›Der Bürger und seine Stimme‹, Darmstadt/Neuwied 1974, S. 178–181. WA IX, S. 640–644.

Einige Denkzettel nach der Wahl. In: ›L76‹, Nr. 2, November 1976. WA IX, S. 694–702.

Orwells Jahrzehnt I. Rede im Landtagswahlkampf Baden-Württemberg, Februar 1980. Zur Abgrenzung von der gleichnamigen Rede im Frühjahr 1983 hier ›Orwells Jahrzehnt I‹ genannt. In: WA IX, S. 775–788.

Orwells Jahrzehnt II. Rede im Bundestagswahlkampf, Februar 1983. Zur Abgrenzung von der gleichnamigen Rede im Frühjahr 1980 hier ›Orwells Jahrzehnt II‹ genannt. In: ›German Studies Review‹, H. 3, 1985, S. 500–507 (als Anhang zu Heinz D. Osterle: ›An Orwellian Decade? Günter Grass between Despair and Hope‹). WA IX, S. 844–852.

Die Zukunft des demokratischen Sozialismus. Plädoyer für eine Revision des Godesberger Programms. Rede auf der Tagung ›Die Zukunft des demokratischen Sozialismus‹ in Saarbrücken am 22./23. 5. 1983. In: ›Frankfurter Rundschau‹, 22. 6. 1983. WA IX, S. 858–869.

Rede von der Verantwortung. Rede im Landtagswahlkampf Schleswig-Holstein im August 1987. Unveröffentlicht.

Assistenz durch Dreinreden. Aufgezeichnet nach einem Gespräch im Februar 1990 in Berlin-Friedenau. In: ›Das Wahlkontor deutscher Schriftsteller in Berlin 1965. Versuch einer Parteinahme‹, hg. von Klaus Roehler und Rainer Nitsche, Berlin 1990, S. 15–20.

Jemand mit Hintergrund. Rede auf der Trauerfeier für Willy Brandt. In: ›Die Zeit‹, Hamburg, 16. 10. 1992.

Was an die Substanz geht. Rede auf dem Empfang zu Grass' 65. Geburtstag in Lübeck am 19. 10. 1992. Unveröffentlicht.

Wer eine Festung baut . . . Beginn eines umfangreichen Gesprächs mit Regine Hildebrandt, das am 12.2. 1993 geführt wurde. In: Günter Grass/Regine Hildebrandt: ›Schaden begrenzen oder auf die Füße treten. Ein Gespräch‹, Berlin 1993, S. 7–16. © 1993 Verlag Volk und Welt GmbH, Berlin.

Personenregister

Abramovitsch, Rafael 29
Adenauer, Konrad 7, 12 ff., 26, 35, 45, 48 f., 54 f., 58, 63, 72, 83 f., 95, 103, 105, 107, 114 f., 117 ff., 161, 195, 198 f., 232, 279, 303, 312, 320, 337
Alfons XIII. von Spanien 29
Allende Gossens, Salvatore 237
Amrehn, Franz 67
Andersen, Hans Christian 78, 80 ff., 85, 90
Andropow, Jurij 285
Axmann, Arthur 92

Bachmann, Ingeborg 315
Bahr, Egon 18
Bakunin, Michail 28
Bangemann, Martin 306
Baring, Arnulf 65, 317
Barschel, Uwe 308
Barzel, Rainer Candidus 82, 118 f., 127, 160, 189 f., 216, 242, 262
Bauer, Leo 157–181, 317
Bebel, August 31, 105, 115, 132–136, 146, 183, 279, 286, 299, 320
Becker, Boris 307
Beckett, Samuel 284
Beckmann, Max 49
Benda, Ernst 123
Berg, Fritz 49, 56
Bernstein, Eduard 133 f., 137 ff., 141 f., 159, 173, 290, 320
Bismarck, Otto Fürst von 54, 75, 115, 121, 132, 186, 188

Blank, Theodor 85
Blüm, Norbert 280 f.
Boljahn, Richard 147
Böll, Heinrich 16, 256, 314
Brandt, Willy 7, 14 f., 17–34, 41, 50, 53, 57–66, 68, 72 f., 95, 98–101, 103, 105, 107–110, 116 f., 123 ff., 127, 130 f., 138, 140, 142, 148, 150 f., 153–156, 159 ff., 163 f., 166, 169 f., 172, 174, 176, 181, 183, 189, 198 f., 201, 204 f., 207, 222, 225, 228–233, 242–245, 257–261, 266 f., 279, 282, 290, 292, 303, 305 ff., 312–315, 317, 320–327, 337, 339
Brecht, Bertolt 199
Breschnew, Leonid Iljitsch 266
Bruno, Giordano 137
Büchner, Georg 269
Bürger, Gottfried August 75

Caballero, Francisco Largo 28
Camus, Albert 274
Carter, James Earl (Jimmy) 266
Cyrankiewicz, Józef 155 f.

Döblin, Alfred 49
Dollinger, Werner 68, 103
Dregger, Alfred 305, 308
Dubček, Alexander 136, 302
Dufhues, Josef 82
Durruti, Buonaventura 30

Ehmke, Horst 116, 162
Elisabeth II. von England 82
Engels, Friedrich 39, 132 f., 135, 142

343

Günter Grass: Studienausgabe

Zum ersten Mal liegt Günter Grass' literarisches Werk von den Anfängen 1951 bis zu den Veröffentlichungen des Jahres 1992 in einer Studienausgabe in einheitlicher Ausstattung vollständig vor. Von den schmalen Kabinettstücken »Katz und Maus« und »Das Treffen in Telgte«, über welthaltige Großwerke wie »Die Blechtrommel« und »Der Butt« und die apokalyptischen Visionen der »Rättin« bis zur spätmeisterlichen Gelassenheit der Erzählung »Unkenrufe« sind die Prosawerke in zehn Bänden versammelt. Der Band »Gedichte und Kurzprosa« dokumentiert vier Jahrzehnte lyrischen Schaffens, in denen Grass von der zögernden Erprobung des Neuen bis hin zur präzisen Engführung zentraler Motive sich im Gedicht immer wieder neu zu vermessen sucht. So tritt die Lyrik bei aller Eigenständigkeit stets auch in einen spannungsreichen Dialog mit dem Prosawerk. Der Welterfolg der »Blechtrommel«-Verfilmung hat deutlich gemacht, wie sehr der Epiker Grass in dramatischen Szenen denkt und schreibt. Die gesammelten Theaterspiele im zwölften Band führen Grass als Dramatiker vor, dem das Lustspiel als Lust am Spiel gleichermaßen zu Gebote steht wie die Parabel und das dialektische Zeitstück »Die Plebejer proben den Aufstand«.

Die Bände erscheinen in bester Ausstattung: gedruckt auf chlor- und säurefreiem Papier, in klassischer Fadenheftung und gebunden in Bugra-Bütten. Das Umschlagmotiv zeigt jeweils eine Zeichnung oder Radierung von Günter Grass. Die günstige Preisgestaltung mit 18,00 bis 32,00 DM für den einzelnen Band beziehungsweise 240,00 DM für die gesamte Kassette ermöglicht es jedem, der dem Werk des weltweit bedeutendsten deutschen Nachkriegsautors neu begegnen möchte, es in repräsentativen gebundenen Ausgaben zu erwerben, während langjährige Grass-Freunde wie auch Bibliotheken ihren Bestand an Grass-Texten mit Hilfe der Studienausgabe ergänzen können. »Zu welcher Leserkategorie Sie auch selbst gehören: Sie können sich heute nicht mehr als belesen bezeichnen, wenn Sie ihn nicht gelesen haben. Günter Grass ist einfach der originellste und vielseitigste lebende Autor.« (John Irving, 1982)

Band 1–12 komplett in Kassette, 4784 Seiten, DM 240,00
Alle Bände auch einzeln erhältlich. Fragen Sie Ihren Buchhändler!
Steidl Verlag · Düstere Str. 4 · D-37073 Göttingen

Editionsplan Günter Grass kostenlos anfordern!

Günter Grass
im dtv

Foto: Klaus Morgenstern

Die Blechtrommel
Die Autobiographie des Oskar
Matzerath, der Wirklichkeit
ertrommeln und Glas zersingen
kann
dtv 11821

Katz und Maus
Sein abnormer Adamsapfel
macht Mahlke zum Helden
wider Willen und führt seinen
Untergang herbei
dtv 11822

Hundejahre
Der Roman über die Danziger
Kleinbürgerwelt in der Zeit von
Faschismus und Krieg
dtv 11823

Der Butt
»…eine Geschichte vom Fehlen
und Verfehlen… eine Geschichte
mit verzweifelt utopischem
Ende…«
dtv 11824

**Ein Schnäppchen namens
DDR**
Gesammelte Reden des »vater-
landslosen Gesellen« Günter
Grass, gehalten im Jahr 1990
dtv 11825

Unkenrufe
Eine deutsch-polnische Liebes-
geschichte, erzählt mit leiser
Ironie und satirischer Schärfe
dtv 11846

Heinrich Böll
In eigener und anderer Sache

Schriften und Reden 1952 – 1985

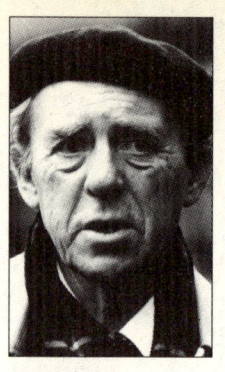

Heinrich Böll hat seine Schriften und Reden immer als gleichberechtigten Teil seines Werkes angesehen. Seine Kommentare, Glossen und Rezensionen bilden ein kritisches Lesebuch zur deutschen Politik und Literatur der letzten vierzig Jahre.

Heinrich Böll:
Briefe aus dem
Rheinland
Schriften und Reden
1960–1963

dtv

Alle Bände einzeln oder zusammen als Kassette erhältlich

Zur Verteidigung der Waschküchen
Schriften und Reden 1952 – 1959
dtv 10601

Briefe aus dem Rheinland
Schriften und Reden 1960 – 1963
dtv 10602

Heinrich Böll:
Die »Einfachheit«
der »kleinen« Leute
Schriften und Reden
1978–1981

dtv

Heimat und keine
Schriften und Reden 1964 – 1968
dtv 10603

Ende der Bescheidenheit
Schriften und Reden 1969 – 1972
dtv 10604

Man muß immer weitergehen
Schriften und Reden 1973 – 1975
dtv 10605

Es kann einem bange werden
Schriften und Reden 1976 – 1977
dtv 10606

Die »Einfachheit« der »kleinen« Leute
Schriften und Reden 1978 – 1981
dtv 10607

Feindbild und Frieden
Schriften und Reden 1982 – 1983
dtv 10608

Die Fähigkeit zu trauern
Schriften und Reden 1984 – 1985
dtv 10609

In eigener und anderer Sache
Schriften und Reden 1952 – 1985
9 Bände in Kassette
dtv 5962

Siegfried Lenz
Die Erzählungen
1949–1984

**3 Bände
in Kassette
dtv 10527**

Siegfried Lenz ist
der Erzählung als einer
literarischen Form
nicht minder verpflich-
tet als die Erzählung
ihm. Man kennt ihn als
Romanautor, aber
man kennt – und
schätzt – ihn auch als
Geschichtenerzähler.
Diese drei Bände ent-
halten die Erzählun-
gen der Jahre 1949 bis
1984 in chronologi-
scher Reihenfolge,
von der ersten Skizze
›Die Nacht im Hotel‹
über ›Suleyken‹, ›Jäger
des Spotts‹, ›Das
Feuerschiff‹, ›Der
Spielverderber‹ und
›Einstein überquert
die Elbe bei Hamburg‹
bis zu ›Lehmanns
Erzählungen‹, den
›Geschichten aus
Bollerup‹ und der
Novelle ›Ein Kriegs-
ende‹.

»Es ist wieder Zeit, Männer zu mögen.«

Margaret Atwood

MannsBilder
Von Frauen
Originalausgabe
dtv 11720

»MannsBilder« – gesehen
von Frauen, zum Bei-
spiel von Isabel Allende,
Margaret Atwood,
Gioconda Belli, Benoîte
Groult, Elke Heidenreich,
Tama Janowitz, Elfriede
Jelinek, Erica Jong, Esther
Vilar, Christa Wolf u. a.

MannsBilder
Von Männern
Originalausgabe
dtv 11721

»MannsBilder« – gesehen
von Männern, zum Beispiel
von Madison Smartt Bell,
Robert Bly, Heinrich Böll,
Ernest Bornemann, Bruce
Chatwin, J. W. Goethe,
Sam Keene, Erich Loest,
Klaus Theweleit, Wolfram
von Eschenbach u. a.